Logik und
Programmieren in Logik

Ramin Yasdi

Logik und Programmieren in Logik

Ein Lehrbuch

Prentice Hall Verlag GmbH
München New York London Sydney Mexiko Tokio

Die Deutsche Bibliothek – CIP-Einheitsaufnahme

Yasdi, Ramin:
Logik und Programmieren in Logik / Ramin Yasdi. –
München ; New York ; London ; Toronto ; Sydney ; Tokio ;
Singapur ; Mexiko : Prentice-Hall-Verl., 1995
   ISBN 3-93043-624-8

Die Informationen in diesem Produkt werden ohne Rücksicht auf einen
eventuellen Patentschutz veröffentlicht.
Warennamen werden ohne Gewährleistung der freien Verwendbarkeit benutzt.
Bei der Zusammenstellung von Texten und Abbildungen wurde mit größter
Sorgfalt vorgegangen.
Trotzdem können Fehler nicht vollständig ausgeschlossen werden.
Verlag, Herausgeber und Autoren können für fehlerhafte Angaben
und deren Folgen weder eine juristische Verantwortung noch
irgendeine Haftung übernehmen.
Für Verbesserungsvorschläge und Hinweise auf Fehler sind Verlag und
Herausgeber dankbar.

Alle Rechte vorbehalten, auch die der fotomechanischen Wiedergabe und der
Speicherung in elektronischen Medien.
Die gewerbliche Nutzung der in diesem Produkt gezeigten Modelle und Arbeiten
ist nicht zulässig.

10   9   8   7   6   5   4   3   2   1

98   97   96   95

ISBN 3-93043-624-8

© 1995 by Prentice Hall Verlag GmbH,
Hans-Pinsel-Straße 9b, D-85540 Haar bei München/Germany
Alle Rechte vorbehalten
Einbandgestaltung: G&U Technische Dokumentation, Flensburg
Lektorat: Rolf Pakendorf
Druck: Bosch Druck, Ergolding
Dieses Produkt wurde mit Desktop-Publishing-Programmen erstellt
und auf chlorfrei gebleichtem Papier gedruckt
Printed in Germany

Vorwort

Dieses Buch entstand während der Lehrtätigkeit des Autors an verschiedenen Hochschulen, wo er es notwendig fand, diese Ausführungen zu verfassen.

Da bereits zahlreiche Bücher über Prolog und über die mathematische Logik auf dem Markt sind, ergibt sich die Frage: Wozu dann noch ein weiteres Buch über diese Themen? Wenn man die vorhandenen Bücher durchsieht, stellt man leicht fest, daß sie sich entweder mit den Problemen der Programmiersprache oder mit der Mathematik befassen. In dem einen Fall sieht sich der Anfänger mit den technischen Raffinessen des Programmierens konfrontiert, um ein Problem mit Hilfe dieser Sprache zu lösen; im anderen Falle fühlt er sich mit der formalen Beschreibung der Logik überfordert. Eine einführende Kombination dieser beiden Gesichtspunkte gibt es jedoch bisher nicht.

Die Studenten erhalten zwar die Lehrveranstaltung „Mathematische Logik" angeboten, aber es fehlt dabei der Bezug auf die Praxis. Prolog stellt zwar eine faszinierende Programmiersprache dar. In ihr lassen sich mathematisch logische Sätze, Korrektheit und Vollständigkeit beweisen und in Anweisungen übersetzen, die der Computer wenigstens zum Teil auszuführen vermag. Von dieser Möglichkeit aber macht der Benutzer kaum Gebrauch. Eine Prolog-Veranstaltung, wie die Universitäten sie zumeist in Form eines Kompaktkurses anbieten, läßt einfach keinen Raum, um sich mit den theoretischen Grundlagen dieser Sprache auseinanderzusetzen. Selbst ein guter Prolog-Programmierer wäre jedoch nicht in der Lage, effiziente Programme zusammenzustellen sowie sich ein unerwartetes oder falsches Ergebnis des Prolog-Systems zu erklären, wenn er nicht mit der mathematischen Grundlage dieser Sprache vertraut ist. Wie versteht er zum Beispiel den „Occur-Check" in Prolog, wenn er die Unifikation oder Prädikatenlogik nicht kennt?

Ein anderes Hindernis besteht darin, daß die Studenten Prolog erst während der höheren Semester lernen, wenn sie sich schon mindestens eine prozedurale Sprache angeeignet haben und mit der sequentiellen Abarbeitung vertraut sind, die ihnen die „von-Neumann-Maschine" bietet. Anfangs bestehen enorme Schwierigkeiten, von einer prozeduralen zu einer deklarativen Denkweise überzugehen. Daher erscheint es ratsam, sich bereits während des Grundstudiums die deklarative neben der prozeduralen Programmiersprache anzueignen, um sich mit der Möglichkeit einer Alternative vertraut zu machen.

Dieses Buch beabsichtigt, diese Schranke abzubauen. Es bemüht sich um eine leicht lesbare Form und setzt keine Vorkenntnisse in formaler Logik voraus. Um das behandelte Thema zu verdeutlichen und um die Kenntnisse zu vertiefen, sind mehrere Übungen angegeben; die Lösungen der Aufgaben behandelt ein spezieller Abschnitt.

Somit ist das Buch als begleitende Lektüre zur Lehrveranstaltung und für ein Selbststudium vorgesehen. Es soll jedoch keinen Ersatz für die Studentinnen und Studenten darstellen, sich aktiv an den Vorlesungen zu beteiligen.

Heidelberg, 1995   Ramin Yasdi

Mein teurer Freund, ich rat' Euch drum
zuerst Collegium logicum.
Da wird der Geist Euch wohl dressiert,
in spanische Stiefeln eingeschnürt,
daß er bedächtiger so fortan
hinschleiche die Gedankenbahn,
und nicht etwa, die Kreuz' und Quer,
irrlichteliere hin und her ...
Der Philosoph, der tritt herein
und beweist Euch, es müßt' so sein:
Das erst' wär' so, das zweite so,
und drum das dritt' und vierte so;
und wenn das erst' und zweit' nicht wär',
Das dritt' und viert' wär' nimmermehr.

– Johann Wolfgang von Goethe –

Inhalt

Vorwort			5
1	Logik-Programmierungssystem		9
	Thema 1	Überblick	12
2	Prolog		23
	Thema 2	Überblick	25
	Thema 3	Syntax und Semantik des Prolog-Programms	32
	Thema 4	Rekursive Regeln	38
	Thema 5	Listen	46
	Thema 6	Fail- und Cut-Operator	68
	Thema 7	Standard-Prädikate (engl. *Built-in Predicates*)	82
3	Logik		105
	Thema 8	Grundlage	105
4	Aussagenlogik		111
	Thema 9	Axiomsysteme in der Aussagenlogik	114
	Thema 10	Beweisverfahren der Aussagenlogik	127
5	Prädikatenlogik		135
	Thema 11	Axiomsystem in der Prädikatenlogik	137
	Thema 12	Konvertieren einer Formel in eine Klauseform	151
6	Herbrand-Beweisprozedur		155
	Thema 13	Herbrand-Domäne	157
7	Resolutionsmethode		171
	Thema 14	Substitution	174
	Thema 15	Unifikation	177
	Thema 16	Konsistenzprüfung mittels Resolution	183
8	Resolutionsstrategien		187
	Thema 17	SLD-Resolution	190
9	Negation in der Logik-Programmierung		203
	Thema 18	Die not-Prozedur	205
	Thema 19	Closed-World-Assumption	208
	Thema 20	Negation by Failure	211
10	Suchen		227
	Thema 21	Suchstrategien	229
Anhang A			235
1	Lösungen zu den Übungen		235
Anhang B			261
1	Programmcodes zu den Beispielen		261
Literatur			265
Index			267

> *A logic program is a set of axioms, or rules, defining relationships between objects. A computation of a logic program is a deduction consequence of the program. A program defines a set of consequences, which is its meaning. The Art of Logic Programming is constructing concise and elegant programs that have the desired meaning.*
>
> *– L. Sterling, E. Shapiro, 1986 –*

1 Logik-Programmierungssystem

Die Fähigkeit, logische Schlüsse zu ziehen, ist eine wesentliche Grundlage intelligenten Verhaltens. Dieses intelligente Verhalten eines Individuums wird durch Wissen bestimmt, das es von seiner Umgebung besitzt. Auf der Basis dieses Wissens von der ihn umgebenden Welt kann ein Mensch anhand von Erfahrungen, also gewissen Folgerungsregeln, beim Auftreten unbekannter Problemstellungen Schlußfolgerungen ziehen, um sein Verhalten zu steuern. Vieles von diesem Wissen ist deskriptiv und kann in deklarativer Form beschrieben werden. Es hat sich gezeigt, daß die flexibelsten Formen von Intelligenz wohl sehr stark mit deklarativem Wissen zusammenhängen.

Der Wunsch, logisches Schließen zu automatisieren oder Apparate zu konstruieren, die so ähnlich wie der Mensch denken können, geht schon auf R. Descartes' und G.W. Leibniz im siebzehnten Jahrhundert zurück. Descartes Entdeckung, daß die klassische Euklidische Geometrie allein mit algebraischen Methoden entwickelt werden kann, war eine Einsicht, die nicht nur die Mathematik stark beeinflußt hat, sondern auch für die Entwicklung der Deduktionssysteme bedeutsam war, das heißt für den Traum, menschliches logisches Denken auf einer Maschine nachvollziehen zu können.

Leibniz' Idee war die Entwicklung einer universellen formalen Sprache, die „lingua characteristica", in der jegliche Wahrheit formuliert werden könne, und eines dazugehörigen Kalküls, dem sogenannten „calculus ratiocinator" für diese Sprache. Damit wollte er natürlichsprachliche Beschreibungen auch über Sachverhalte, die nicht aus der Zahlentheorie kommen, in eine formale Sprache und einen dazugehörigen Kalkül übersetzbar machen. Er hatte die Vorstellung, daß ein solcher Kalkül, wenn einmal entwickelt, auch - einer Rechenmaschine vergleichbar – mechanisierbar sei und daß auf diese Weise dem menschlichen Denken alle langweilige Arbeit erspart werden könne. Diese Vorstellung gipfelt in der herrlichen Beschreibung zweier Menschen guten Willens, die, in einen philosophischen Disput verwickelt und auf der Suche der Wahrheit, ihre Argumente in die „lingua characteristica" übersetzen und dann nicht wie zwei Philosophen disputieren, sondern wie zwei Computerexperten sagen: „Calculemus – Rechnen wir es einfach aus."

Entstehungsgeschichte

Logik ist seit Jahrhunderten eine Diziplin, die die Menschen stark beschäftigt. Aristoteles (384–322 v. Chr.) definierte die Logik. Er lehrte zu seiner Zeit Logik an der Universität von Athen und stellte damals die Thesen der Logik auf ein stimmiges Fundament. Eine ähnliche Rolle spielte Euklid (300 v. Ch.). Er systematisierte und lehrte die Geometrie und Nummerntheorie.

Moderne Logik (symbolische oder mathematische) entstand 1879 unter Gottlob Frege, insbesondere mit der Schaffung seiner *Begriffsschrift*. Diese enthält die erste vollständige Entwicklung desjenigen Anteils der mathematischen Logik, die wir heute als „Prädikatenkalkül erste Stufe" bezeichnen. Durch den Gebrauch Boolescher logischer Verknüpfungen einerseits und der Verwendung von Quantoren, Relationen und Funktionen andererseits wurde der gesamte funktionale Aufbau der Logik, so wie er uns heute vertraut ist, zum ersten Mal beschrieben. Als Inferenzregel (Herleitungsregel) verwendete er den *Modus Ponens*. Die Begriffsschrift ist nicht nur deshalb so relevant, weil hier ein logischer Kalkül entwickelt und vollständig aufgebaut wurde, sondern auch wegen der methodischen Vorgehensweise, in der Syntax und Semantik einer formalen Sprache getrennt und explizit entwickelt wurden. Die Begriffsschrift ist damit nicht nur der Vorgänger der heutigen mathematischen Logik, sondern auch Vorbild aller formalen Sprachen und Programmiersprachen.

Weitere Impulse kamen durch die Arbeiten von Theoralf Skolem, in denen er eine systematische Vorgehensweise entwickelte, durch die man die Erfüllbarkeit einer beliebigen Formelmenge nachweisen kann. In zwei Arbeiten, die 1920 und 1928 erschienen, wurden die Elimination von Quantoren (durch Skolem-Funktion) und eine Konstruktion eingeführt, die uns heute unter dem historisch nicht ganz korrekten Namen *Herbrand-Universum* bekannt ist.

Ebenfalls im Jahre 1928 erschien das Buch „*Grundzüge der theoretischen Logik*" von D. Hilbert und W. Ackermann. In diesem Buch wurden Gedanken, die auch für die Automatisierung der Logik wichtig sind, erstmals einem größeren mathematisch interessierten Leserkreis vorgestellt. In diesem Buch wurde u.a. auch das „Entscheidungsproblem" eingeführt, das Problem also, ob es einen Algorithmus gibt, der für jede beliebige vorgegebene prädikatenlogische Aussage entscheiden kann, ob diese Aussage wahr oder falsch ist.

Herbrand führte dann 1930 in seiner Doktorarbeit den Beweis, daß für einen korrekten mathematischen Satz diese Korrektheit in der Tat nachgewiesen werden kann. Diese Semientscheidbarkeit des Prädikatenkalküls ist die formale Rechtfertigung aller Deduktionssysteme, d.h. wenn ein Theorem wahr ist, kann dies in endlich vielen Schritten nachgewiesen werden. Gelingt dies jedoch nicht, gibt es zwei Möglichkeiten: Entweder ein Nachweis der Inkorrektheit gelingt in speziellen Fällen trotzdem, oder das Programm läuft weiter, ohne zu terminieren, und man weiß es eben nicht.

Alfred Tarski (1934) führte dann die erste vollständige semantische Theorie für die Prädikatenlogik ein, indem er die Erfüllbarkeit (Befreibarkeit), die Richtigkeit, die logische Konsequenz und andere damit in Beziehung stehende Begriffe genauer definierte.

Wenig später zeigten Alan Turing und Alonzo Church unabhängig voneinander, daß es keine allgemeine Entscheidungsprozedur dafür gibt, ob eine Aussage der Prädikatenlogik gültig ist oder nicht. Unter einer Entscheidungsprozedur versteht man dabei ein deterministisches Verfahren, das stets terminiert und eine Entscheidung liefert. 1936 führte Turing in seiner Veröffentlichung, in der er die nach ihm benannten abstrakten Maschinen konstruierte, das Entscheidungsproblem auf das Halteproblem dieser Maschinen zurück und zeigte, daß die Frage, ob eine solche Maschine anhält, unentscheidbar ist.

Um 1950 wurde die Entwicklung des Computers vorangetrieben, und es entstand das erste Programm zur Überprüfung von Aussagen: „Logic Theory Machine Program"

Im Jahr 1954 veröffentlichte J.A. Robinson [47] seine Erkenntnisse zur Prüfung von Theoremen in der Klauselform Logik: „Das Resolutionsprinzip". Er definierte Begiffe wie Klausel, Literal und Unifikation.

Eine Gruppe von Wissenschaftlern am Argonne National Lab in der Nähe von Chicago befaßte sich unter der Leitung von G. Robinson mit dem Beweisen mathematischer Sätze durch Computer. In dieser Gruppe, in der u.a. auch J.A. Robinson und L. Wos tätig waren, erkannte man auch sehr schnell die Schwäche beim Programmieren mit der Herbrand-Methode [29], nämlich das undifferenzierte Einsetzen aller Herbrand-Instanziierungen. Man suchte daraufhin nach einem allgemeinen maschinenorientierten logischen Prinzip, das diese Gedanken in einer einzigen Inferenzregel vereinen würde. Diese als „Resolution" bezeichnete Methode wurde dann von J.A. Robinson 1963–1964 entwickelt und 1965 in dem Artikel „A machine oriented logic, based on the resolution principle" in der Fachzeitschrift ACM veröffentlicht.

Nach der Veröffentlichung dieses Artikels begann man vielerorts resolutionsbasierte Beweisverfahren so effizient wie möglich zu programmieren, um zu sehen, was diese zu leisten vermochten. In den folgenden Jahren versuchten mehrere Forschungsgruppen in Edinburgh und in den Vereinigten Staaten, unterschiedliche Resolutionsmethoden und Vorgehensweisen zur Logikprogrammierung zu finden. Diese reichten von prozedural orientierten Ansätzen, wie am MIT, bis zu Verbesserungen der Unifikation und der Inferenzregeln in Stanford. Kowalski [39] stellte dann schließlich mit seinem SLD-System einen Weg von der prozedural orientierten Arbeit dar, indem er zeigte, wie Hornklauseln zur Wissensspeicherung verwendet werden können, die sowohl deklarativ als auch prozedural organisiert sind.

Der erste auf der Idee des Programmierens in Logik basierende Interpreter wurde 1972 von Roussel in Marseille implementiert. Weitere effizientere Interpreter und ein Compiler entstanden in den folgenden Jahren, u.a. in Edinburgh. Dies führte schließlich dazu, daß Alan Colmerauer 1972 [15] ein Logik-Programmierungssystem, PROLOG, vorstellte, das die Grundlage für die Programmierung in Logik werden sollte.

1981 erklärten die Japaner diese Programmiersprache zur Grundlage der Forschung für ihre neue Rechnertechnologie der fünften Generation.

Thema 1

Überblick

1.1 Definitionen

Dieser Abschnitt gibt einen Überblick über die in diesem Buch behandelten Themen und Logik-Begriffe. Es werden bereits einige Begriffe verwendet, die erst später ausführlicher behandelt werden.

„Logik" nennt man die Lehre von der Folgerichtigkeit vom Denken und Schließen. „Das ist doch logisch" oder „Das ist unlogisch" sind umgangssprachliche Kriterien, die wir täglich gebrauchen oder zu hören bekommen. Wir meinen damit, etwas sei wahr oder unwahr, richtig oder falsch, jedenfalls aber unumstößlich.

Der Begriff stammt aus dem Griechischen und meint das Verfahren, aus Tatsachen und Ereignissen richtige Schlüsse zu ziehen. Er spielt als Logos, als der „denkende Geist", in der antiken griechischen Philosophie stets eine zentrale Rolle. Der große Gelehrte Aristoteles begründete die wissenschaftliche Logik als einen eigenen Teil der Philosophie, den er „Analytik" nannte; die Grundform allen wissenschaftlichen Denkens.

Im Zeitalter der Aufklärung entstand, besonders durch den deutschen Philosophen Leibniz, das Bemühen, durch eine Verbindung der Logik mit der Mathematik eine universale Wissenschaft zu schaffen. In Fortsetzung dieses Weges gelangte Immanuel Kant zur transzendentalen Logik und ihren Kategorien, eine metaphysische Logik, die den „deutschen Idealismus" beflügelte und bei Hegel zur dialektischen Logik führte.

Formale Logik
Die Logik ist ein formales System, in dem man unscharfe Begriffsbildungen aus dem Alltag auf mathematisch exakte Weise approximieren kann. Ein Formalist würde sagen: Die *formale* Logik ist eine formale Sprache, in der gewissen Ausdrücken Wahrheitswerte zugeordnet werden können.

Die Logik kann von der Informatik als Gebiet enorm profitieren, da die Informatik reich an Fallstudien und experimentellen Ergebnissen ist. Der „Denkapparat" des Computers baut auf der Lehre der formalen Logik auf. Die Logik spielt in der Informatik eine ähnliche Rolle wie die Differentialrechnung in der Physik.

Mathematische Logik
Die *mathematische* Logik ist eine Theorie, in der Modelle der mathematischen Sprache und der naiven Logik erarbeitet werden, die im Lauf der Zeit zur Beweisführung entwickelt wurden. Als Teilgebiet der Mathematik wird die mathematische Logik in der Sprache der Mathematik formuliert. Sie bedient sich also mathematischer Methoden. Typisch hierfür ist die Art und Weise, in der neue Begriffe geprägt, Definitionen gegeben und Argumentationen geführt werden, z.B. in der Formel:
$(x + y)z = xz + yz$. Das Produkt der Summe zweier Zahlen mit der dritten ist identisch mit der Summe des Produktes der ersten mit der dritten und des Produktes der zweiten mit der dritten.

Die mathematische Logik bildet die Grundlage für die Untersuchung der gesamten logischen Sprachen wie z.B. Aussagenlogik, Prädikatenlogik, Modallogik, Temporallogik, Fuzzylogik, 3-Value-Logik.

Prädikatenlogik
Die gebräuchlichste Form der mathematischen Logik ist die Prädikatenlogik als eine Erweiterung der Aussagenlogik. Sie dient zur Formalisierung und zum Beweis von Eigenschaften von Programmen.

Die „relationale Struktur" oder auch das Konzept der Prädikatenlogik besteht aus einer Menge von Objekten, Relationen und Funktionen.

Wie in der Aussagenlogik werden Formeln mit Hilfe von logischen Verbindungen aus Atomen und anderen Formeln gebildet. Als Atome sind jedoch nicht nur Literale, sondern auch Prädikate mit Argumenttermen erlaubt. Terme ihrerseits können aus Konstanten, Variablen und Funktionstermen gebildet werden, und Formeln mit Quantoren wie „für alle $\forall$" und „es existiert ein $\exists$" quantiziert werden. Im Prädikatenkalkül sind alle Sätze Zeichenketten aus Buchstaben, die nach präzisen Regeln einer Grammatik angeordnet werden. Diese Wörter, deren Gesamtheit die formale Sprache des Prädikatenkalküls ausmachen, heißen Formeln. Ein Grund für die Ausdrucksstärke des Prädikatenkalküls liegt in der möglichen Verwendung logischer Operatoren, mit denen man aus einfachen Sätzen komplexe bilden kann, ohne dabei die Wahrheit oder Falschheit der Konstituentensätze angeben zu müssen. Weitere Flexibilität rührt auch von der Verwendung von Quantoren und Variablen her. Mit Quantoren kann man über alle Objekte eines Universums Fakten aussagen. Der Existenzquantor gestattet es, die Existenz eines Objektes mit bestimmten Eigenschaften anzunehmen, ohne das Objekt selbst zu definieren. Variablen sind Platzhalter, die durch irgendeinen Wert des zulässigen Wertebereichs der Variablen ersetzt werden können.

Wenn man eine Relation zwischen Objekten definiert, spielt die Reihenfolge, in der die Objekte angegeben werden, eine wichtige Rolle: `vater(Peter, Max)` kann sowohl „Peter ist der Vater von Max" wie auch „Max ist der Vater von Peter" bedeuten. Der Programmierer muß verbindlich entscheiden, welche Interpretation er festlegt. Bei der eben beschriebenen Relation wurden Beziehungen für die Objekte und die sie verbindenden Relationen verwendet. Der Relationsname `vater` heißt „Prädikat"; die Objekte, auf die sich die Relation bezieht, werden „Argumente" genannt.

Klauselform
Für den Aufbau von Wissensbasen, die sich aus Fakten und Regeln zusammensetzen, hat sich die Darstellung des Wissens in Form von Klauseln als sehr mächtig erwiesen. Formeln der Prädikatenlogik können damit in gewisser Weise vereinfacht werden, indem die Vielzahl der logischen Verknüpfungen auf die elementaren Verknüpfungen „und", „oder" und „nicht" reduziert und die Quantoren entfernt werden. In der verbleibenden Klauselform sind alle Variablen allquantifiziert, und die Verknüpfungen „UND", „ODER" und „NICHT" sind von außen nach innen sortiert, also in Konjunktiver Normalform (KNF).

Hornklauseln
Während die allgemeine Klauselform stets aus der prädikatenlogischen Form herzustellen ist, beschränkt man sich beim Programmieren mit Logik auf eine eingeschränkte Form, bei der auf der linken Seite von Klauseln höchstens ein Literal steht. Diese Art von Klauseln heißt Hornklauseln. Für die Praxis hat sich diese Form der Einschränkungen auf höchstens eine Folgerung als am besten geeignet erwiesen. Durch ihren einfacheren Aufbau erleichtern sie die Automatisierung des Resolutionsprinzips wesentlich, da Hornklauseln als Prozeduren aufgefaßt und abgearbeitet werden können.

Die linke Seite einer Hornklausel nennt man Kopf, und die rechte Seite, sofern sie vorhanden ist, wird als Rumpf der Klausel bezeichnet. Eine Hornklausel ohne Kopf ist eine zu beweisende Aussage. Beispiel:

Fakt: `könig(heinrich) :-`

Regel: `könig(X) :- vermählt(Y, X), könig(Y)`

Anfrage: `:- könig(heinrich1)`

Es ist anzumerken, daß Programmieren in Logik aber nicht notwendigerweise mit Programmieren in Hornklausel-Logik gleichzusetzen ist.

Resolution

Das Resolutionsverfahren erlaubt das mechanische Beweisen von Aussagen der Prädikatenlogik, die in Klauselform vorliegen. Das dabei angewandte Schema gliedert sich in folgende Schritte:

Man ordnet die Klauseln so an, daß die nicht negierten Literale links und die negierten rechts stehen. Taucht in zwei Klauseln dasselbe Literal auf entgegengesetzten Seiten auf, kann daraus eine neue Klausel gebildet werden, indem man die beiden alten Klauseln unter Fortlassen des gemeinsamen Literals zu einer neuen Klausel addiert. Dadurch können größere, kleinere oder gleich große Formeln entstehen. Treffen zwei ein-elementige Klauseln [K] und ¬[K] aufeinander, so entsteht eine leere Klausel [ ], die Widerspruchklausel heißt und das Verfahren terminiert. Auf diese Weise läßt sich zwar keine vorgegebene Klausel ableiten, wohl aber läßt sich ein Widerspruch in einer Klauselmenge finden. Das genügt für einen Beweis des ursprünglichen Theorems, und zwar wird nicht durch Ableitung der Klausel aus der Klauselmenge, sondern durch die Annahme des Gegenteils gezeigt, daß dies zu einem Widerspruch führt. Beispiel:

Ein Axiomsystem enthält folgende zwei Klauseln, wobei die erste keine Hornklausel und „;" „ODER" darstellt.

$lieb(Otto); heiter(Otto) \leftarrow sonnabend(heute), lohn(gestern)$
$singt(Otto) \leftarrow trinkt(Otto), heiter(Otto)$

Neue Klausel:
$lieb(Otto); singt(Otto) \leftarrow sonnabend(heute), lohn(gestern), trinkt(Otto)$

Axiomensystem

Logik ist ein Teilgebiet der Mathematik, in dem grundlegende mathematische Fragestellungen wie die Widerspruchsfreiheit mathematischer Theorien und mathematischer Begriffe wie „Beweis" und „Definition" präzisiert und behandelt werden. Dabei wird eine Sprache (Kalkül) geschaffen, in der logische Zusammenhänge besser, übersichtlicher und exakt dargestellt werden können. Das Verfahren des Logik-Kalküls ist nun, die gesammelten logischen Elemente durch Zeichensymbole auszudrücken und mit diesen nach dem Vorbild der Arithmetik zu rechnen. Außerdem führt man Regeln ein, mit denen man von gegebenen Formeln und Zeichenreihen zu anderen Formeln oder Zeichenreihen übergeht. Dadurch wird das logische Schließen präzisiert.

Ein Kalkül definiert somit zunächst eine Menge von wahren, logischen Aussagen und Fakten, sog. Axiomen. Weiterhin wird eine Menge von Regeln zur Verfügung gestellt, mit denen man aus Fakten neue Fakten ableiten kann. Zur Beurteilung eines solchen Kalküls spielen die Begriffe *Korrektheit* (engl. *soundness*)[1] und *Vollständigkeit* (engl. *completeness*) eine zentrale Rolle.

So ist ein positiver deduktiver Kalkül korrekt, wenn jede Formel F, die aus einer Formelmenge T mit Hilfe der Inferenzregel A abgeleitet wird, auch eine logische Konsequnz von T ist. Ein Kalkül ist vollständig, wenn jede logische Konsequenz F einer Formelmenge T mit Hilfe der Inferenzregel A abgeleitet werden kann.

Damit stellt die mathematische Logik die theoretische Grundlage der wissensbasierten Programmierung dar. Sie ist ein Hilfsmittel, um Informationen formal mathematisch zu erfassen und um das sogenannte „logische Denken" auf das formale Hantieren von Symbolen zu reduzieren.

---

[1] Die englischen Begriffen werden wir in kursiv setzen.

1.2 Logische Programmierung

Was ist logische Programmierung?

Logische Programmierung wird oft auch als wissensbasierte Programmierung bezeichnet. In der Sprache der Logik besteht das Wissen aus einer Menge von wahren Aussagen. Gibt der Benutzer eine Behauptung in ein Logikprogramm ein, so versucht das System, sie auf der Grundlage des Wissens als richtig oder falsch zu beweisen. Diese Art von Programmier-Methodik versucht also, auf der Basis von Wissen über einen speziellen Problembereich, das in einem Rechner gespeichert ist, Schlußfolgerungen zu ziehen.

Darauf aufbauend kann man logische Programmierung als einen Berechnungsformalismus bezeichnen, der folgende Prinzipien vereint:

- er benutzt Logik als Sprache zur Formulierung von Sachverhalten (Wissen);
- er benutzt Herleitungsstrategien (Inferenz-Prozeduren), um dieses Wissen zu benutzen und zu manipulieren.

Ausgangslage

Wenn wir irgendwelche Sachverhalte der uns umgebenden Welt beschreiben wollen, benutzen wir dazu normalerweise deklarative Sätze einer natürlichen Sprache, z.B.:

1. Jede Mutter liebt ihre Kinder.
2. Marta ist eine Mutter, und Thomas ist ihr Kind.

Bei Anwendung einer gewissen Ableitungsregel können wir derartige Beschreibungen nutzen, um daraus Rückschlüsse zu ziehen. Wenn wir nun die Aussage 1 und 2 kennen, ist es möglich, daraus zu schließen:

3. Marta liebt Thomas.

Bei näherer Betrachtung der Aussagen 1 und 2 ist zu erkennen, daß diese das Universum, also das gesamte Wissen über diese Personen und die Relationen zwischen diesen beschreiben, wie z.B.:

... ist eine Mutter ..
... ist ein Kind ...
... liebt ...

Dieses Beispiel reflektiert die prinzipielle Idee von Logikprogrammen, nämlich die Beschreibung von endlichen Relationen zwischen Objekten und die Anwendung eines Programmiersystems, um Schlußfolgerungen wie unter 3. zu ziehen.

Logische Programmierung ist somit *Programmierung durch Beschreibung*.

Logik auf dem Computer

Eine Maschine kann im wesentlichen auf zwei Arten Informationen über die sie umgebende Welt besitzen. Somit stehen grundsätzlich zwei Möglichkeiten zur Benutzung des Computers zur Verfügung:

a. Konventioneller Weg: prozedural
   Der Benutzer sagt, „was" das Problem ist, und der Benutzer kontrolliert, „wie" es gelöst werden soll.

b. Alternativer Weg: deklarativ
   Der Benutzer sagt, „was" das Problem ist, und das System kontrolliert, „wie" dieses gelöst werden soll.

Das in einem Computerprogramm zur Matrizenkonvertierung kodierte Wissen bezeichnen wir als implizites Wissen, das in der Reihenfolge der auszuführenden Operationen gespeichert wird. Es wäre sehr schwer, dieses Wissen für andere Zwecke aus dem Code zu extrahieren. Dieses Wissen wird auch als prozedurales Wissen bezeichnet, denn es ist unauflösbar in den Prozeduren enthalten, die es benützen.

Betrachten wir auf der anderen Seite eine tabellarische Datenbank mit Personaldaten, die von einem Programm benutzt wird, um bestimmte Daten daraus zu erhalten. Dort sind die Daten vom Programmcode getrennt und werden von diesem bei Bedarf benutzt und manipuliert. Derart ausgedrücktes Wissen bezeichnen wir als deklaratives Wissen, weil in ihm eine Beschreibung einer Welt enthalten ist. Im allgemeinen sind solche Aussagen in symbolischen Strukturen gespeichert, auf die Prozeduren, die das Wissen benutzen, zugreifen können. Das darin gespeicherte Wissen nennt man explizit. Programme, die Wissen explizit repräsentieren, haben sich als flexibler erwiesen, da hier Daten vom eigentlichen Programm getrennt gespeichert werden.

In der logischen Programmierung zieht man deklarativ repräsentiertes Wissen vor, da man hier den großen Vorteil hat, daß man dieses Wissen verändern kann, ohne daß Programme, die diese Daten benutzen, geändert werden müssen. Derart gespeichertes Wissen läßt sich auch für andere Zwecke verwenden, die selbst bei der Zusammenstellung des Wissens noch gar nicht explizit vorauszusehen sind. Die Wissensbasis muß weder bei jeder neuen Anwendung wiederholt oder abgearbeitet noch braucht sie für jeden Einsatz speziell neu entworfen zu werden. In manchen Fällen besteht außerdem die Möglichkeit, deklaratives Wissen um Schlußfolgerungsprozesse zu erweitern, die wieder zusätzliches Wissen ableiten können.

Die Anwendung von deklarativem Wissen ist aber auch aufwendiger und langsamer, als wenn man prozedurales Wissen direkt einsetzt. Zur Lösung eines Problems würde in der prozeduralen Programmierung eine Funktion oder eine Prozedur die vorhandene Datenstruktur durchsuchen und das Ergebnis ausgeben. In der logischen Programmierung wird die Frage in Form einer Behauptung gestellt. Um nun diese Aussage beweisen zu können, muß das vorhandene Wissen in einer Reihe von Schritten durchsucht werden. Die Existenz einer solchen Behauptung wird bewiesen, indem ein Objekt gefunden wird, das die oben gestellte Aussage erfüllt. Man gibt damit die Effizienz auf, um Flexibilität zu erzielen.

Logische Programmierung

Nun stellt sich die Frage, auf welche Art und Weise diese Funktionen und Relationen formalisiert werden können, so daß standardisierte Deduktionsmethoden eine Verarbeitung der dabei zustande kommenden logischen Formel erlauben. Wie bereits weiter oben beschrieben, erweist sich die Prädikatenlogik für diesen Zweck als grundlegend für einen universellen Repräsentationsformalismus, da sie Wissen über beliebige Anwendungsbereiche zu formulieren gestattet. Logische Programmierung ist also die Verwendung von Formeln der Prädikatenlogik als Anweisungen einer Programmiersprache.

In einem Logikprogramm wird also die Prädikatenlogik benutzt, um Wissen mit Hilfe von Hornklauseln darzustellen. Der Programmierer kodiert dabei Fakten und Regeln, die in Form von deklarativen Sätzen vorliegen, in Klauseln der Prädikatenlogik. Das daraus entstehende Programm ist dementsprechend eine Menge von logischen Formeln.

Soll nun ein Problem gelöst werden, so wird das Programm, gemäß dem zweiten oben angeführten Prinzip, nach einer bestimmten Herleitungsstrategie mit der Herstellung der logischen Verbindungen zwischen den Annahmen und den Folgerungen beauftragt, um Schlußfolgerungen zu ziehen, basierend auf den Fakten und Regeln. Dieses geschieht nach bestimmten Inferenzregeln, wie der Resolution oder dem Modus Ponens. Inferenzregeln werden benutzt, um von einer Menge von Aussagen eine neue wahre Aussage herzuleiten.

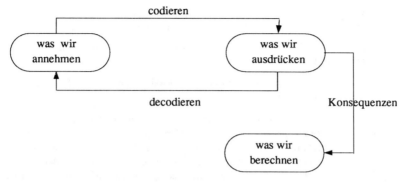

Abb. 1: Wissensbasierte Programmierung

Die im Programm gespeicherten logischen Formeln sind aber auch die einzigen Informationen, die dem Computer zur Lösung eines Problems zur Verfügung stehen. Das bedeutet, daß diese auch den Inhalt oder auch den Sinn dieses Programms ausmachen. Nicht mehr und nicht weniger, als was dort abgespeichert ist, stellt das gesamte Wissen für diesen speziellen Bereich dar. Dies hat zur Folge, daß auch nur solche Schlußfolgerungen gezogen werden können, die sich auf dieses Wissen zurückführen lassen. Das bedingt einerseits, daß nur wahre und erfüllbare Aussagen und Formeln vorhanden sein dürfen (zumindest auf das System bezogen), um die Schlüssigkeit des Systems zu gewährleisten. Andererseits kann ein solches Programm nur die „Bedeutung" oder den Sinngehalt haben, den seine in ihm gespeicherten Aussagen haben.

Zusammenfassend nun die Definition eines Logik-Programms nach L. Sterling und E. Shapiro:

„Ein Logik-Programm ist eine Menge von Axiomen oder Regeln, die Relationen zwischen Objekten definiert. Die Berechnung eines logischen Programms ist eine deduktive Folgerung des Programms. Ein Programm definiert eine Menge von Folgerungen, welche gleichzeitig sein Inhalt ist. Die Kunst der logischen Programmierung ist es, kurze und elegante Programme zu konstruieren, die die geforderte Bedeutung haben."

1.3 Aufbau und Funktion eines logischen Programmierungssystems

Wie wir oben gesehen haben, ist es möglich, durch die logische Programmierung mit Hilfe der Prädikatenlogik eine Umgebung zu schaffen, die in der Lage ist, Probleme aus einem speziellen Wissensbereich zu lösen. Diese Umgebung wird auch als Logik-Programmierungssystem (LPS) bezeichnet.

Ein Logik-Programmierungssystem besteht aus drei Komponenten: *Benutzer, Inferenz-Maschine, Wissensbasis*. Der grundsätzliche Aufbau eines solchen Systems ist in Abb. 2 dargestellt.

Wissensbasis
Die Grundlage eines LPS ist eine Wissensbasis über ein bestimmtes Teilgebiet (Universum), in der Wissen in Form einer Menge von Fakten und Relationen enthalten ist. Diese Informationen sind z.B. in Form von Hornklauseln kodiert und können zur Lösung einer Anfrage durch die Inferenz-Maschine „befragt" werden. Dieses Basiswissen kann um weitere Fakten, Regeln oder auch Schlußfolgerungen erweitert werden.

Inferenz-Maschine
Den zentralen Bestandteil eines LPS bildet eine applikationsunabhängige Inferenz-Maschine. Diese virtuelle Maschine ist eine „Herleitungsprozedur", die

a. nach einer vorgegebenen Suchstrategie die Wissensbasis durchsucht, um eine Schlußfolgerung auf eine Anfrage mit Hilfe der Deduktion zu ziehen, und

b. vorgibt, nach welcher Methode Folgerungen gezogen werden sollen, damit die gestellte Frage als richtig oder falsch beantwortet werden kann.

Bekannte Inferenzregeln sind die Resolution oder der Modus Ponens. Als Suchstrategien stehen z.B. Breitensuche, Tiefensuche zur Verfügung.

Ist nun die Anfrage eine logische Konsequenz aus den gespeicherten Fakten und Regeln, so ist eine gültige Lösung (engl. *answer*) vorhanden. Kann die Frage jedoch mit dem Wissen der Wissensbasis nicht beantwortet werden, so gilt das Problem als für diese Wissensbasis unlösbar. Diese Unlösbarkeit muß aber immer in bezug auf die Wissensbasis und die Herleitungsstrategie (Inferenzregel) betrachtet werden. So kann es durchaus vorkommen, daß durch eine Erweiterung der Wissensbasis andere Erkenntnisse oder durch Änderung oder Anpassung der Herleitungsstrategie Lösungen zu bisher unlösbaren Problemen gefunden werden können.

Benutzer
Dem Benutzer kommen im LPS zwei Aufgaben zu. Als erstes stellt er dem System Anfragen, um den Wahrheitsgehalt bestimmter Aussagen oder Relationen zu finden. Voraussetzung dafür ist allerdings, daß er, oder der Programmierer, vorher Wissen zu diesem speziellen Problem abgelegt oder gespeichert hat.

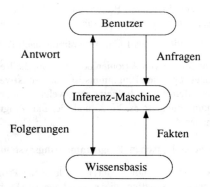

Abb. 2: Logisches Programmierungssystem

Das nachfolgende Beispiel mag die Funktionsweise eines LPS veranschaulichen:

```
mensch(sokrates)              Faktum
sterblich(X) wenn  mensch(X)  Regel
? sterblich(sokrates)         Anfrage
yes                           Antwort
```

Soll nun ein Problem gelöst werden wie „Ist Sokrates sterblich?", kann man eine natürliche Anfrage oder Behauptung formulieren, diese dann in Klauselform konvertieren und in das System eingeben:
? sterblich(sokrates)

Diese Anfrage (engl. *query*) wird von dem System an die Inferenzprozedur weitergegeben. Diese versucht nun, zur Lösung des Problems durch Schlußfolgerungen aus dem gespeicherten Wissen die Behauptung zu beweisen. Als Information ist in unserem Fall folgender Sachverhalt gespeichert:

```
mensch(sokrates)              Sokrates ist ein Mensch
sterblich(X) wenn mensch(X)   alle menschen sind sterblich
```

Die Inferenz-Maschine versucht nun aus diesen Fakten und Regeln Schlußfolgerungen zu ziehen. In dem o.g. Beispiel: Wenn Sokrates ein Mensch ist und alle Menschen sterblich sind, so ist auch Sokrates sterblich. Die Antwort ist korrekt, weil sie eine logische Konsequenz der Fakten und Regeln ist, und dementsprechend wäre yes die Antwort des Systems. Will der Benutzer sich die Fakten und Regeln aufzeigen lassen, aufgrund derer der Computer eine Lösung gefunden hat, oder versteht er diese nicht, kann er sich mit Hilfe der Funktion „Erklärung" alle zur Entscheidungsfindung benutzten Fakten und Regeln aufzeigen lassen.

Anwendungsgebiete
Ein wichtiges Anwendungsgebiet logischer Programmierungssysteme sind die Expertensysteme. Auch dort wird Wissen über einen speziellen Bereich gesammelt und dann zur Auswertung bestimmter Sachverhalte von einem Spezialisten befragt. Der grundsätzliche Aufbau und die Funktion eines solchen Systems sind dieselben wie in Abb.2 dargestellt.

- wenn der Benutzer etwas weiß, teilt er es dem Computer mit;
  Fakten und Regeln
- wenn der Benutzer etwas nicht weiß, fragt er den Computer;
  Anfrage (engl. *query*)
- wenn der Computer es weiß, liefert er eine Antwort;
  Antwort (engl. *answer*)
- wenn der Benutzer es nicht versteht, verlangt er eine Erklärung.
  Erklärung (engl. *explanation*)

1.4 Logikorientierte Programmiersprachen

Die bekannteste logikorientierte Programmiersprache ist Prolog; mehr darüber im folgenden Kapitel. Weitere Programmiersprachen, mit denen sich logische Relationen darstellen, sind PL/1 (Programming Language One) und LISP [54].

Zwei Logik-Programmiersprachen, die nicht auf Resolution basieren, sind Haridis LPL und MacLennans Relational Programming. Haridis System basiert auf einem natürlichen Deduktions-Beweisverfahren und unterstützt Negation und Dann-und-nur-dann-Klauseln, die mit Hornklauseln und Tiefensuche recht schwierig auszudrücken sind. Im Relational-Programmierungssystem werden ganze Relationen zur selben Zeit berechnet, und Operationen werden nur auf ganze Relationen ausgeführt, anstatt auf Tupeln einer Relation.

1.5 Vor- und Nachteile der logischen Programmierung

Vorteile:
Der grundsätzliche Vorteil der logischen Programmierung besteht darin, daß hier Wissen explizit in einer maschinenunabhängigen Weise dargestellt werden kann. Dies erlaubt, kompaktere, flexiblere und intelligentere Programme zu entwickeln, als es zur Zeit mit prozeduralen Systemen möglich ist.

Des weiteren kann man logische Programmierung als Eckstein (engl. *cornerstone*) der wissensbasierten Programmierung und der künstlichen Intelligenz bezeichnen. Die formale Ausdruckskraft ermöglicht es, eine Problemannahme in einer direkten, maschinenunabhängigen Weise zu kodieren. Umgekehrt kann man auch solche Formulierungen wieder dekodieren, um die ihnen zugrundeliegende Annahme wiederherzustellen.

Schlußfolgerungen, die aufgrund dieser Formulierungen gezogen werden, bilden neues Wissen, das nun wieder in einen Zusammenhang zu dem bereits vorhandenen gebracht werden kann.

Ein weiteres Plus stellt die Verwendung mathematischer Prinzipien dar, um präzise und simple Charakterisierungen der Relationen zwischen Programmen, deren Ergebnissen und deren Spezifikationen sowie anderen Programmen zu beschreiben.

Wissen wird somit vom Verwendungszweck getrennt, was verschiedenartige Implementationen ermöglicht, ohne die logische Kompetenz und Integrität der Daten zu beeinträchtigen. Dadurch können entweder die Kontrollmechanismen oder die Systemarchitektur geändert werden, ohne daß man den Datenbestand modifizieren muß. Dadurch wird eine universelle Grundlage zur Standardisierung der Software-Technologie geschaffen. Wissen kann somit auf natürlichem Wege modifiziert und erweitert werden, um auch höhere Formen der Wissensrepräsentation zu unterstützen. Weitere Vorteile sind:

- Gute Ausdrucksmöglichkeit;
- Gut definierte Semantik und Syntax (nahe der natürlichen Sprache);
- Kriterium für Konsistenz und Vollständigkeit;
- Inkrementale Programmentwicklung;
- Von der Spezifikation direkt zur Prototyp-Bildung;
- Warum- und Warum-nicht-Erklärung.

Nachteile:
Die logische Programmierung erfordert eine andere Denkweise als die prozedurale Programmierung (was nicht unbedingt ein Nachteil ist) und ist ungewohnt für jemanden, der diese Methodik nicht kennt.

Des weiteren ist die Rechnertechnologie bis jetzt nicht in der Lage, befriedigende Voraussetzungen zur Programmierung solcher komplexen Systeme zu schaffen. Die Entwicklung und Verwendung paralleler Systemarchitekturen bietet hier wahrscheinlich in Zukunft bessere Möglichkeiten.

Daneben gab es aber auch Probleme mit der Sprache selbst. Bis jetzt wurde kein wirklich befriedigender Weg gefunden, diese Berechnungskonzepte in einer konventionellen Sprache darzustellen.

Die Verwendung außerlogischer Operatoren wie `assert` und `retract` für die Datenmanipulationen ermöglicht eine Diskrepanz zwischen deklarativer und prozeduraler Semantik.

Die Reihenfolge der Definition von Klauseln und Literalen innerhalb der Klauseln hat einen wesentlichen Einfluß auf die Abarbeitung des Programms in Prolog.

Bei der Darstellung der Negation durch *Negation-als-Failure-Regel* ist die Kommutativität der Prämissen von Klauseln nicht mehr gewährleistet. Diese Regel zusammen mit der von Prolog verfolgten Suchstrategie kann zu inkorrekten Ableitungen führen.

Ein weiterer Kritikpunkt kommt aus dem Lager der Logik-Programmierer, deren Beanstandung hauptsächlich die derzeitige Fixierung der logischen Programmierung auf die Prädikatenlogik betrifft.

1.6 Ausblick

Wenn Leibniz' beflügelnde Vision einer allgemeinen „lingua characteristica" auch nicht wahr geworden ist und kein Politiker seine Argumente an eine mit einem mechanischen „calculus ratiocinator" ausgestattete Behörde zum Nachrechnen und Überprüfen schicken muß – logikorientierte, wissensbasierte Systeme, wie z.B. Expertensysteme, sind ein wesentlicher Teil heutiger Technik und werden zunehmend zu einem festen Bestandteil der Computertechnologie werden.

*Auch aus Steinen, die in den Weg gelegt
werden, kann man was Schönes bauen.*

– Johann Wolfgang von Goethe –

2 Prolog

Von der Logik zu Prolog

Prolog setzt sich aus den Worten „*PROgrammierung in LOGik*" zusammen und nutzt die symbolische Logik als Programmiersprache.

Als gebräuchlichste Form der mathematischen Logik bildet die Prädikatenlogik erster Ordnung die Basis von Prolog. In der Prädikatenlogik werden Formeln mit Hilfe von „und", „oder", „nicht", „wenn" und „genau dann, wenn" aus Atomen (Literale, Prädikate mit Argumenttermen) und anderen Formeln gebildet. Die Formeln können mit den Quantoren „für alle" und „es existiert ein" quantifiziert werden. Die Formeln der Prädikatenlogik werden vereinfacht, indem die Vielzahl der logischen Verknüpfungen auf die elementaren Verknüpfungen „und", „oder" und „nicht" reduziert und die Quantoren entfernt werden. Durch diese Vereinfachung werden die Formeln der Prädikatenlogik in die Klauselform überführt.

Bei der Programmierung in Logik beschränkt man sich auf die Hornklauselform. Diese eingeschränkte Klauselform hat auf der linken Seite höchstens ein Literal oder eine Aussage.

Im Mittelpunkt von Prolog steht die Schlußfolgerung: Unter welchen Bedingungen kann man aus der Gültigkeit von Voraussetzungen auf die Gültigkeit von Folgerungen schließen? Prolog versucht, die Gültigkeit der linken Seite aus der Gültigkeit (Beweisbarkeit) der rechten Seite zu folgern. Somit kann Prolog als ein „Beweiser" für die Hornklausel-Logik angesehen werden.

Eine Hornklausel mit Kopf und Rumpf gilt als eine auf Gültigkeit zu prüfende (beweisende) Aussage (Regel). Eine Hornklausel ohne Rumpf wird nicht bewiesen und gilt als Tatsache (Fakt). Eine Hornklausel ohne Kopf ist eine zu beweisende Aussage (Abfrage).

Die Idee der Sprache Prolog ist zum einen, daß man Eigenschaften von Objekten und Beziehungen zwischen Objekten als relationale Fakten beschreibt, und zum anderen, daß man die logischen Verhältnisse zwischen diesen Eigenschaften und Beziehungen als „wenn – dann"-Regeln formuliert. Prolog ist eine deklarative Sprache, das heißt, in Prolog werden Axiome statt Prozeduren verwendet. Prolog-Programme bestehen aus Aussagen und Tatsachen, nicht aus Algorithmen, Datentypen, Verzweigungen, Iterationen, Wertzuweisungen usw., wie sie von der imperativen Programmierung (PASCAL, COBOL, FORTRAN usw.) her bekannt sind. In konventionellen Programmiersprachen besteht ein Programm aus:

Programm = Algorithmus + Datenstrukturen

Voraussetzung für die Implementierung eines Programms ist, daß der Programmierer das Lösungsverfahren (Algorithmus) für das zu lösende Problem kennt. Er muß es, da der Programmablauf ausschließlich durch den Algorithmus gesteuert wird, mit entsprechenden Kontrollstrukturen versehen.

Für Prolog gilt das Schema:

Programm = Logik + Steuerung

Fakten und Regeln, die zur Lösung beitragen, werden in Logik formuliert.

Dies führt dazu, daß in Prolog keine Unterschiede zwischen dem „Programm" und den „Daten" gemacht werden. Die Datenstrukturen werden hier nicht als explizite Komponente eines Programms angesehen, da sie untrennbar mit der Thematik der Logik verbunden sind. Diese *quasi* Gleichsetzung bringt für den in die strukturierte Programmierung Involvierten anfangs Verständnisschwierigkeiten mit sich.

Was bleibt, ist die Steuerung. Sie wird vom Prolog-Compiler /-Interpreter übernommen. Es gelten für den Programmierer keine Kontrollstrukturen im eigentlichen Sinn. Er kann lediglich durch die Reihenfolge seiner deklarierten Regeln und Fakten die Lösungsfindung beeinflussen oder beschneiden (engl. *Cut-Statement*). Es sei jedoch darauf hingewiesen, daß bis auf wenige später noch beschriebene Ausnahmen die Deklarationsreihenfolge keine Auswirkung auf das Ergebnis eines Programmablaufs hat. Das Augenmerk richtet sich nicht auf das „wie", sondern auf das „was".

Ein Prolog-Programm läßt sich als eine Wissensbasis auffassen, aus der Fragen beantwortet werden können. Eine Wissensbasis besteht aus einer Menge von Aussagen (Fakten) sowie Aussagen über Aussagen (Regeln). Die Programmierung bzw. die „Berechnung" in Prolog erfolgt durch das Beweisen von Aussagen über eine Wissensbasis, das Folgern von logischen Schlüssen aus einer Wissensbasis. Zur Durchführung dieser Überprüfung enthalten die Prolog-Systeme eine Inferenzkomponente (engl. *inference engine*). Mit diesem Baustein prüft das System, ob – im Hinblick auf eine Anfrage – eine oder mehrere Fakten innerhalb der Wissensbasis enthalten sind oder ob sie sich über Regeln aus der Wissensbasis ableiten lassen. Das Verfahren, nach dem diese Überprüfung durchgeführt wird, heißt „Inferenz-Algorithmus". Diesem Inferenz-Algorithmus liegt als Methode das Resolutionsprinzip zugrunde. Das Resolutionsprinzip erlaubt das mechanische Beweisen von Aussagen, die in Klauselform vorliegen. Es gibt an, wie eine Aussage aus einer anderen folgen kann.

Im Gegensatz zu einer konventionellen, imperativen Sprache kann das Prolog-System beim Scheitern oder Erfolg einer Anfrage alle Berechnungen rückgängig machen und nach einer Alternative suchen, um andere oder überhaupt eine Lösung zu finden. Dies bedeutet, daß das Prolog-System versuchen wird, alle möglichen Werte zu finden, die eine Anfrage beantworten. Somit kann das Prolog-System durch den Einsatz der Inferenzkomponente feststellen, ob eine in einer Anfrage enthaltene Aussage Bestandteil der Wissensbasis ist, das heißt aus der Wissensbasis ableitbar ist oder nicht. In diesem Zusammenhang ist der Begriff „Annahme einer geschlossenen Welt" (engl. *closed world assumption*) von Bedeutung. Dieser Begriff besagt, daß Fakten, die nicht als wahr bekannt sind, als falsch angenommen werden; kann eine Anfrage nicht abgeleitet werden, so bedeutet dies lediglich, daß sie aus der Wissensbasis nicht ableitbar ist. Dies bedeutet aber nicht die „Falschheit" einer Aussage.

Thema 2

Überblick

Prolog-Programme bestehen aus:
Fakten: über Objekte und deren Beziehungen,
Regeln: Beziehungen zwischen Aussagen,
Anfragen: mit denen die in den Fakten und Regeln beschriebenen Objekte abgefragt werden können.

Fakten

Betrachten wir den Stammbaum einer Familie in Abb. 3. Der Zeichnung entnehmen wir folgende Aussage:

< Hans ist der Großvater von Peters Kind Anne >

Innerhalb dieser Aussage wird ein Sachverhalt in der Form

< ... Großvater von ...s Kind ... >

als Beziehung zwischen den Objekten „Hans", „Peter" und „Anne" beschrieben. Diese Beziehung wird als Prädikat bezeichnet und in einer abgekürzten Form dargestellt: grossvater-über(hans, peter, anne). In dieser formalisierten Darstellung wird das Prädikat durch den Prädikatennamen grossvater-über bezeichnet – die Objekte hans, peter, anne als Argumente des Prädikats.

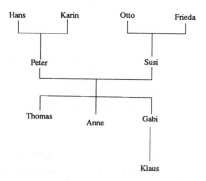

Abb. 3: Ein Familien-Stammbaum

Die Bedeutung der Namen der Prädikate und Argumente ist vom Programmierer festzulegen. Sie müssen einheitlich innerhalb eines Programms benutzt werden. Die Namen können willkürlich gewählt werden, da es nur auf die logische Struktur einer Relation ankommt. Daher empfiehlt es sich, selbsterklärende Namen zu benutzen. Folgende Richtlinien bei der Formulierung von Prädikaten sind zu beachten:

- Die Namen von Prädikaten und konstanten Argumenten müssen mit Kleinbuchstaben beginnen.
- Die Namen variabler Argumente sind durch einen Großbuchstaben an erster Position gekennzeichnet.
- An erster Stelle eines Faktes steht stets der Prädikatenname; danach folgen, in runde Klammern gesetzt, die Argumente.

- Die Anzahl der Argumente ist beliebig und kann daher insbesonders auch Null sein.
- Die einzelnen Argumente sind durch Kommata voneinander getrennt.
- Die Reihenfolge der Argumente eines Prädikats ist von Bedeutung und darf nicht willkürlich verändert werden.
- Die Prädikate gleichen Namens, aber unterschiedlicher Stelligkeit (Argument), stellen verschiedenartige Fakten dar.
- Jeder Fakt muß mit einem Punkt abgeschlossen werden.

Diese Richtlinien gelten für alle Prolog-Versionen, wobei immer einige Besonderheiten der einzelnen Dialekte zu beachten sind.

Regeln

Prolog kann mit Hilfe von Regeln (engl. *rules*) aus bereits bestehenden Fakten neue Fakten ableiten. Eine Regel ist ein Ausdruck, der bewirkt, daß der Wahrheitswert eines bestimmten Faktums von einem oder mehreren Fakten abhängig ist. So ist zum Beispiel der Fakt `grosselternteil(hans, anne)` gemäß der Regel:

dann eine Person „ist-grosselternteil" ihrer Enkel

wenn die Person „ist-elternteil" vom Kind

und das Kind „ist-elternteil" vom Enkel

aus der Wissensbasis ableitbar, weil in der Wissensbasis die Fakten: `elternteil(hans, peter)` und `elternteil(peter, anne)` vorhanden sind. Diese Regel wird in der Form

```
grosselternteil(hans, anne) :-
        elternteil(hans, peter),
        elternteil(peter, anne).
```

formalisiert angegeben. Dabei wird die in der Regel enthaltene „dann ... wenn"-Beziehung durch das Zeichen „:-" gekennzeichnet. Der abgeleitete Fakt steht auf der linken Seite von „:-". Das Komma "," auf der rechten Seite zwischen beiden Fakten kennzeichnhet die logische „UND"-Verbindung.

Der eigentliche Sinn einer Regel besteht nicht darin, einen konkreten Sachverhalt anzugeben. Die Regel gewährt vielmehr eine allgemein gehaltene Form der Beschreibung, um mehrere verschiedene Beziehungen zwischen den Prädikaten zu kennzeichnen. Somit müssen Platzhalter, also Variablen, als Stellvertreter von Konstanten an die jeweiligen Positionen innerhalb der formalen Darstellung eingesetzt werden.

Wählen wir die Namen „Person", „Kind" und „Enkel" zur Bezeichnung von Variablen, so kann die obige Regel wie folgt angegeben werden:
```
grosselternteil(Person, Enkel) :-
        elternteil(Person, Kind),
        elternteil(Kind, Enkel).
```

Die Darstellung der Regel ist wie folgt zu interpretieren:

Der Regelkopf `grosselternteil(Person, Enkel)` ist genau dann für eine konkrete Besetzung der Variablen `Person` (z.B. durch `hans`) und `Enkel` (z.B. durch `anne`) ableitbar, wenn sich jedes der beiden durch "," verknüpften Prädikate `elternteil(Person, Kind)` und elternteil(Kind, Enkel) des Regelrumpfes aus der Wissensbasis ableiten läßt. Dies bedeutet, daß es eine Besetzung der Variablen „Kind" geben muß, so daß für die gewählten Konstanten sowohl elternteil(Person, Kind) (also eltern(hans, peter)) als auch elternteil(Kind, Enkel) (also elternteil(peter, anne)) als Fakten der Wissensbasis vorhanden sein müssen.

Die oben konzipierte Regel ergibt mit den ebenfalls angegebenen Fakten jetzt folgendes Prolog-Programm:
```
elternteil(hans, peter).
elternteil(karin, peter).
elternteil(otto, susi).
elternteil(frieda, susi).
elternteil(peter, thomas).
elternteil(peter, anne).
elternteil(peter, gabi).
elternteil(susi, thomas).
elternteil(susi, anne).
elternteil(susi, gabi).
elternteil(gabi, klaus).
grosselternteil(Person, Enkel) :-
                elternteil(Person, Kind),
                elternteil(Kind, Enkel).
```

Anfragen

Nachdem wir nun das oben angeführte Prolog-Programm dem Prolog-System als Wissensbasis übergeben haben, können Fragen gestellt werden. Anfragen beginnen mit dem Zeichen „?-". Die Anfrage stellt ein zu beweisendes Ziel dar und wird *Goal* genannt. Ein Goal wird mit einem abschließenden Punkt "." eingegeben. Eine Anfrage könnte lauten:
?- elternteil(susi, gabi).

Die Inferenzkomponente durchsucht nun die Wissensbasis, ob das Prädikat dem Prolog-System bekannt ist oder sich ableiten läßt. Das heißt, es wird ein gleichnamiges Prädikat in der Wissensbasis gesucht. Wenn dies zutrifft, werden die einzelnen Objekte (Argumente) des Goal-Prädikats sowie deren Anzahl mit den Objekten (Argumenten) des gerade gefundenen Prädikats und deren Anzahl verglichen. Diese Art des Mustervergleichs oder auch der Musteranpassung wird *Pattern-Matching* genannt. Sind die Argumente identisch, wie in unserem Beispiel, so wird die Antwort „Yes" ausgegeben. Dies bedeutet, daß die Abfrage aus der zur Verfügung stehenden Wissensbasis ableitbar (beweisbar) ist. Wird statt dessen die Anfrage

?- elternteil(hans, susi).

gestellt, so ist die Antwort „No", was aussagt, daß die Anfrage aus der zur Verfügung stehenden Wissensbasis nicht ableitbar (beweisbar) ist.

Wenn die Beziehung untersucht werden soll, ob hans ein Elternteil von peter ist UND ob otto ein Elternteil von susi ist, so ergibt sich folgende Anfrage:
?- elternteil(hans, peter), elternteil(otto, susi).

Bei dieser Anfrage (Goal) wird zur Kennzeichnung des logischen UND ein Komma zwischen die beiden Prädikate gesetzt. Dies bedeutet, daß dieses Goal nur dann ableitbar ist, wenn sowohl die Prädikate elternteil(hans, peter) als auch elternteil(otto, anne) abgeleitet werden können. Wenn jedoch abgefragt werden soll, ob `hans` ein Elternteil von `susi` ist ODER ob `otto` ein Elternteil von `susi` ist, so wird die Anfrage in der Form:

`?- elternteil(hans, susi) ; elternteil(otto, susi).`

gestellt. Dabei kennzeichnet das Semikolon ";" die logische ODER-Verknüpfung. Dies bedeutet, daß das Goal dann ableitbar ist, wenn mindestens eines der Prädikate `eltern(hans, susi)` ODER `elternteil(otto, susi)` aus der Wissensbasis ableitbar ist. In unserem Beispiel wird als Antwort „Yes" ausgegeben, da das zweite Prädikat `elternteil(otto, susi)` aus der Wissensbasis ableitbar ist.

Diese Beispiele zeigen die erste, einfache Form der Benutzung der Wissensbasis, bei der das System über das in ihm enthaltene Wissen abgefragt wird. Diese Fragen werden auch qualifizierte Anfragen genannt. Demgegenüber gibt es auch die zweite Form der Benutzung der Wissensbasis, bei der mehrere Antworten möglich sind und ausgegeben werden. Wie läßt sich das erreichen? Als Beispiel sollen alle Elternteile von `anne` angezeigt werden. Es wäre nun möglich, wie folgt vorzugehen:

`?- elternteil(peter, anne).`
`Yes`
`?- elternteil(otto, anne).`
`No`
`?- elternteil(susi, anne).`
`Yes`
`?- elternteil(frieda, anne).`
`No`

Bedeutend einfacher wäre es, Variablen einzusetzen. Die Anfrage sieht dann so aus:
`?- elternteil(Person, anne).`

Die Antwort wäre dann:
`Person = peter`
`Person = susi`

Hier ist `Person` eine Variable. Die Fragestellung bewirkt, daß alle Objekte der Wissensbasis, bei denen das Prädikat `elternteil` als erstes Argument steht und die als zweites Argument `anne` haben, ausgegeben werden.

Der Prozeß des Ersetzens von Variablen, d.h. das Gleichmachen von Termen durch Ersetzen von Variablen durch andere Argumente (Objekte, Terme), heißt *Unifikation*.

Weiter ist es möglich, alle Eltern-Kind-Beziehungen auszugeben, wenn die Abfrage
`?- elternteil(Person_1, Person_2).`

gestellt würde. Die Antworten lauten dann:

```
Person_1 = hans        Person_2 = peter
Person_1 = karin       Person_2 = peter
Person_1 = otto        Person_2 = susi
Person_1 = frieda      Person_2 = susi
Person_1 = peter       Person_2 = thomas
Person_1 = peter       Person_2 = anne
Person_1 = peter       Person_2 = gabi
Person_1 = susi        Person_2 = thomas
Person_1 = susi        Person_2 = anne
```

```
Person_1 = susi         Person_2 = gabi
Person_1 = gabi         Person_2 = klaus
```

Wenn die Abfragen als Argumente nur Variablen enthalten, werden diese Abfragen auch „unqualifizierte Abfragen" genannt. Abfragen, die neben den Variablen auch noch mindestens eine Konstante als Argument enthalten, heißen „teilqualifizierte Abfragen".

Eine „anonyme Variable" wird durch einen einzelnen Unterstrich "_" dargestellt. Diese Variable wird benutzt, wenn an einer Stelle in einer Regel oder Anfrage ein beliebiges Objekt eingesetzt werden kann und es für die weitere Bearbeitung nicht wichtig ist, um welches Objekt es sich handelt.

An dieser Stelle wird erläutert, wie ein Goal ausgewertet wird. Als Wissensbasis soll wieder das obige Prolog-Programm über die Familienbeziehungen dienen. Es soll ermittelt werden, ob es eine Person gibt, die ein Kind von peter ist und klaus als Kind hat, so daß peter der Großvater von klaus ist. Folgendes Goal wird an das Prolog-System gestellt:
?- elternteil(peter, Person), elternteil(Person, klaus).

Die Inferenzkomponente durchsucht nun die Wissensbasis nach einem Prädikat, das zum ersten Teil elternteil(peter, Person) der obigen Anfrage paßt. Ein weiteres Indiz ist das an erster Stelle stehende Argument peter. Die Variable Person kann für jedes Argument stehen. Findet die Inferenzkomponente nun ein Muster, welches zum ersten Teil der Anfrage paßt – was bei

elternteil(peter, thomas).

der Fall ist –, so wird die Variable Person mit dem Objekt thomas belegt, bzw. die Variable Person wird an das Objekt thomas gebunden. Dieser Vorgang wird *Instanziieren* genannt, das heißt, die Variable Person wird auf das Objekt thomas instanziiert. Kommt eine Variable innerhalb einer Anfrage oder Klausel mehrfach vor, so darf bei jedem Vorkommen der Variablen nur dasselbe Objekt an Stelle der Variablen gesetzt werden. Da sich das Goal aus zwei Teilzielen zusammensetzt, versucht die Inferenzkomponente nun, das zweite Teilziel auszuwerten, indem die Wissensbasis vom Anfang bis zum Ende nach elternteil(thomas, klaus) durchsucht wird. Da dieses Teilziel nicht ableitbar ist, setzt das Prolog-System einen Mechanismus in Gang, der *Backtracking* heißt. Die Inferenzkomponente des Prolog-Systems geht in der Folge der zu bearbeitenden Teilziele einen Schritt zurück und versucht, elternteil(peter, Person). anders zu beweisen. Die Bindung der variablen Person an thomas wird dabei gelöst. Nun wird ein weiteres Muster gesucht. Hierbei wird das schon gefundene Muster verworfen. Als nächstes wird

elternteil(peter, anne).

gefunden. Die Variable Person wird auf anne instanziiert. Jetzt versucht die Inferenzkomponente, ebenfalls ohne Erfolg, das zweite Teilziel elternteil(anne, klaus). aus der Wissensbasis abzuleiten. Es erfolgt nochmals das Backtracking. Jetzt wird

elternteil(peter, gabi).

gefunden und die Variable Person auf gabi instanziiert. Mit dieser Bindung wird weiter gesucht und

elternteil(gabi, klaus)

gefunden. Da sich beide Teilziele beweisen ließen, ist das Goal

elternteil(peter, Person), elternteil(Person, klaus)

erfüllt worden.

2.1 Beispielprogramm

Als Beispielprogramm erweitern wir die Familienbeziehungen. Es ist deutlich erkennbar, daß mit wenigen, gut ausgesuchten Fakten und darauf aufbauenden Regeln eine umfangreiche Wissensbasis mit verhältnismäßig geringem Aufwand erstellbar ist.

```
elternteil(karin, peter).
elternteil(hans, peter).
elternteil(otto, susi).
elternteil(frieda, susi).
elternteil(peter, anne).
elternteil(peter, gabi).
elternteil(susi, anne).
elternteil(susi, gabi).
elternteil(susi, thomas).
elternteil(peter, thomas).
elternteil(gabi, klaus).

weiblich(karin).
weiblich(frieda).
weiblich(susi).
weiblich(anne).
weiblich(gabi).

maennlich(hans).
maennlich(otto).
maennlich(peter).
maennlich(thomas).
maennlich(klaus).
grosseltern(Pers_1, Pers_2) :- elternteil(Pers_1, Kind),
                               elternteil(Kind, Pers_2).
mutter(Person, Kind) :- elternteil(Person, Kind),
                        weiblich(Person).
ungleich(Person_1, Person_2) :- Person_1 \== Person_2.
schwester(Pers_1, Pers_2) :- elternteil(Eltern, Pers_1),
                             elternteil(Eltern, Pers_2).
                             weiblich(Pers_1),
                             ungleich(Pers_1, Pers_2).
nachfahre(Pers_1, Pers_2) :- elternteil(Pers_2, Pers_1).
nachfahre(Pers_1, Pers_2) :- elternteil(Pers_2, Kind),
                             nachfahre(Pers_1, Kind).
vorfahre(Pers_1, Pers_2) :- elternteil(Pers_1, Pers_2).
vorfahre(Pers_1, Pers_2) :- elternteil(Pers_1, Kind),
                            vorfahre(Kind, Pers_2).
```

Die Regeln über die Vorfahren und Nachfahren stellen im Gegensatz zu den anderen Regeln eine Besonderheit dar. Während die anderen Regeln nur auf die Fakten oder weitere Regeln Bezug nehmen, nehmen sie auf den Sachverhalt vorfahre bzw. nachfahre selbst wieder Bezug. Ein solcher Sachverhalt wird *rekursiv* genannt. Die Vorfahren werden rekursiv definiert. Mehr über Rekursion folgt im Thema 4.

2.2 Übungen zum Thema 2

1. Die Wissensbasis ist das obige Familienprogramm.
   a. Welche Antworten gibt das Prolog-System auf folgende Fragen:
      i. `?- elternteil(anne, Person).`
      ii. `?- elternteil(Person, susi).`
      iii. `?- elternteil(hans, Person), elternteil(Person, susi).`
      iv. `?- elternteil(otto, Pers_1), elternteil(Pers_1, Pers_2), elternteil(Pers_2, Klaus).`
   b. Formulieren Sie folgende Fragen in Prolog:
      i. Wer ist ein Elternteil von `peter`?
      ii. Hat `anne` ein Kind ?
      iii. Welche Großeltern hat `thomas`?
   c. Übersetzen Sie folgende Sätze in Prolog-Regeln:
      i. Jeder, der ein Kind hat, ist glücklich.
      ii. Für alle Personen gilt: wenn die Person ein Kind hat und das Kind eine Schwester hat, dann hat die Person zwei Kinder.
   d. Definieren Sie folgende Relation als Regeln:
      i. Enkelkind `enkelkind(Pers_1, Pers_2)`
      ii. Tante `tante(Pers_1, Pers_2)`

2. Es existiert ein Verein, dessen Vorstand sich aus dem Vorsitzenden, Kassenwart, Jugendwart, Festausschuß und Abteilungsleiter zusammensetzt.
   a. Schreiben Sie ein Prolog-Programm über die Amtszeiten der Vorstandsmitglieder.
      Beispiel: Hans war von 1990 bis 1992 Jugendwart.
   b. Fügen Sie folgende Regel in der Wissensbasis ein:
      Wer gleichzeitig Abteilungsleiter und Jugendwart ist, fördert den eigenen Abteilungsnachwuchs.
   c. Ermöglichen Sie folgende Anfragen:
      i. Von wann bis wann war Hans Jugendwart ?
      ii. Waren Hans und Otto zur selben Zeit im Vorstand ?

3. Gegeben sei folgendes Flugnetz:

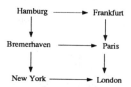

   a. Erstellen Sie für dieses Netz ein Prolog-Programm. Folgende Fragen sollen möglich sein:
   b. Frage nach der Direktverbindung (Hamburg-Paris)
   c. Frage nach der Verbindung über eine Stadt (oder auch mehrere; z.B.: Hamburg über Frankfurt nach Paris)
   d. Frage/Regel, ob eine Stadt von verschiedenen Städten angeflogen wird (z.B. Paris).

Thema 3

Syntax und Semantik des Prolog-Programms

Unter Syntax versteht man die Lehre vom Satzbau. Das Wort Syntax kommt aus der griechischen Sprache (griech. syntaxis) und bedeutet „Anordnung" oder auch „Zusammensetzung". Grammatikalisch gesehen ist Syntax die Gesamtheit der Regeln für die Bildung von Sätzen aus Wörtern. In einer Sprache wird die richtige Zusammenstellung der Zeichen und Ausdrücke ohne Rücksicht auf ihre Bedeutung untersucht.

Unter Semantik versteht man die Lehre von der Bedeutung der Elemente von Zeichensystemen im Hinblick auf das durch die Zeichen Gemeinte. Während sich die Syntax mit der Zusammensetzung der Zeichen befaßt, beschäftigt sich die Semantik mit der Bedeutung der verwendeten Zeichen.

In diesem Abschnitt werden wir Syntax und Semantik von Prolog untersuchen.

Objekte und Prädikate

Ergebnis des Abbildungsprozesses der realen Welt auf ein Prolog-Programm sind Objekte und Prädikate. Je nach Erscheinungsbild eines Objektes der realen Welt bietet ein Datenobjekt in Prolog an.

Der Begriff des Datentyps wird in Prolog vermieden, da es in Prolog keine Konvertierungsfehler gibt. Gleichfalls gibt es Objekte, die nur durch ihren Namen existieren (Individuen, z.B. Vater, Geld), die keinen „Inhalt" (zugewiesenen oder konstanten Inhalt) haben. Es wird daher von Objekten oder Datenobjekten gesprochen.

Hat ein Objekt eine einfache Struktur, die ohne weiteres von einer Konstanten oder einer Variablen ableitbar ist, so spricht man von *einfachem Objekt*. Komplexere Objekte sind in einer Struktur abzubilden, die sich aus den einzelnen elementaren Objekten zusammensetzt. Zu den Strukturen zählen ebenfalls Listen, einfache Bäume und verkettete Bäume; sie werden als *Term* bezeichnet und bieten dem Programmierer die Möglichkeit, strukturierte Datentypen zu definieren.

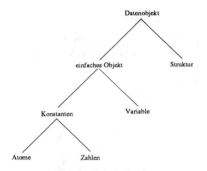

Abb. 4: Abstraktion der realen Welt

Erst mit der Übertragung der Relationen zwischen den einzelnen Objekten in ein Programm kann man Aussagen formulieren, die Tatsachen oder Regeln der zu abstrahierenden Welt ausdrücken.

Die Prädikate werden durch ihren *Funktor* (Prädikatsname) eindeutig bezeichnet. Genau wie Prolog, das ein Prädikat eindeutig am Funktor und der *Stelligkeit* des Prädikats (Anzahl der Argumente) von anderen unterscheiden kann, ist auch für den Benutzer ein aussagekräftiger Bezeichner zu wählen.

Namen sind möglichst als Funktor für Prädikate zu meiden, es sei denn, es soll mit dem Prädikat ein eigenständiges Objekt mit der Bedeutung „besteht aus" definiert werden.

Zeichen

Folgende Zeichen sind in Prolog definiert:

- Großbuchstaben A, B, ... Z
- Kleinbuchstaben a, b, ... z
- Ziffern 0, 1, 2, ... 9
- Sonderzeichen +, −, *, /, <, >, :-, ?, $, _, %

Atome

Atome bezeichnen Prädikate, Operatoren oder sonstige Individuen. Atome setzen sich aus Ziffern, Buchstaben, Bindestrich und Unterstrich zusammen. Sie beginnen mit einem kleinen Buchstaben. Es ist ebenso möglich, Atome in Hochkommata einzuschließen. Bedient man sich der Hochkommata, so können Atome beliebige Zeichen enthalten. Eine weitere syntaktische Form, in der Atome auftreten können, sind die Sonderzeichen. Hieraus resultiert, daß Operatoren und Metas-Syntaxzeichen Atome sind. Ein Beispiel für Atome:
fritz, ludwig-14, ludwig_14, 256, '20.April.1993', ==, :-, !, ?

Bemerkung:
Die Zahlen werden nur aufgrund ihrer Unveränderlichkeit als Atome bezeichnet. Allgemein werden sie nicht als Atome im Sinn von Prolog verstanden. Das Standard-Prädikat atom(X) gibt bei der Abfrage ?- atom(256) eine negative Antwort. Ein anderes Standard-Prädikat atomic(256) schließt jedoch die Zahlen ein und gibt dementsprechend eine positive Antwort.

Konstanten
Konstanten haben im Gegensatz zu Variablen feste Werte. Sie erscheinen als Atome oder Zahlen.

Variablen
Variablen dienen der Bezeichnung von nicht instanziierten Argumenten von Prädikaten oder Funktoren. Sie werden ähnlich gebildet wie Atome, unterscheiden sich jedoch in folgenden Punkten:

- Sie beginnen entweder mit einem Großbuchstaben oder mit einem Unterstrich "_", Beispiel: Ludwig, Ludwig_14

- Der Bindestrich ist nicht zulässig, da er vom System als arithmetische Substraktion interpretiert werden würde.

- Eine Variable kann auch nur aus einem Unterstrich bestehen. Sie heißt dann *anonyme Variable*, auch Platzhalter genannt. Zu den „normalen" Variablen wird sie bei der Lösungsfindung nicht instanziiert, das heißt, ihr wird kein vorübergehender Wert zugewiesen. Werden in einer Aussage mehrere Platzhalter verwendet, so werden sie völlig unabhängig voneinander behandelt. Beispiel:
hat-Eltern(Person) :- hat-Mutter(Person, _) ;
                      hat-vater(Person, _).

- Variablen gelten als *gebunden*, wenn gleiche Variablen in einer konjungierten Klausel benutzt werden. Wurde einer mehrfach verwendeten Variablen noch kein Wert zugewiesen, so geschieht das zeitweise während der Beweisprozedur durch das System (Instanziierung), um Referenzwerte für andere Aussagen zu haben. In dem Beispiel:
aussage(X) :- aussage1(X), aussage2(X).
heißt das konkret, daß die Variable „X" innerhalb der Klausel immer den gleichen Wert haben

muß (Unifikation). In dem Beispiel:
```
aussage(X) :- aussage1(X) ; aussage2(X)
```
ist X nicht gebunden und müßte demnach auch nicht unifiziert werden.

Struktur
Der Begriff Struktur ist doppeldeutig. Einerseits beschreibt er Datenobjekte, die nicht mit den zur Verfügung stehenden Möglichkeiten durch Variablen und Konstanten abgebildet werden können. In dieser Bedeutung haben Strukturen die Ausprägungen von Listen, einfachen Bäumen und verketteten Bäumen.

Auf der anderen Seite verwaltet das Prolog-System die Prädikate und erkennt für sich die Prädikate als Strukturen. Wenn man die Syntax des Faktes betrachtet, stellt man fest, daß ein Fakt eine Struktur ist. Die Unterscheidung von Datenobjekt und Prädikat liegt Prolog fern, da es die Semantik einer Struktur nicht erkennt.

Eine Struktur beginnt mit einem Atom, gefolgt von einer offenen Klammer. In dieser Klammer stehen ein oder mehrere durch Kommata getrennte Terme. Eine Struktur endet mit einer sich schließenden Klammer. Beispiel:
```
autor(heinz).
autor(heinz, adresse).
autor(heinz, adresse(Str, Stadt)).
```

Terme
Aus Termen lassen sich in Prolog Sprachkonstrukte bilden. Folgende Konstrukte sind möglich:

- Konstante
- Variablen
- Strukturen
- Liste

Ein Term mit spezifizierten Variablen nennt man *Grundterm*.

Liste
Die Liste ist eine spezielle Form der Struktur. Sie stellt ein eigenständiges Thema dar und wird später behandelt.

Operatoren
Auch in Prolog sind verschiedene Operatoren möglich, um Werte oder Inhalte von Variablen zu ändern, gleichzusetzen oder zu vergleichen. Die wichtigen Vergleichsoperatoren sind:

$$=, \neq, >, <, \leq, \geq$$

Bis auf die Operatoren für Gleichheit oder Verschiedenheit können die anderen Vergleichsoperatoren ausschließlich auf Zahlen, Textkonstanten oder Variablen Anwendung finden, denen ein Wert zugewiesen worden ist.

Gleichheit (engl. *matching*)
Die Relation „Gleichheit" kommt nicht nur ihrer mathematischen Aufgabe nach, sondern leitet zudem die Prüfung ein, ob Terme gegebenenfalls gleichgemacht (*unifiziert*) werden können. Dies ist der Fall, wenn die *freien* (unbelegten) Variablen der Terme Werte annehmen (instanziieren) können, so daß die Terme gleich sind und das Prolog-System den Beweis der Aussage (Teilziel oder die eigentliche Abfrage) fortführen oder beenden kann. Dieses Verständnis von Gleichheit nennt man matching.

Zwei Terme können „ge-match-t" werden und gelten für das System als gleich, wenn sie gleich sind (hier eigentliche Bedeutung) oder unifiziert (gleichgemacht durch Instanziierung) werden können.

Gleichheit von Termen unter Prolog:

- Konstanten sind gleich, wenn sie identisch sind, d.h., eine Konstante ist nur zu sich selbst gleich.
  – Individuen(Atom):
  heinz = heinz
  heinz $\neq$ susi
  – Textkonstanten(Atom):
  'Heinz' = 'Heinz'
  'Heinz' $\neq$ 'HEINZ'
  – Zahlenkonstante:
  1993 = 1993
  1994 $\neq$ 1993
  – Individum/Textkonstante. Zahlenkonstante:
  Mai.92 $\neq$ 'Mai.92'

- Variablen sind gleich, wenn:
  – sie identisch (mit gleichem Namen behaftet) sind, z.B. X=X;
  – beiden bereits der gleiche Wert zugewiesen wurde, z.B. X=12, Y=12 $\implies$ X=Y;
  – beiden noch kein Wert zugewiesen wurde; für Prolog somit: X=_ , Y= _ , $\implies$ X=Y;
  – nur einer ein Wert zugewiesen wurde und die freie Variable mit der belegten unifiziert werden kann.

- Eine Variable ist gleich zu einer Konstanten (und umgekehrt), wenn
  – die Variable die Konstante zum Inhalt hat;
  – die Variable mit der Konstanten unifizierbar ist.

- Strukturen sind gleich, wenn sie den gleichen Funktor und die gleiche Stelligkeit haben und die Argumente der Strukturen (im Sinne des Matchings) gleich sind.

  Bemerkung: Die Objekte von Strukturen sind entweder einfache Objekte (Variablen oder Konstanten) oder ebenfalls Strukturen, die irgendwann auf einfache Objekte zurückgeführt werden können. Die Gleichheit der Objekte ist also mit obenstehenden Regeln zu bewerten.

Das Matching (Prüfen der Gleichheit) hat die Wertänderung einer Variablen zur Folge, wenn sie bei der Unifikation (Gleichsetzung von Termen) instanziiert (vorübergehend belegt) werden muß.

Beispiele:

1. X=12.
   X=12 kann nur unifiziert werden, indem „X" mit 12 instanziiert wird. Es erfolgt also eine Wertzuweisung, da die gesamte Abfrage wahr wird.
2. X=2 , Y=2.
   Die Teilaussage „X=2" kann nur mit der Instanziierung von „X" auf 2 wahr werden. Gleichfalls muß „Y" den Inhalt von X annehmen, um die Abfrage zu beweisen.
3. X=12, X=Y ; Y=10.
   X wird auf 12 instanziiert („X=12" wird wahr);
   Y wird unifiziert mit X (instanziiert auf 12, „X=Y" wird wahr);

die letzte Teilaussage scheitert (X und Y sind gebundene Variablen);
die vorgenommenen Instanziierungen werden zurückgesetzt;
keine andere Unifikation der Teilaussagen möglich;
Abfrage kann nicht bewiesen werden → keine Lösung → keine Zuweisungen.

4. `datum(Tag, dezember, 1993) = datum(31, Monat, Jahr).`
   Die Aussagen werden unifiziert durch die Instanziierung von:
   Tag auf 31, Monat auf Dezember, Jahr auf 1993.

5. `datum(31, 12) = datum(31, 12, jahr)`
   Die Aussagen können nicht gematcht werden, da die Anzahl der Argumente (Arität) der Strukturen nicht übereinstimmt → keine Lösung → keine Zuweisung.

6. `dreieck(punkt(1, 1), A, punkt(2, 3)) =`
   `dreieck(X, punkt(4, Y), punkt(2, Z)).`
   `dreieck = dreieck ( Funktoren sind gleich );`
   Arität jeweils 3 (Stelligkeit ist gleich).

Die Instanziierung	führt zum Matching von:
X = punkt(1, 1)	punkt(1, 1) = X
A = punkt(4, Y)	A = punkt(4, Y)
Z = 3	punkt(2, 3) = punkt(2, Z)

Durch den „="-Operator werden also während der Laufzeit den Variablen Werte zugewiesen, mit denen das System versucht, die Abfrage zu beweisen. Dies ist auch bei qualifizierten Abfragen wie z.B. `?- p(2, 2)` der Fall, wenn das Prädikat p für eine Regel steht, die die Variable benutzt. Ist ein Beweis erbracht, werden die instanziierten Variablen zurückgesetzt.

Wertzuweisung (explizite)

Neben der Wertzuweisung durch das System (Instanziierung) als Mittel zur Lösungsfindung gibt es noch die explizite Wertzuweisung durch den Programmierer oder Benutzer:
`?- Ergebnis is vater(heinz, christel)`
`?- Ergebnis is 10*2-3.`

Das Standard-Prädikat `is` kann eine Variable, ein Individuum, eine Textkonstante oder eine Zahl speichern. Dabei wird nicht das Ergebnis, sondern das Prädikat gespeichert, das zum Ergebnis führt. Das System beantwortet die Frage `?- X=4+5` mit `X=4+5`, weil X direkt mit 4+5 und nicht mit 9 instanziiert wird. Erst auf die Formulierung `?- X is 2+3` wird mit X=5 vom System geantwortet.

Übungen zum Thema 3

1. Nennen Sie die Objektarten:

    a. Diana
    b. diana
    c. 'Diana'
    d. _diana
    e. 'Diana geht nach Hause'
    f. geht(diana, Hause)
    g. 45
    h. 5(X, Y)
    i. +(nord, west)
    j. drei(schwarz(Katze))

2. Werden die folgenden Matching-Operatoren erfolgen? Welche Werte bekommen die Variablen?

    a. punkt(A, B) = punkt(1, 2)
    b. punkt(A, B) = punkt(X, Y, Z)
    c. plus(2, 2) = 4
    d. +(2, D) = +(E, 2)
    e. dreieck(punkt(-1, 0), P2, P3) = dreieck(P1, punkt(1, 0), punkt(0, Y))

3.
    a. Schreiben Sie einen Term, der ein Liniensegment auf X=5 repräsentiert.
    b. Gegeben ist ein Viereck durch die Relation rechteck (P1, P2, P3, P4), wobei P ein Liniensegment ist. Definieren Sie die Relation „reguläre(R)" für ein Rechteck.

4. Definieren Sie die folgenden Familien-Relationen für die gegebenen Fakten:

    ```
    onkel(X, Y) :-
    eltern(X, Y) :-
    ehefrau(X, a) :-
    ehemann(X, b) :-
    tante(X, Y) :-
    ```

Thema 4

Rekursive Regeln

Eine Rekursion ist die Definition einer Funktion durch sich selbst. Bei der Programmierung kann man dies als eine Art Schleife ansehen. Diese Schleife soll eine Abbruchbedingung haben, da sie sonst (theoretisch) endlos wäre. In Prolog ist eine Prozedur rekursiv, wenn in einer Regel das Prädikat, durch das die Prozedur definiert ist, wieder aufgerufen wird.

Rekursive Problemlösungen dienen häufig zur effizienten Programmierung, wie man an vielen Beispielen sieht, die mit dynamischen Datenstrukturen (linerare Liste, Bäume, Graphen) operieren.

Wir betrachten die rekursiven Regeln am Beispiel des „Vorfahren-Programms":

Heike hat einen Sohn, der Robert heißt. Robert wiederum hat eine Tochter, die Anna heißt. Anna ist das Enkelkind von Heike. Daraus folgt, daß Heike unmittelbarer Vorfahr von Robert und ein mittelbarer Vorfahr von Anna ist.

Wir formulieren dies:

Für alle X und Z gilt: X ist ein Vorfahr von Z, wenn X ein Elternteil von Z ist.

Wir übersetzen dies in Prolog und machen daraus ein kleines Programm:
```
elternteil(heike, robert).
elternteil(robert, anna).
vorfahr(X, Z) :- elternteil(X, Z).
```

Wir möchten nun das System fragen, wer Heikes Nachkommen sind. Wie wir bereits wissen, ist Heike Vorfahr von Robert und auch von Anna.[2]
```
?- vorfahr(heike, Z).
```

Das System antwortet: Z = robert

Die Antwort ist nicht ganz richtig, weil Heike ja auch Vorfahr von Anna ist. Daraus folgt, daß wir das Programm noch ergänzen müssen. Abb. 5 stellt es grafisch dar.

---

[2] Die Symbole „?-" und „:-" sind synonym

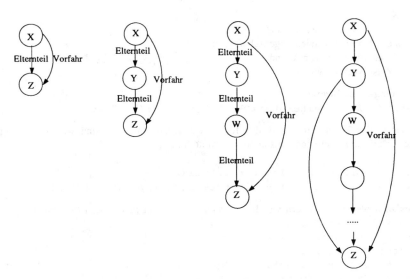

Abb. 5: Das Vorfahren-Diagramm

Um nun zum gewünschten Ergebnis zu kommen, müssen wir in unser vorheriges Programm noch folgende Regel einfügen:
Vorfahr(X, Z) :- elternteil(X, Y), elternteil(Y, Z).

Diese Formulierung bedeutet in der Umgangssprache:

Wenn X Elternteil von Y ist und Y Elternteil von Z ist, dann ist X Vorfahr von Z.

Mit dieser Ergänzung erreichen wir, daß das System uns bei einer Abfrage
?- vorfahr(heike, Z).

als Ergebnis Z = robert und Z = anna ausgibt.

Das richtige Ergebnis wurde aber dadurch erreicht, daß wir zwei Regeln, nämlich
vorfahr(X, Z) :- elternteil(X, Z).
vorfahr(X, Z) :- elternteil(X, Y), elternteil(Y, Z).

eingefügt haben.

Sollte nun „Anna" selbst auch noch Elternteil sein, dann muß eine weitere Regel eingefügt werden, damit man zum richtigen Ergebnis kommt:
vorfahr(X, Z) :- elternteil(X, Y), elternteil(Y, W),
                 elternteil(W, Z).

Das ganze Programm würde immer länger werden, und was noch viel wichtiger ist, es arbeitet nur bis zu einem gewissen Grad. Es würde Vorfahren nur bis zu einer gewissen Tiefe im Stammbaum entdecken, da die Länge der Kette von Personen zwischen dem Vorfahren und dem Nachkommen durch die Länge der Vorfahr-Klauseln begrenzt wäre. Eine bessere und elegantere Formulierung der Vorfahr-Relation ist, die Relation durch sich selbst zu definieren. Diesen Aufruf bezeichnet man als Rekursion. Dadurch erreicht man, daß das Programm bis zu jeder Tiefe korrekt arbeitet.

Formal könnte man das folgendermaßen beschreiben:

Für alle X und Z gilt:
  X ist Vorfahr von Z, wenn
  es ein Y mit folgenden Eigenschaften gibt:
  − X ist Elternteil von Y und
  − Y ist Vorfahr von Z.

In der Prolog-Schreibweise:
```
vorfahr(X, Z) :- elternteil(X, Y), vorfahr(Y, Z).
```
Wenn wir in das Programm die beiden folgenden Zeilen einbauen, sind wir in der Lage, alle mittelbaren und unmittelbaren Vorfahren zu ermitteln.

```
Regel 1:   vorfahr(X, Z):- elternteil(X, Y).
Regel 2:   vorfahr(X, Z):- elternteil(X, Y), vorfahr(Y, Z).
```

Um dies zu beweisen, erweitern wir die Wissensbasis mit entsprechenden Prädikaten
```
elternteil(heike, robert).
elternteil(thomas, robert).
elternteil(thomas, lisa).
elternteil(robert, anna).
elternteil(robert, petra).
elternteil(petra, jakob).
```

Wir fragen nun nach Heikes Nachkommen: ?- vorfahr(heike, Z).

1. Lösung: Heike ist Elternteil von Robert. Daraus folgt: Robert ist Nachkomme.
X = robert

2. Lösung: Heike ist Elternteil von Robert. Robert ist Vorfahr von Anna. Daraus folgt: Anna ist Nachkomme.
X = anna

3. Lösung: Heike ist Elternteil von Robert. Robert ist Vorfahr von Petra. Daraus folgt: Petra ist Nachkomme.
X = petra

4. Lösung: Heike ist Elternteil von Robert. Robert ist Vorfahr von Petra. Petra ist Vorfahr von Jakob. Daraus folgt: Jakob ist Nachkomme.
X = jakob

Weitere Anfragen:
- ```
  ?- vorfahr(thomas, petra).
  yes
  ```
  Matching des Goals mit der ersten Regel:
  ```
  vorfahr(X, Z) :- elternteil(X, Z)
  X = thomas, Z = petra
  ```
- ```
  ?- elternteil(thomas, petra).
  no
  ```
  Beweis:
  Matching des Goals mit der zweiten Regel:
  ```
  vorfahr(X, Z) :- elternteil(X, Y), vorfahr(Y, Z.).
  X = thomas, Z = petra, Y = frei
  ```

Zwei neue Goals:
a) `elternteil(thomas, Y)`
b) `vorfahr(Y, petra)`
Matching a) mit Prädikat aus der Wissensbasis ergibt
`Y = robert`
b) wird zu vorfahr(robert, petra) Matching b) mit der ersten Regel
`vorfahr(X, Z) :- elternteil(X, Z).`
`X1 = robert, Z1 = petra`

4.1 Änderung der Reihenfolge

Durch den Ablauf der Ableitbarkeitsprüfung wird die „prozedurale Bedeutung" eines Prolog-Programms bestimmt. Da der Inferenz-Algorithmus bei einer veränderten Reihenfolge der Klausel oft auch einen anderen Ablauf nimmt, kann sich die prozedurale Bedeutung eines Prolog-Programms entsprechend ändern. Die Änderung der prozeduralen Bedeutung kann unter Umständen sogar dazu führen, daß der Ablauf in eine Endlosschleife gerät.

Die prozedurale Bedeutung ist zu unterscheiden von der „deklarativen Bedeutung" eines Prolog-Programms, die durch die Prädikate in den Klauseln bestimmt wird, unabhängig von der Reihenfolge, in der die Klauseln angegeben sind. Die deklarative Bedeutung besteht somit darin, „ob" und nicht „wie" ein Goal ableitbar ist. So besteht zum Beispiel die deklarative Bedeutung des Vorfahren-Problems in dem Wissen über die Familie in der Wissensbasis. Dieses Wissen ändert sich auch dann nicht, wenn die Reihenfolge der Klauseln vertauscht wird.

Um festzustellen, ob jetzt eine veränderte Form der Regeln des Vorfahren-Programms Auswirkungen auf den Ablauf der Ableitbarkeitsprüfung hat, testen wir die folgenden vier Varianten. Wir listen noch einmal das Programm auf:

```
elternteil(heike, robert).
elternteil(thomas, robert).
elternteil(thomas, lisa).
elternteil(robert, anna).
elternteil(robert, petra).
elternteil(petra, jakob).
vorfahr(X, Z) :- elternteil(X, Z).                *** Regel 1 ***
vorfahr(X, Z) :- elternteil(X, Y), vorfahr(Y, Z). *** Regel 2 ***
```

1. Zu dieser ursprünglichen Form stellen wir die Anfrage:

`?- vorfahr(thomas, petra).`

Wie aus Abb.6 zu ersehen ist, erhalten wir als Antwort „yes". Das besagt, daß Thomas ein mittelbarer Vorfahr von Petra ist.

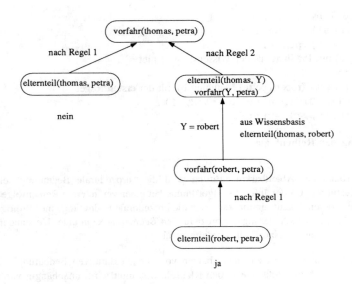

Abb. 6: Änderung der Reihenfolge im Programm

2. Wir vertauschen die Regel 1 mit der Regel 2, so daß wir das folgende Programm mit dem gleichen Goal wie im ersten Versuch zur Ausführung bringen.

```
vorfahr(X, Z) :- elternteil(X, Y), vorfahr(Y, Z).
vorfahr(X, Z) :- elternteil(X, Z).
```

Im Hinblick auf den Inhalt der zuvor angegebenen Form haben wir keine Änderung der deklarativen Bedeutung vorgenommen, d.h., die eigentliche Logik der beiden Regeln ist nach wie vor unverändert. Folglich erwarten wir bei der Ableitbarkeitsprüfung des Goals

```
?- vorfahr(thomas, petra).
```

ebenfalls die Antwort „yes". Dies ist auch der Fall, obwohl sich bei dieser Version ein etwas umfangreicherer Ableitungsbaum ergibt, was daraus resultiert, daß der Inferenz-Algorithmus eine programmunabhängige Komponente ist, auf deren Arbeitsweise sich eine veränderte Reihenfolge der Klauseln direkt auswirkt.

3. Wir vertauschen die Reihenfolge der Prädikate im Rumpf der Regel 2, wodurch sich die folgende Form ergibt:

```
vorfahr(elternteil(X, Z).
vorfahr(X, Z) :- vorfahr(Y, Z), elternteil(X, Y).
```

Im Hinblick auf die bisherige Form haben wir wieder keine deklarative Änderung vorgenommen. Folglich erwarten wir somit auch für die Anfrage

```
?- vorfahr(thomas, petra).
```

eine positive Antwort. Obwohl sich, gegenüber der ursprünglichen Form und der ersten Variante, ein zusätzlicher Aufwand in der Durchführung der Ableitbarkeitsprüfung als Folge der prozeduralen Änderung ergibt, erhalten wir auch in diesem Fall die korrekte Antwort.

4. Als letzte Variante untersuchen wir Änderungen in der Reihenfolge der Regeln bei gleichzeitiger Reihenfolgeänderung der Prädikate im Regelrumpf der ursprünglichen zweiten Regel. Daraus ergibt sich folgendes Programm:

```
vorfahr(X, Z) :- vorfahr(Y, Z), elternteil(X, Y).
vorfahr(X, Z) :- elternteil(X, Z).
```

Auch dieses Programm bringen wir bei gleichem Goal

```
?- vorfahr(thomas, petra).
```

zur Ausführung. Obwohl die deklarative Bedeutung der Klauseln nach wie vor unverändert ist, führen die prozeduralen Änderungen zu einem Programmablauf, der nicht endet. Dies bedeutet, daß die Ableitbarkeitsprüfung nicht zu Ende geführt werden kann, weil der Inferenz-Algorithmus in eine Endlosschleife gerät. Wie es zu dieser Situation kommt, wird im folgenden näher beschrieben.

Nach dem Vergleich des Goals mit dem 1. Regelkopf muß die Ableitbarkeit des Regelrumpfes überprüft werden. Hierzu ergibt sich das Subgoal vorfahr(Y', petra). Dieses Subgoal muß auf der Wissensbasis mit einem Regelkopf verglichen werden, um eine geeignete Zuweisung für Y' zu finden. Auch dies gelingt mit dem ersten Regelkopf, indem die Zuweisungen

Y" :=: Y'
Z := petra

vorgenommen werden. Gegenüber früheren Zuweisungen ist das jetzt anders, da nun beim Vergleich eine Variable einer anderen zugewiesen wird. Diese Form der Zuweisung nennt man einen *Pakt*, der zwischen den Variablen geschlossen wird. Dieses wird durch das Symbol ,,:=:" gekennzeichnet. Dieses Symbol soll bedeuten,

- daß noch keine Konstante an die Variablen Y' und Y" gebunden ist und
- daß eine Zuweisung der Variablen Y' eine Zuweisung der Variablen Y" mit dem gleichen Wert bewirkt und umgekehrt.

Nach den angegebenen Zuweisungen muß man, um den Rumpf der 1. Regel abzuleiten, zunächst vorfahr(Y", petra) als Subgoal ableiten. Dies bedeutet: Es muß mit einem Regelkopf in der Wissensbasis verglichen werden.

Man kann also feststellen, daß dieses Subgoal, bis auf die unterschiedlichen Namen des 1. Arguments (Y', Y", Y"', ...), völlig identisch mit dem oben angegebenen Goal ist. Dies bedeutet, daß sich die Aufgabe, das Subgoal abzuleiten, immer wieder von neuem stellt. Dadurch gerät der prozedurale Ablauf in eine Endlosschleife. Wir halten also fest, daß die Angabe der beiden Regeln in dieser Form zwar keine deklarative, wohl aber eine prozedurale Änderung zur Folge hat, die zu einer Endlosschleife führt.

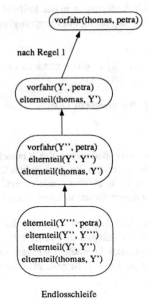

Abb. 7: Änderung der Reihenfolge im Programm

Dies macht auf ein Problem der logikbasierenden Programmierung mit Prolog aufmerksam:

Bei der Verwendung rekursiver Regeln reicht es nicht aus, allein die deklarative Bedeutung der Klauseln zu beachten, sondern man muß vielmehr seine Aufmerksamkeit, im Hinblick auf die Bearbeitung durch den Inferenz-Algorithmus, der prozeduralen Bedeutung schenken. Das führt dazu, daß die Reihenfolge der Regeln innerhalb der Wissensbasis und die Reihenfolge der Prädikate innerhalb des Regelrumpfes beachtet werden müssen.

Da bei der Bearbeitung einer logischen UND-Verknüpfung der Vergleichsversuch immer von links nach rechts abläuft, ist stets dafür Sorge zu tragen, daß beim Ableitungsbaum, anders als bei der letzten Variante, nie in immer wiederkehrender gleicher Weise endlos verzweigt wird, bis das zuletzt untersuchte Subgoal vollständig abgeleitet ist. Vielmehr muß eine derartige Suche nach einer bestimmten Anzahl von Schritten durch ein Abbruchkriterium beendet werden. Dies läßt sich normalerweise dadurch erreichen, daß bei Regeln mit gleichem Regelkopf eine „nicht-rekursive" Klausel mit dem Abbruchkriterium als 1. Klausel aufgeführt wird.

4.2 Programmzyklen

Wir haben dargestellt, daß es durch die richtige Abfolge der Prädikate im Regelrumpf und durch das Abbruchkriterium der rekursiven Regel möglich ist zu verhindern, daß das Programm während der Ausführung in einer Endlosschleife geführt wird. Diese Vorkehrungen reichen auch dann nicht, wenn die Beschreibung des Sachverhalts oder die Reihenfolge der Fakten, die den Sachverhalt kennzeichnen, für den prozeduralen Ablauf „ungünstig" sind. In einer solchen Situation kann es Fälle geben, bei denen eine Abfrage zu einem Programmzyklus, d.h. zu einer Endlosschleife führt. Dieses Verhalten läßt sich aus der Reihenfolge der Fakten innerhalb des Programms erklären; daher muß man durch eine geeignete Konstellation der Fakten dafür sorgen, daß das Programm nicht zu einem Zyklus geführt wird.

Übungen zum Thema

1. Schreiben Sie ein Programm zur Berechnung der Fibonacci-Zahlen.
   Bildungsgesetze:
   fibonacci(0) = 1
   fibonacci(1) = 1
   fibonacci(N) = fibonacci(N-1) + fibonacci(N-2)

2. Schreiben Sie ein Programm, das die natürlichen Zahlen wie folgt definiert:
   - 0 ist eine natürliche Zahl.
   - Der Nachfolger einer natürlichen Zahl ist eine natürliche Zahl.

3. Legen Sie sich eine Datenbank über Ihre (oder eine andere) Familie an, und definieren Sie folgende Beziehungen:
   a. Ehemann
   b. Ehefrau
   c. Eltern
   d. Onkel
   e. Tante
   f. Schwiegervater
   g. Schwiegermutter
   h. Cousine
   i. Cousin
   j. Eltern(Kind, Vater, Mutter)
   k. Schwiegereltern(Kind, Schwiegervater, Schwiegermutter)
   l. Stiefkind(Kind, Elternteil)
   m. Stiefbruder
   n. Stiefschwester
   Vermeiden Sie, daß beim Backtracking Antworten mehrfach erscheinen.

Thema 5

Listen

Eine Liste ist eine geordnete endliche Folge von Objekten eines bestimmten Datentyps. Die Elemente einer Liste können beliebige Terme (Atome, Strukturen, aber auch Listen) sein. Die Länge einer Liste ist nicht vorgegeben und kann sich so dynamisch ohne eine Begrenzung (nur Speicher) frei entwickeln. Listen verwendet man, wenn man vorher noch nicht weiß, wie viele Elemente eines Datentyps benötigt werden. Listen eignen sich auch für die Realisierung von höheren Datentypen wie z.B. von Binärbäumen und Graphen.

5.1 Aufbau und Darstellung von Listen

Bei Prolog gibt es im Gegensatz zur konventionellen Programmierung bei der Listendefinition eine Untersuchung zwischen Elementen und Komponenten. Die Listenelemente sind die Objekte, die zu einer Liste zusammengefaßt werden, wie bei Pascal die Elemente von Feldern (array).

Die Listenkomponenten setzen sich zusammen aus:

Listenkopf (= erstes Element) der Liste und Listenrumpf (= Restliste) der Liste, wobei der Listenrumpf wiederum eine Liste darstellt. Die Liste hat somit einen Listenkopf und einen Listenrumpf als Komponenten. Der Listenrumpf kann eine leere Liste sein. Die Trennung der beiden Komponenten erfolgt durch einen Listenseparator (Trennzeichen), der als senkrechter Strich „ | " dargestellt wird.

Es gibt verschiedene Darstellungsmöglichkeiten von Listen. Darauf gehen wir nun ein:

Klammernotation

Bei der Klammernotation werden die Elemente einer Liste in eckige Klammern gesetzt und durch Kommata getrennt. Beispiel:

- Vier voneinander unabhängige Elemente:
  [a, b, c, d]
- Eine Liste mit vier Variablen:
  [A, B, C, D]
- Eine leere Liste, ohne Inhalt:
  [ ]
- Eine Liste mit einem Element „Apfel":
  [apfel |[]]
- Eine Liste mit mehreren Elementen, aufgeteilt in Kopf (engl. *Head*) und Rumpf (engl. *Tail*) :
  [H|T]
  [apfel, birne, kirsche, ananas] =
  [apfel, birne, kirsche | [ananas]] =
  [apfel, birne | [kirsche | [ananas]]] =
  [apfel | [birne | [kirsche | [ananas]]]] =
  [apfel | [birne | [kirsche [ananas | []]]]] =
  [apfel | [birne | [kirsche | [ananas | []]]]]

Punktnotation
Bei der Punktnotation werden die Elemente einer Liste durch "." getrennt und mit dem Zeichen „nil" abgeschlossen. Anhand der Punktnotation ist zu erkennen, daß Listen lineare Strukturen sind. Beispiel:

- Vier voneinander unabhängige Elemente:
  a.b.c.nil

- Eine Liste mit vier Variablen:
  A.B.C.D.nil

- Eine leere Liste, ohne Inhalt:
  nil

- Eine Liste mit einem Element „Apfel":
  apfel.nil

- Eine Liste mit mehreren Elementen, aufgeteilt in Kopf und Rumpf : H.T
  apfel, birne, kirsche, ananas.nil.nil.nil.nil.

Funktor-Notation
Bei der Funktor-Notation steht das Funktorsymbol „•" vor der runden Klammer. Die Elemente der Liste werden durch Kommata getrennt und mit [] abgeschlossen. Beispiele:

- Vier voneinander unabhängige Elemente:
  •(a, •(b, •(c, •(d, [])))

- Eine Liste mit vier Variablen:
  •(A, •(B, •(C, •(D, [])))

- Eine leere Liste, ohne Inhalt:
  []

- Eine Liste mit einem Element „Apfel":
  •(apfel, [])

- Eine Liste mit mehreren Elementen, aufgeteilt in Kopf und Rumpf : •(H, T):
  •(apfel, •(birne, •(kirsche, •(ananas,[]))))

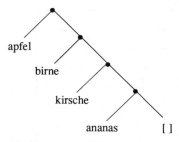

Verarbeitung von Listen
In Prolog kann man jeweils nur auf das erste Element (= Listenkopf) und auf die Restliste (= Listenrumpf) zugreifen, d.h., daß der Zugriff auf einzelne Listenelemente hier nicht direkt möglich ist. Um an ein Listenelement zu gelangen, das nicht erstes Element ist, muß man sukzessiv vorgehen. Dieser Vorgang entspricht der rekursiven Definition der Liste in Prolog.

Die Verarbeitung von Listen erfolgt somit grundsätzlich rekursiv. Das bedeutet, daß bei einer Liste zuerst immer der Listenkopf abzuspalten ist, um ihn für eine Instanziierung zu verwenden.

Diese Abspaltung wird so lange durchgeführt, bis der Listenrumpf nur noch aus der leeren Liste besteht. Hieraus kann man ableiten, daß die leere Liste ein Abbruchkriterium der Rekursion ist. Ein Algorithmus bei einer Liste bricht somit dann ab, wenn der Listenrumpf nur noch als letztes Element die leere Liste hat.

Wir betrachten die Verarbeitung (Abspaltung) der Liste aus vier Elementen:

[apfel, birne, kirsche, ananas]

1. Abspaltung [apfel I [birne, kirsche, ananas]]

2. Abspaltung [[birne I [kirsche, ananas]]

3. Abspaltung [kirsche I [ananas]]

4. Abspaltung [ananas I [ ]]

Unifizierung von Listen

Während des Matchings werden die Variablen in der Liste mit Konstanten belegt. Die folgende Tabelle zeigt, wie die Listenkomponenten unifiziert werden können oder wann keine Unifizierung möglich ist.

Liste 1	Liste 2	Listen-Äquivalenz
[a]	[X I Y]	X = a, Y = [ ]
[a I X]	[a, b]	X = b
[X, [Y I Z]]	[a, b, c]	X = a, Y = b, Z = [c]
[a, [X] I Z]]	[Y, [b I, [c, d]]]	Y = a, X = b, Z = [c, d]
[a I X]	[Y I b]	X = a, Y = b
[ ]	X	X = [ ]
[a, b, c]	[X I Y]	X = a, Y = [b, c]
[a, b]	[X I [Y I Z]]	X = a, Y = b, Z = []
[a, b]	X	X = [a, b]
[X, a]	[a, b]	nicht möglich
[ ]	[X I Y]	nicht möglich
[a]	[X I Y]	nicht möglich
[a, b]	[X, Y, Z]	nicht möglich
[a, b]	[X]	nicht möglich

5.2 Mitgliedschaft (engl. *member*)

Mitgliedschaft ist ein Prädikat zur Feststellung, ob ein Element in einer Liste vorhanden ist. Das ist dann der Fall, wenn das Element entweder im Listenkopf oder im Listenrumpf enthalten ist.

Die Mitgliedschaft wird in Prolog in einem Fakt und in einer Regel ausgedrückt.
```
mitglied(X, [X|Rumpf]).
mitglied(X, [Kopf|Rumpf]) :- mitglied(X, Rumpf).
```
Diese Klauseln sind folgendermaßen zu verstehen:

Kommt „X" als Element in der Liste vor, dann ist es entweder der Listenkopf (dies entspricht dem aufgeführten Fakt), oder es ist Bestandteil des Listenrumpfes (dies entspricht der aufgeführten Regel). Will man prüfen, ob „X" im Listenrumpf der Liste vorhanden ist, werden die beiden Klauseln angewandt. Dadurch wird der Listenrumpf nach und nach verringert.

Nach der Bearbeitung der Liste wird „X" entweder unifiziert, oder es stellt sich heraus, daß es nicht Mitglied der Liste ist. Die Rekursivität in der Listenverarbeitung ist wichtig, wie aus dem folgenden Beispiel zu ersehen ist.
```
?- mitglied(kirsche, [apfel, birne, kirsche, ananas]).
```
1. Abspaltung (apfel wird abgespalten):
   X = kirsche, Rumpf = [birne, kirsche, ananas]
   Die neue Anfrage lautet jetzt:
   `?- mitglied(kirsche, [birne, kirsche, ananas]).`

2. Abspaltung (birne wird abgespalten):
   X = kirsche, Rumpf = [kirsche, ananas]
   Die neue Anfrage wäre dann:
   `?- mitglied(kirsche, [ kirsche, ananas ]).`
   Diese Anfrage erfüllt den Fakt, und wir erhalten ein „yes".

Weiteres Beispiel
```
?- mitglied([birne,kirsche,ananas],[apfel,[birne,kirsche,ananas]]).
```
Hier wird nur einmal abgespalten, und zwar `apfel`, und der Listenrumpf:
`[birne,kirsche,ananas]` rückt in den Listenkopf und wird somit erfolgreich unifiziert. Als Antwort erhalten wir „yes".

Noch ein Beispiel
```
?- mitglied(ananas, [apfel,[kirsche,ananas,pflaume]]).
```
Hier wird zuerst das Element `apfel` abgespalten, und der Listenrumpf:
`[kirsche,ananas,pflaume]` rückt in den Listenkopf hinein. Das Element `ananas` stimmt jetzt nicht mit dem Listenkopf überein, so daß die leere Liste entsteht und der Algorithmus abbricht. Als Antwort erhalten wir somit ein „no".

Operation auf Listen
Im folgenden werden einige Operationen auf Listen erklärt, die am meisten beim Programmieren verwendet werden. Die meisten Operationen sind in Form von Standardfunktionen vom Prolog-Hersteller angegeben, so daß wir auf entsprechende Unterlagen hinweisen und uns daher hier kurz fassen.

5.3 Anfügen von Listen (engl. *append, concatenation*)

Durch diese Operation werden zwei Listen zu einer Liste zusammengefaßt. So entsteht z.B. aus den Listen [a, b] und [c, d] eine Liste mit Inhalt [a,b,c,d]. Die Funktion ist bei vielen Compiler-Dialekten als Prädikat „append" definiert, das wir hier auch übernehmen:
append[Liste1, Liste2, Gesamtliste].
Dieses Prädikat wird gleich als Anfrage benutzt, wie folgende Beispiele zeigen.

- ?- append([a, b], [c, d], [a, b, c, d]).
  yes
  Die erste und die zweite Liste ergeben zusammen die dritte Liste.

- ?- append([a, b], [c, d], [a,b, a, c, d]).
  no
  Die erste und die zweite Liste ergeben zusammen nicht Liste drei.

- ?- append([a, b], [c, d], Gesamtliste).
  Gesamtliste = [a, b, c, d]
  Die Variable Gesamtliste wird mit der Ergebnisliste instanziiert.

- ?- append([], [a, b, c, d], Gesamtliste).
  Gesamtliste = [a, b, c, d]
  Ist die Liste 1 eine leere Liste, dann ist das Ergebnis der Gesamtliste der Inhalt der Liste 2.

- ?- append([X|[a, b, c]], [d], Gesamtliste).
  Gesamtliste = [X, a, b, c, d]
  Die Gesamtliste besteht aus der Verkettung von Liste 1 und Liste 2.

Das Append-Prädikat kann in Prolog wie folgt realisiert werden:
append([], Liste, Liste).
append([Kopf|Rumpf], Liste, [Kopf|Gesamtliste]) :-
                    append(Rumpf, Liste, Gesamtliste).

Der Abbruch von Zeile 1 geschieht, wenn die erste Liste leer ist; dann wird die zweite Liste zur Gesamtliste. In der zweiten Zeile werden der Kopf der Liste und der Rumpf der Liste bestimmt, wobei der Aufruf rekursiv bearbeitet wird. Dabei entsteht als Ergebnis die Liste [Kopf| Gesamtliste], wobei die Gesamtliste die Verkettung von [Kopf | Rumpf] und Liste ist.

Die Arbeitsweise des Prolog-Systems für die Verkettung von Listen wird anhand der Abfrage
?- append([apfel, birne, kirsche], [ananas], Obst).

erläutert.

Zunächst wird die zweite Klausel angewandt und mit der Abfrage unifiziert.
append([apfel|birne, kirsche], [ananas], [apfel|Obst])

Diese Rekursionsschritte werden so lange wiederholt, bis die erste Liste leer ist.
append([], ananas], Obst)

Der Listenkopf der Variablen nimmt nacheinander den Wert „apfel", „birne", „kirsche" an. Nun wird mit Hilfe der ersten Klausel „Obst" mit der Liste, hier „[ananas]", identisch, und danach erfolgt ein Rücksprung in den Aufruf von „append". Hier ist der Listenkopf noch mit „kirsche" gebunden, d.h., „Obst" wird nun wieder mit Hilfe der zweiten Regel mit dem Element „kirsche" verbunden.

Die weitere Arbeitsweise von Prolog wäre dann:

Ausgangssituation zur Zeit:
append([], [ananas], [ananas]).
Daraus folgt:
append([birne, kirsche], [ananas], [birne, kirsche, ananas]).
append([apfel([apfel, birne, kirsche], [ananas],
            [apfel, birne, kirsche, ananas]).

Damit wäre das Ergebnis der Variablen „Obst" = [apfel, birne, kirsche, ananas].

Mit Hilfe der Verkettung kann man auch die Mitgliedschaft definieren, und zwar folgendermaßen:
mitglied(X, Liste):- append(Liste1, (X|Liste2], Liste).

Das ist so zu interpretieren, daß „X" dann ein Mitglied einer Liste „Liste" ist, wenn „Liste" so in zwei Listen zerlegt werden kann, daß die zweite Liste „X" als Listenkopf hat.

Außerdem kann append zum Umschichten von einer Liste in die andere Liste verwendet werden.
?-append(Liste1, Liste2, [apfel, birne, kirsche]).

Liste1 = []	Liste2 = [apfel, birne, kirsche]
= [apfel]	= [birne, kirsche]
= [apfel, birne]	= [kirsche]
= [apfel, birne, kirsche]	= []

5.4 Hinzufügen eines Elements

Die einfachste Lösung, ein Element „X" einer Liste „Liste" hinzufügen ist, das Element an den Anfang der Liste zu stellen, so daß es der neue Listenkopf wird.
[X| Liste]

Eine andere Möglichkeit gäbe es mittels einer Prozedur, die folgendermaßen aussehen würde:
hinzufuegen(X, Liste, [X|Liste]).

Beispiel:
Liste = apfel, birne, kirsche
X = ananas
?- hinzufuegen(ananas, [apfel, birne, kirsche], Liste).
Liste = [ananas, apfel, birne, kirsche]

5.5 Löschen eines Elements

Ein spezifiziertes Element X wird beim ersten Auftreten in einer Liste gelöscht, und nur dieses eine Element wird gelöscht (der Cut-Operator „ ! " wird später definiert).

Aufruf: ?- loesche(Element, Liste-alt, Liste-neu).

Programm:
loesche(_, [],[]).
loesche(X, [X|Rumpf], Rumpf) :- !.
loesche(X, [Y|Rumpf], [Y|Rumpf1]) :-
             loesche(X, Rumpf, Rumpf1).

Die erste Zeile ist für den Abbruch, wenn die alte Liste eine leere Liste ist.

In der zweiten Zeile wird es gelöscht, wenn X im Kopf der Liste gefunden wird. Das Programm wird abgebrochen.

In der dritten Zeile wird es rekursiv weiter geschoben, wenn ein anderes als das zu löschende Element Y gefunden wird. Beispiel:
?- loesche(kirsche, [apfel, birne, kirsche, ananas, kirsche], L).

Prolog beginnt mit der Regel und erzeugt zwei Goals:
loesche(kirsche, [birne, kirsche, ananas, kirsche, L).
loesche(kirsche, [kirsche, ananas, kirsche], L).

Nun wird mit Hilfe der ersten Klausel „L" mit der Liste „[kirsche, ananas, kirsche]" instanziiert, und es folgt ein Rücksprung in den Aufruf von der zweiten Klausel. Der Listenkopf, hier mit „kirsche", wird jetzt abgeschnitten. Dies wird in den folgenden Arbeitsschritten gezeigt:

1. loesche(kirsche, [kirsche,ananas,kirsche],
            [ananas,kirsche]).
2. loesche(kirsche, [birne,kirsche,ananas,kirsche],
            [birne,ananas,kirsche]).
3. loesche(kirsche, [apfel,birne,kirsche,ananas,kirsche],
            [apfel,birne,ananas,kirsche]).

Das letzte „L" hat jetzt die Elemente „[apfel, birne, ananas, kirsche]".

Hinweis: Wenn alle Elemente gelöscht werden sollen, die dem spezifizierten Element entsprechen, dann darf die zweite Klausel nicht abbrechen, sondern muß erneut die Liste aufrufen. Die zweite Klausel muß wie folgt modifiziert werden:
loesche(X, [X|Rumpf], L1) :- loesche(X, Rumpf, L1),!.

5.6 Subliste

Unter einer Subliste versteht man zwei Listen, wobei eine Liste als Teil der anderen Liste auftritt, z.B.:
?- sublist([c, d, e], [a, b, c, d, e, f]).
yes
?- sublist([c, e], [a, b, c, d, e, f]).
no

Die zweite Anfrage ist nicht wahr, weil die Reihenfolge der Elemente nicht stimmt.

Das Prädikat Sublist kann definiert werden:

S ist eine Subliste von L, wenn

– in zwei Listen Liste1 und Liste2 zerlegt werden kann.

– Liste2 in zwei Listen S und Liste3 zerlegt werden kann.

Formulierung dieser Definition in Prolog:
sublist(S, L) :- append(Liste1, Liste2, L),
                 append(S, Liste3, Liste2).

Der Algorithmus verwendet das Prädikat append, wie bereits definiert wurde.

Beispiel: Ausgabe sämtlicher Sublisten einer Liste.

```
?- sublist(S, [a, b, c]).
S = [];
S = [a];
S = [a, b]:
S = [a, b, c];
S = [b];
```
usw.

5.7 Invertierung einer Liste

Diese Funktion kehrt die Reihenfolge der Elemente einer Liste um. Die Funktion wird durch das Prädikat
`invers(Orginal_Liste, Invertierte_Liste)`

beschrieben, so daß z.B. bei einer Anfrage
`?- invers([a, b, c], Inv_Liste).`

die Antwortliste: `Inv_Liste = [c,b,a]` ist.

Die Listen-Invertierung der Liste vollzieht sich in den folgenden Schritten:
1. Abspaltung des Listenkopfs.
2. Invertierung des Listenrumpfs.
3. Die Liste, die den Listenkopf enthält, wird an die invertierte Liste angefügt.

Dies wird mit Hilfe der Rekursion so lange durchgeführt, bis die Liste invertiert und das Abbruchkriterium ([]) erfüllt ist.

Implementierung dieses Algorithmus in Prolog:
```
invert([], []).
invert([ Erst |Rest], Liste) :-
           invert(Rest, Zwischen_Liste),
           append(Zwischen_Liste, [Erst], Liste).
```

Dieses Programm benötigt das Prädikat `append`, das bereits beschrieben wurde.

Beispiel: Aus der Liste [a, b, c] soll die invertierte Liste [c, b, a] erzeugt werden.

Zunächst wird der Reihenfolge nach das erste Element abgeschnitten:
```
invert([a, b, c], Liste)
invert([b,c], Liste).
invert([c], Liste).
invert([], Liste).
invert([], []).
```

In den nächsten Arbeitsschritten wird das letzte Element „c" in die Liste „Liste" angefügt und als erstes Zwischenergebnis in der Relation „invert" ausgegeben.
```
append(c, [], Liste)
append(c, [], [c])
invert([c], [c])
```

Die eben aufgeführten Schritte sind auch für die nächsten Zwischenergebnisse notwendig, wobei jetzt nach der Rekursion das zusätzliche Element „b", ebenfalls wie oben schon erwähnt, angefügt wird.

```
append(b, [c], Liste)
append(b, [], Liste)
append(b, [], [b])
append(b, [c], [c,b])
invert([b, c], [c, b])
```

Der letzte Schritt läuft genauso ab wie die obigen.
```
append(a, [c, b], Liste)
append(a, [b], Liste)
append(a, [], Liste)
append(a, [], [a])
append(a, [b], [b, a])
append(a, [c, b], [c, b, a])
invert([a, b, c], [b, c, a])
```

Das Ergebnis der invertierten Liste lautet somit: `Liste = [b, c, a]`

Sortierverfahren auf Listen

5.8 Bubblesort

Der Bubblesort ist ein einfaches Verfahren zum Sortieren eines linearen Feldes. Hierbei werden benachbarte Elemente der zu sortierenden Liste verglichen und nach dem gewählten Sortierkriterium ($\geq$) vertauscht. Dieses Verfahren beginnt mit dem ersten Element der Liste und verringert bei jedem Durchlauf die Restliste um ein Element. Parallel dazu wird die bereits sortierte Liste um ein Element erweitert. Dieses Verfahren bricht dann ab, wenn in der Restliste nur noch ein Element vorhanden ist.

Das Verfahren wird anhand eines Zahlenbeispiels mit fünf Zahlen und dem Sortierkriterium „größer" erklärt.

Die lineare Liste hat die Werte 53, 79, 10, 89 und 16.

Hier betrachtet man nun der Reihenfolge nach die ersten beiden benachbarten Zahlen. Falls die zweite Zahl größer ist, werden die beiden Zahlen vertauscht. Andernfalls werden die beiden nächsten benachbarten Zahlen miteinander verglichen, bis wiederum eine größere Zahl erreicht wird oder nur noch ein Element in der Restliste steht.

1. Durchlauf: 53, 10, 79, 16, 89
   Der Index i fängt bei der Zahl 53 an zu laufen und vertauscht die Zahl 53 mit der Zahl 10, da 53 größer als 10 ist. Beim nächsten Schritt wird verglichen, ob 53 größer als 79 ist. Dies ist nicht der Fall. Somit wird nun die 53 an der zweiten Position gelassen und die Zahl 79 mit der Zahl 16 verglichen, da diese beiden Zahlen das nächste benachbarte Zahlenpaar sind. Diese werden wiederum vertauscht. Für diesen Durchlauf war das hiermit die letzte Vertauschung, weil die Zahl 79 an der vierten Position bleibt und die Zahl 89 das letzte Element in der Liste ist. Nun kann der zweite Durchlauf starten.

2. Durchlauf: 10, 53, 16, 79, 89
   In diesem Durchlauf beginnt der Index wieder bei der ersten Zahl an zu laufen. Hier läßt sich nur noch das Zahlenpaar 53 und 16 vertauschen

3. Durchlauf: 10, 16, 53, 79, 89
   In dieser Liste kann nun nichts mehr miteinander vertauscht werden. Der Algorithmus läuft

aber noch weiter, bis nur noch ein Element in der Liste vorhanden ist. Der Übersicht wegen notieren wir uns trotzdem die beiden restlichen Durchläufe

4. Durchlauf: 10, 16, 53, 79, 89
5. Durchlauf: 10, 16, 53, 79, 89

Wir sehen, daß sich in den letzten beiden Durchläufen nichts mehr verändert hat. Der Algorithmus bricht nun hier ab, weil die Zahl 89 als letztes Element erreicht wurde.

Aus diesem Beispiel können wir nun den Algorithmus in Prolog definieren. Der Algorithmus für den Bubblesort sieht in Prolog somit folgendermaßen aus:

```
bubblesort([], []).
bubblesort(Liste, Sortierte_Liste) :-
                vertausche(Liste, Liste1), !,
                bubblesort(Liste1, Sortierte_Liste).
bubblesort(Sortierte_Liste, Sortierte_Liste).

vertausche([X, Y | Rumpf], [ Y, X | Rumpf]) :-
                groesser(X, Y).
vertausche([Z | Rumpf], [Z | Rumpf1]) :-
                vertausche(Rumpf, Rumpf1).
groesser(X, Y) :- X > Y.
```

Mit Hilfe dieses Algorithmus wollen wir nun die Arbeitsweise des Prolog-Systems mit dem Beispiel der Zahlenfolge 53, 79, 10 darstellen. Der Aufruf des Algorithmus ist:

```
?- bubblesort([53, 79, 10], Sortierte_Liste).
```

Es ergeben sich zuerst folgende Aufrufe:

```
?- vertausche([53, 79, 10], Liste1).
?- groesser(53, 79).
```

Dieses Zahlenpaar ist nicht zu vertauschen, da 53 nicht größer als 79 ist.

Der Kopf der Liste (die Zahl 53) wird nun abgeschnitten und das nächste Elementenpaar 79 und 10 miteinander verglichen. Der nächste Aufruf der beiden Elementenpaare ist:
```
?- vertausche([79, 10]).
?- groesser(79, 10).
```

Da 79 größer als 10 ist, wird das Zahlenpaar miteinander vertauscht, und der erste Durchlauf ist damit beendet. Das Zwischenergebnis wäre:

```
vertausche([53, 79, 10], [53, 10, 79]).
```

Der nächste Aufruf beruht auf diesem Zwischenergebnis:

```
?- bubblesort([53, 10, 79], Sortierte_Liste).
```

Folgende Aufrufe werden jetzt eingegeben:

```
?- vertausche([53, 10, 79], Liste).
?- groesser(53, 10).
```

Dieses Zahlenpaar wird nun vertauscht, da 53 größer als 10 ist. Das Zwischenergebnis ist dann:

```
vertausche([53, 10, 79], [10, 53, 79]).
```

Der letzte Aufruf wäre somit:
```
?-bubblesort([10, 53, 79], Sortierte_Liste).
```

Als Ergebnis erhalten wir:

```
Sortierte_Liste = [10, 53, 79]
```

5.9 Quicksort

Quicksort ist wie der Bubblesort ein schnelles und einfaches Sortierverfahren für eine Liste. Gegenüber dem Bubblesort werden hier nicht die direkt benachbarten Elemente vertauscht, sondern solche, die innerhalb der Liste auch weit voneinander entfernt liegen können. Dazu muß die zu sortierende Liste in zwei Teillisten aufgeteilt werden. Bei diesem Sortierverfahren wird ein zufälliges Element ausgesucht, z.B. das erste Element oder das letzte Element. In die eine Liste kommen die Elemente, die kleiner sind als das zufällig ausgewählte, und in die andere Liste die größeren Elemente. Dieser Vorgang erfolgt so lange durch Rekursion, bis eine Zerlegung in weitere Teillisten nicht mehr möglich ist, d.h., bis das Abbruchkriterium ([ ]) erreicht wurde. Nach dem Zerlegen müssen die Teillisten wieder zu einer sortierten Liste verbunden werden.

Hierfür sind zwei Regeln zu berücksichtigen:
1. Wenn die erste Liste leer ist, gibt es nichts zu sortieren; somit ist die zweite Liste auch leer.
2. Wenn die Liste nicht leer ist, wähle man ein Element aus der Liste und teile den Rest in zwei Listen auf. Man füge alle Elemente aus der Liste, die größer als das ausgewählte sind, in die Liste „größer" ein und alle anderen Elemente in die Liste „kleiner". Diese beiden Listen werden wiederum sortiert. Die sortierte Liste setzt sich aus der Liste „größer" und der Liste „kleiner" durch „Verbindung" zusammen.

Zum leichteren Verständnis wählen wir als Beispiel eine zu sortierende Liste, wobei das ausgewählte Element das erste Element der Liste sein soll:

[6, 3, 8, 1, 5, 10, 4, 7, 11, 2, 9]

Wir wählen die Zahl 6 aus und teilen den Rest der Liste in zwei weitere Listen auf, die kleiner oder größer als diese Zahl sind.

[3, 1, 5, 4, 2]   6   [8, 10, 7, 11, 9]

Aus diesen beiden Listen wählen wir wiederum die ersten Elemente (die 3 und die 8) aus und teilen jeweils in zwei weitere Listen mit den größeren und kleineren Zahlen auf.

[1, 2]   3   [5, 4]   6   [7]   8   [10, 11, 9]

Der gleiche Vorgang wiederholt sich nun noch einmal, wobei hier nun auch die leere Liste in die kleinere Liste mit eingefügt wird.

[ ]   1   [2]   3   [4]   5   [ ]   6   [7]   8   [9]   10   [11]

Nun verbinden wir die Liste nur noch miteinander und erhalten als Ergebnis:

[1, 2, 3, 4, 5, 6, 7, 8, 9, 10]

Daraus läßt sich der Algorithmus für den Quicksort in Prolog formulieren.

```
quicksort([], []).
quicksort([X|Rumpf], Sortierte_Liste) :-
           zerlege(X, Rumpf, Klein, Gross),
           quicksort(Klein, Sortierte_klein_Liste),
           quicksort(Gross, Sortierte_gross_Liste),
           verbinden(Sortierte_klein_Liste,
              [X|Sortierte_gross_liste], Sortierte_Liste).

zerlege(X, [], [],[]).
zerlege(X, [Y|Rumpf], [Y|Klein], Gross) :-
       groesser(X, Y), !, zerlege(X, Rumpf,Klein, Gross).
zerlege(X, [Y|Rumpf], Klein, [Y|Gross]) :-
              zerlege(X, Rumpf, Klein, Gross),
              verbinden([], Liste,Liste]).
verbinden([X|Liste1], Liste2, [X|Liste3]) :-
              verbinden(Liste1, Liste2, Liste3).
groesser(X, Y) :- X > Y.
```

Die Arbeitsweise des Prolog-Systems erfolgt mit dem Beispiel der Zahlenfolge 4, 1, 3, 2. Aus dem Algorithmus geht hervor, daß wir das erste Element als Marke ausgewählt haben.

Die Abfrage des Quicksort lautet:

```
?- quicksort([4, 1, 3, 2], S).
```

Die ersten Arbeitsschritte des Prolog-Systems sind zum einen das Zerlegen der Liste in zwei weitere Listen und zum anderen der Vergleich der Elemente:

```
zerlege(4, [1, 3, 2], _, _).
groesser(4, 1).
zerlege(4, [3, 2],_ ,_).
groesser(4, 3).
zerlege(4, [2], _, -).
groesser(4, 2).
zerlege(4, [], _, _0.
zerlege(4, [], [], []).
zerlege(4, [2], [2], []).
zerlege(4, [3, 2], [3, 2], []).
zerlege(4, [1, 3, 2], [1, 3, 2], []).
```

Hier sind nun die Zahlen 1, 3, 2 in die Liste „kleiner" und die leere Liste in die Liste „größer" zerlegt worden.

[1, 3, 2]   4   [ ]

Das nächste markierende Element ist die Zahl 1.

Die nächste Abfrage lautet:

```
?- quicksort([1, 3, 2], _).
```

```
zerlege(1, [3, 2], _, _).
grosser(1, 3).
zerlege(1, [2], _, _).
grosser(1, 2).
zerlege(1, [], _, _).
zerlege(1, [], [],[]).
zerlege(1, [2], [], [2]).
zerlege(1, [3, 2], [], [3,2]).
```

Nach dieser Zerlegung und dem Größenvergleich erhalten wir als Zwischenergebnis:

[ ]   1   [3, 2]   4   [ ]

Die nächste Abfrage lautet:
?- quicksort([3, 2], _).

```
zerlege(3, [2], _, _).
grosser(3, 2).
zerlege(3, [], [], []).
zerlege(3, [2], [2], []).
```

Das Zwischenergebnis ist: [ ]   1   [2]   3   [ ]   4   [ ]

Die letzte Abfrage ist:
?- quicksort([2], _).

```
zerlege(2, [ ], _, ).
zerlege(2, [ ], [ ],[ ]).
```

Die letzte Zerlegung ergibt: [ ]   1   [ ]   2   [ ]   3   [ ]   4   [ ]

Die letzte Abfrage führt zum Abbruch einer weiteren Zerlegung, da hier nur noch die leere Liste zu zerlegen wäre:

?- quicksort([ ], _).

Nachdem wir jetzt alle Elemente der Liste zerlegt und überprüft haben und in die jeweiligen „größer"- oder „kleiner"-Listen eingefügt haben, werden sie durch die Rekursion schließlich wieder zusammengeführt, d.h miteinander verbunden. Das „Verbinden" wurde bereits behandelt.

Als Lösung erhalten wir dann: S = [1, 2, 3, 4]

5.10 Sortieren durch Einfügen

Beim Sortieren durch Einfügen werden z.B. die letzten beiden Elemente einer Liste miteinander verglichen und je nach Sortierkriterium (<oder>) in die richtige Reihenfolge gesetzt. Dann wird das nächste Element aus der Restliste in die bereits sortierte Liste eingefügt, bis das Abbruchkriterium ([ ]) erreicht ist.

Hierfür sind zwei Regeln zu berücksichtigen:

1. Wenn die erste Liste leer ist, gibt es nichts zu sortieren; somit ist die zweite Liste auch leer.
2. Wenn die Liste nicht leer ist, sortiere den Rumpf von der Liste und füge die restlichen Elemente des Kopfes in die bereits existierende sortierte Liste ein.

Beispiel: Wir haben folgende Zahlen in einer Liste: 27, 57, 22, 16

Zuerst werden 22 und 16 miteinander verglichen. Da 22 größer als 16 ist, wird 22 in die sortierte Liste eingefügt.

Nach dem 1. Durchlauf: 27, 57, 16,   22

Nun wird 57 mit 16 verglichen. Da 57 größer als 16 ist, wird 57 in die sortierte Liste an die richtige Stelle eingefügt, selbstverständlich verglichen mit der bereits vorhandenen Zahl (22).

Nach dem 2. Durchlauf: 27, 16   22, 57

Derselbe Vorgang wird mit den beiden letzten Elementen durchgeführt.

Nach dem 3. Durchlauf erhalten wir somit: 16   22, 27, 57

Der letzte Durchlauf vergleicht nur noch die 16 mit der 22 und fügt sie an die erste Stelle ein, da 16 kleiner als 22 ist.

Das Ergebnis wäre somit: 16, 22, 27, 57

Wir implementieren diesen Algorithmus in Prolog:

```prolog
insertsort([], []).                    /* Abbruchkriterium */
/* Die Liste wird so lange aufgebaut, bis das letzte Element
   erreicht ist. Eine neue Liste wird erstellt,
   die die Elemente richtig einfügt */
insertsort([ X|Rumpf ], Sortierte_Liste ):-
          insertsort(Rumpf, Sortierter_Rumpf),
          einfuegen(X, Sortierter_Rumpf, Sortierte_Liste).
/* Verschiebe alle Elemente nach rechts, bis damit
   eine neue Liste aufgebaut werden kann */
einfuegen(X, [Y |Sortierte_Liste], [Y|Sortierte_Liste1]) :-
          grosser(X, Y), !,
          einfuegen(X, Sortierte_Liste, Sortierte_Liste1).
einfuegen(X, Sortierte_Liste,[X|Sortierte_Liste]).

grosser(X, Y)  :- X > Y.
```

Die Arbeitsweise des Prolog-Systems erfolgt mit dem Beispiel der Zahlenfolge: 4, 1, 3, 2

Die Abfrage für das Sortieren durch Einfügen lautet:
?- insertsort([4, 1, 3, 2], S).

Die ersten Arbeitsschritte des Prolog-Systems sind:

Die Elemente der Liste werden bis zum letzten Element ([]) abgespalten.
```prolog
insertsort([1, 3, 2], _).
insertsort([3, 2], _).
insertsort([2], _).
insertsort([], _).
insertsort([],[]).
```

Durch Rekursion werden nun rückwärts die beiden letzten Elemente bearbeitet und miteinander verglichen.

```
einfuegen(2, [], _).
einfuegen(2, [], [2]).
insertsort([2], [2|_]).
einfuegen(3, [2|_],_).
grosser(3, 2).
```

Da 3 größer als 2 war, wird nun die 3 zuerst eingefügt und danach die 2.
```
einfuegen(3, [], _).
einfuegen(3, [], [3]).
einfuegen(3, [2], [2,3]).
insertsort([3,2], [2, 3]).
```

Das nächste Element, das eingelesen wird, ist die 1. Sie wird nun mit dem ersten Element der bereits sortierten Liste verglichen. Da die 1 nicht größer als die 2 ist, wird sie an die richtige Stelle eingefügt, hier vor die 2.
```
einfuegen(1, [2, 3], _).
grosser(1, 2).
einfuegen(1, [2, 3|_], [1|_]).
insertsort([1, 3, 2], [1|_]).
```

Nun wird die 4 der Reihenfolge nach mit den bereits sortierten Elementen (Zahlen) mit Hilfe des Sortierkriteriums (< >) verglichen. Daraus folgt, daß die 4 hinter die Zahlen 1, 2, 3 eingefügt werden muß.

```
einfuegen(4, [1, 2, 3], _).
```

Als Ergebnis erhalten wir die sortierte Liste: S = [1, 2, 3, 4]

5.11 Mergesort

Vom Verständnis her ist der Mergesort relativ einfach. Eine zu sortierende Liste wird so lange in zwei große Listen aufgeteilt, bis nur noch zwei Elemente zu sortieren sind. Durch Rekursion werden diese sortierten Listen zum Schluß wieder zusammengefügt, wobei die Zusammenführung paarweise durch Sortieren geschieht.

Zum Verständnis wählen wir als Beispiel eine zu sortierende Liste mit den gleichen Zahlen wie beim Quicksort: [6, 5, 8, 7, 3, 4, 1, 2]

1. Schritt:
   Aufteilung der Liste in zwei gleich große Listen durch abwechselndes Einfügen:
   [6, 8, 3, 1]   [5, 7, 4, 2]

2. Schritt:
   Diese beiden Listen werden wiederum in jeweils zwei weitere Listen mit abwechselndem Einfügen erstellt:
   [6, 3]   [8, 1]   [5, 4]   [7, 2]

3. Schritt:
   Nochmalige Zerlegung wie beim 1. und 2. Schritt:
   [6] [3]   [8] [1]   [5] [4]   [7] [2]

4. Schritt:
   Nachdem nur noch ein Element in den Listen vorhanden ist, werden die Listen rückwärts paarweise durch Sortieren wieder zu einer Liste zusammengefügt:
   [3, 6]   [1, 8]   [4, 5]   [2, 7]

5. Schritt:
Wie unter dem 4. Schritt werden die nächsten Listen zusammengefügt:
[1, 3, 6, 8]   [2, 4, 5, 7]
6. Schritt:
Letztmaliges Zusammenfügen ergibt die sortierte Liste:
[1, 2, 3, 4, 5, 6, 7, 8]

Wir übersetzen diesen Algorithmus in Prolog-Code:
```
merge([], L, L).
merge(L, [], L).
/* Übernehme den kleineren Kopf der beiden Listen
                         in eine Ergebnisliste */
merge([X|Rest1], [Y|Rest2], [X|Liste]) :-
                    kleiner(X, Y),
                    merge(Rest1, [Y|Rest2], Liste).
merge([X|Rest1], [Y|Rest2], [Y|Liste]) :-
                    not(kleiner(X, Y)),
                    merge([X|Rest1], Rest2, Liste).
/* Zerteile die Liste in weitere Listen */
zerlege([], [], []).
zerlege([X], [X], []).
zerlege([X, Y|Rest], [X|Liste1], [Y|Liste2]) :-
zerlege([X, Y|Rest], [X|Liste1], [Y|Liste2]) :-
                    zerlege(Rest, Liste1, Liste2).
/* Der eigentliche Mergesort-Algorithmus */
mergesort([], []).
mergesort([X], [X]).
mergesort([X, Y |Liste], Sortierte_Liste) :-
     zerlege([X, Y|Liste], Teil1, Teil2),
     mergesort(Teil1, Sortierter_teil1),
     mergesort(Teil2, Sortierter_teil2),
     merge(Sortierter_teil1, Sortierter_teil2, Sortierte_Liste).
merge([X|Rest1], [Y|Rest2], [Y|Liste]) :-
     merge(Sortierter_teil1, Sortierter_teil2, Sortierte_Liste).
kleiner(X, Y) :- X < Y.
```

Wir testen den Algorithmus mit der Abfrage:
```
?- mergesort([4, 1, 3, 2], Sortierte_Liste).
```

Die ersten Arbeitsschritte des Prologs sind:
```
zerlege([4, 1, 3, 2], _, _).
zerlege([3, 2], _, _).
zerlege([], _, _).
zerlege([], [],[]).
zerlege([3, 2], [3], [2]).
zerlege([4, 1, 3, 2], [4, 3], [1, 2]).
```

Die Zerlegung in zwei weitere Listen ergibt als erstes Zwischenergebnis:

[4, 3]   [1, 2]

Der nächste Aufruf mit den Elementen 4 und 3 lautet:
```
?- mergesort([4,3]), _).
zerlege([4,3],_,_).
zerlege([],_,_).
zerlege([],[],[]).
zerlege([4,3],[4],[3]).
```

Das nächste Zwischenergebnis lautet: [4][3]   [1, 2]

Das Prolog-System arbeitet natürlich anders als in unserem Beispiel. Im Prolog-System wird auch die leere Liste weiterverarbeitet, da sie auch als Abbruchkriterium dient.

Der weitere Aufruf ist dann:
```
?- mergesort([4], _).
mergesort([4], [4]).
mergesort([3], _).
mergesort([3], [3]).
merge([4], [3], _).
kleiner(4, 3).
merge([4],[],[4]).
merge([4],[3],[3, 4]).
mergesort([4, 3], [3, 4]).
```

Die beiden Elemente 4 und 3 sind nun richtig sortiert, und der rechte Teil von oben wird nun weiter bearbeitet:
```
?- mergesort([1, 2], _).
```

Mit diesem Aufruf wiederholt sich der Vorgang wie bisher beschrieben. Die Arbeitsweise wird fortgesetzt, indem jetzt paarweise sortiert wird:
```
merge([3, 4], [1, 2],_).
kleiner(3, 1).
```

Da 3 nicht kleiner als 1 ist, wird das nächste Element aus der zweiten Liste (= 2) mit der 3 verglichen.
```
merge([3, 4], [2],_).
kleiner(3, 2).
merge([3. 4], [],_).
merge([3, 4], [], [3, 4]).
merge([3, 4], [2], [2, 3, 4]).
merge([3, 4], [1, 2],[1, 2, 3, 4]).
mergesort([4, 1, 3, 2], [1, 2, 3, 4]).
```

Als Ergebnis erhalten wir die sortierte Liste:
```
Sortierte_Liste = [1, 2, 3, 4]
```

5.12 Naives Sortieren (engl. *Slowsort*)

Das naive Sortieren ist ein recht uneffizienter Sortier-Algorithmus. Es muß zunächst eine Permutation der zu sortierenden Liste gebildet werden. Diese Permutation muß daraufhin überprüft werden, ob sie sortiert ist. Falls diese Permutation nicht sortiert ist, wird der Sortiervorgang so lange angewandt, bis sie sortiert ist.

Aufruf:

?- naives_sortieren(Unsortierte_Liste, Sortierte_Liste).

Der Algorithmus für das naive Sortieren sieht in Prolog fogendermaßen aus:
```
sortieren([]).
sortieren([_]).
sortieren([X, X|Rest]) :-
           sortieren([X|Rest]).
sortieren([X1, X2|Rest]) :-
           kleiner(X1, X2),
           sortieren([X2|Rest]).

einfuegen(X, Liste, [X|Liste]).
einfuegen(X, [Kopf|Rest1], [Kopf|Rest2]) :-
           einfuegen(X, Rest1, Rest2).

verbinden([], []).
verbinden([X|Rest], Verbindung) :-
           verbinden(Rest, Restverbindung),
           einfuegen(X, Restverbindung, Verbindung).

naivsort(Liste, Sortiere_Liste):-
           verbinden(Liste, Sortierte_Liste),
           sortieren(Sortierte_Liste).

kleiner(X, Y) :- X < Y.
```

Da der Algorithmus n-Fakultät verschiedener Permutationen abbildet, benötigt das naive Sortieren eine große Anzahl an Permutationsmöglichkeiten und somit eine hoffnungslos lange Zeit, so daß er selten angewandt wird. Deshalb wählen wir als Beispiel nur die zwei Zahlen 1 und 2 aus, die zu sortieren sind. Die Abfrage lautet:
?- naivsort([2, 1], Sortierte_Liste).

Die ersten Arbeitsschritte sind:
```
verbinden([2, 1], _).
verbinden([1], _).
verbinden([],_).
verbinden([],[]).
einfuegen(1, [], [1]).        Hier sind die Permutationsschritte
verbinden([1], [1]).          mit dem Einfügen einzeln beschrieben.
einfuegen(2, [1], _).         Dieser Vorgang nimmt viel Zeit in
einfuegen(2, [1], [2, 1]).    Anspruch, bis man endlich zu dem
sortieren([2, 1]).            Sortierkriterium gelangt.
kleiner(2, 1).
```

Da ja 2 größer ist als 1, wird eine neue Verbindung eingegangen.
```
verbinden([2, 1], [2, 1]).
einfuegen(2, [1], [2, 1]).
einfuegen(2, [], [2]).
einfuegen(2, [1], [1, 2]).
```

```
verbinden([2, 1], [1, 2]).
sortieren([1, 2]).
kleiner(1, 2).
```

Durch die Permutation steht die 1 an der richtigen Stelle, und wir können die beiden Elemente in die sortierte Liste einfügen. Als Ergebnis erhalten wir:

```
naivsort([2, 1], [1, 2]).
```

5.13 Fazit

Die Liste ist eine häufig benutzte Struktur. Sie ist allerdings nicht einfach zu verstehen. Wir haben versucht, das Verständnis von Listen einfach darzustellen und haben dabei in aller Ausführlichkeit gezeigt, wie sich die Listen aufbauen, bearbeiten und sortieren lassen. Listen müssen einerseits zum Sammeln von Instanziierungen einer oder mehrerer Variablen und andererseits zur Kennzeichnung von Ordnungsbeziehungen zwischen zwei oder mehreren Werten eingesetzt werden.

Da die Verarbeitung von Listen immer rekursiv erfolgt, ist es manchmal schwer nachzuvollziehen, wie ein Algorithmus abgearbeitet wird. Deshalb ist es wichtig, die Algorithmen relativ kurz zu halten, um eine Nachbearbeitung leichter durchführen zu können.

Es muß ebenfalls stets versucht werden, eine Lösungsbeschreibung dadurch zu entwickeln, daß in einer Regel eine Beziehung zwischen zwei Prädikaten (mit Listen als Argumenten) hergestellt wird. Dabei sollte eines der beiden Prädikate die ursprüngliche Liste als Argument und das andere Prädikat als Argument eine Liste enthalten, die aus dem Listenrumpf der ursprünglichen Liste entsteht. Die zugehörige Regel muß eines dieser Prädikate im Regelkopf und das andere Prädikat im Regelrumpf enthalten. Wichtig ist außerdem, daß stets ein geeignetes Abbruchkriterium definiert werden muß, damit der Algorithmus auch ein Ende findet. Es kann passieren, daß ein Algorithmus zwar das Gewünschte leistet, aber manchmal recht langsam oder mit großem Speicherbedarf verbunden ist.

Übungen zum Thema 5

1. Schreiben Sie folgende Listen als Term mit "." als Funktor und repräsentieren Sie die leere Liste.
   a. [a, b]
   b. [a | b]
   c. [a | b, c], d]
   d. [a, b | X]
   e. [a | [b, c]]
   f. [a, b | []]
   g. [[] | []]
   h. [a |[b, c| []]]

2. Welche der Listenpaare sind unifizierbar ?
   a. [a, b |[ ]]   und   [X|Y]
   b. [a, b| [c, d]]   und   [X, Y | Z]
   c. [ ]   und   [X]
   d. [1, 2, 3]   und   [X|-]
   e. [1, 2, 3]   und   [-|X]

3. Wie lauten die Antworten auf folgende Anfragen?
   a. f ([a, b, c]).
      ?- f ([_ | [X | _]]).
   b. f (X, [X | _]).
      ?- f (Y, [a, b, c]).
   c. t (X, [_ , _, X | _]).
      ?- t (Y, [a, b, c]).
   d. l (X, [X]).
      l (X, [_ | Tail]) :- l (X, [Tail]).
      ?- l (Y, [a, b, c]).
   e. n (X, [Head | _]).
      n (X, [_ | Tail]) :- n (X, Tail).
      ?- n (a, [b, c, d]).

4. Wie lauten die Antworten auf die folgenden Aufrufe von „mitglied" ?
   a. ?- mitglied(c, [a, b]).
   b. ?- mitglied(X, [a, b, c]).

5. Erläutern Sie für das Prädikat „mitglied", wie Prolog folgende Anfragen bearbeitet, nennen Sie die Antwort.
   a. ?- mitglied(b, [a, b, c]).
   b. ?- mitglied(b, [a, [b, c]]).
   c. ?- mitglied([b, c], [a, [b,c]]).

6. Entwickeln Sie ein Programm, das eine Liste mit ganzzahligen Werten einliest und danach die Summe dieser Werte bildet.

7. Entwickeln Sie ein Programm, das eine Liste einliest und das letzte Element der Liste anzeigt bzw. ausgibt.

8. Entwickeln Sie ein Prädikat, das eine Liste einliest, die aus zwei Elementen besteht und anschließend prüft, ob zwei Elemente in einer Liste nebeneinander stehen.

9. Entwickeln Sie ein Prädikat, das aus zwei Listen eine neue Liste erstellt. In ihr sollen alle Elemente enthalten sein, die nicht in der anderen Liste vorkommen.

10. Es ist folgende Relation so zu definieren, daß „Element" das letzte Element der Liste „Liste" ist.
    Relation: `letztes(Element, Liste)`
    a. Unter Anwendung von „append";
    b. Ohne Anwendung von „append".

11. Definieren Sie eine Relation „laenge", welche die Anzahl der Elemente in einer Liste ausgibt.

12. Entwickeln Sie zwei Prädikate
    `gerade_laenge(Liste)` und `ungerade_laenge(Liste)`
    die wahr sein sollen, wenn ihre Argumente Listen gerader oder ungerader Länge sind.

13. Entwickeln Sie eine Relation, die Listen umkehrt.
    `kehre_um(Liste, Umgekehrte_liste)`

14. Definieren Sie das Prädikat „palindrom"(Liste). Eine Liste ist ein Palindrom, wenn sie sich rückwärts und vorwärts gleich liest. Zum Beispiel: [m, a, d, a, m, i, m, a, d, a, m]

15. Entwickeln Sie eine Relation
    `schiebe(Liste1, Liste2)`
    so, daß die `Liste2` die um ein Element nach links verschobene Liste die `Liste1` ist. Beispiel:
    ```
    ?- schiebe([1, 2, 3, 4, 5], Liste1),
         schiebe(Liste1, Liste2).
    Liste1 = [2,3,4,5,1]
    Liste1 = [3,4,5,1,2]
    ```

16. Entwickeln Sie eine Relation
    `teilmenge(Menge, Teilmenge)`
    wobei Menge und Teilmenge zwei Listen sind, die Mengen repräsentieren. Beispiel:
    ```
    ?- teilmenge([a, b, c], Teilmenge).
    Teilmenge = [a, b, c];
    Teilmenge = [b, c];
    Teilmenge = [c];
    Teilmenge =[];
    Teilmenge = [a, c];
    Teilmenge =[a]; u.s.w.
    ```

17. Entwickeln Sie eine Relation
    `teile_liste(Liste, Liste1, Liste2)`
    so, daß die Elemente von Liste auf die `Liste1` und `Liste2` ungefähr gleich lang aufgeteilt werden.

18. Schreiben Sie ein Prädikat `Teilliste`, das testet, ob alle Elemente einer Liste in einer anderen Liste enthalten sind.

19. Schreiben Sie ein Prädikat `mischen`, das aus zwei Listen jeweils abwechselnd ein Element in eine neue Liste schreibt.

20. Schreiben Sie ein Programm, das aus zwei verschiedenen Zahlen den größten gemeinsamen Teiler ausgibt.

21. Entwickeln Sie folgendes Sortierverfahren:
    Teile eine Liste in zwei Listen; Liste1 und Liste2 von ungefähr gleicher Länge;

sortiere Liste1 und Liste2, so daß sie Sortierte1 und Sortierte2 ergeben;
mische Sortierte1 und Sortierte2 zu der sortierten Liste.

22. Definieren Sie das Prädikat `geordnet(Liste)` das wahr ist, wenn eine Liste eine geordnete Liste von Zahlen darstellt. Zum Beispiel ist folgende Liste keine geordnete Liste:
`geordnet([1, 7, 9, 9, 11, 18, 25])`.

Thema 6

Fail- und Cut-Operator

Die Operatoren „fail" und „cut" gehören zu den sogenannten Ausführungs-Kontroll-Operatoren. Durch die Existenz dieser Operatoren ist es möglich, den Ablauf eines Prolog-Programms zu steuern. Mit dem Fail-Operator ist es möglich, ein *Backtracking* zu erzwingen. Um die Funktionsweise des Operators näher erklären zu können, wird zuerst der Vorgang des Backtracking erklärt.

6.1 Backtracking

Das Backtracking-Verfahren ist ein Lösungsverfahren, bei dem man versucht, eine gefundene Teillösung eines gestellten Problems zu einer Gesamtlösung auszubauen. Dabei wird Schritt für Schritt versucht, die gefundene Teillösung zu erweitern. Gelingt dieser Ausbau nicht, befindet man sich in einer Sackgasse. Um aus dieser Sackgasse herauszufinden, ist es notwendig, einen oder mehrere Teilschritte rückgängig zu machen. Die dadurch wieder erhaltene Teillösung versucht man nun auf einem anderen Weg auszubauen.

Das Zurücknehmen von Schritten und das neue Vorgehen wird so lange wiederholt, bis man entweder eine Lösung des Problems gefunden hat oder man erkennt, daß es dafür keine Lösung gibt. Die Möglichkeit, sich in Sackgassen zu verlaufen und aus ihnen wieder herauszufinden, ist für das Backtracking-Verfahren charakteristisch. Die Lösungsversuche von Prolog basieren auf diesem Verfahren. Da die Rechenzeit exponential mit der Suchtiefe anwächst, sollte versucht werden, durch definierte Zustandsbedingungen so viele Sackgassen wie möglich auszuschließen.

Prinzipielle Strategie bei der Lösungssuche

- Prolog versucht, die Sub-Goals von links nach rechts zu beantworten. Erst wenn ein Sub-Goal mit „yes" beantwortet ist, wird zum nächsten Sub-Goal übergegangen.
- Wird eine Variable bei der Beantwortung eines Sub-Goals instanziiert, so ist die Variable auch in den restlichen Sub-Goals an den Wert gebunden.
- Die Suche nach dem einzelnen Sub-Goal geschieht in der Wissensbasis von oben nach unten.
- Kann ein Sub-Goal nicht mit „yes" beantwortet werden, wird das Verfahren des Backtracking angewendet. Das bedeutet, daß Prolog zum vorangehenden Sub-Goal zurückkehrt, bei der Beantwortung dieses Sub-Goals instanziierte Variablen wieder zurückinstanziiert und nach einer anderen Lösung für dieses Sub-Goal sucht. Existiert diese, so wird wieder versucht, das nächste Sub-Goal zu beantworten; falls dies nicht funktioniert, wird ein weiterer Schritt des Backtracking durchgeführt.
- Bei manchen Prolog-Systemen wird nach der Lösungsfindung nach einer Anfrage mit Variablen und der Ausgabe der Ergebnisse ein weiterer Lauf gestartet. Das entspricht einem initiierten Backtracking vom letzten Sub-Goal der Anfrage aus. Bei manchen Prolog-Systemen kann der Benutzer durch Eingabe eines Semikolons den gleichen Effekt erzielen.

Diese Vorgehensweise soll anhand eines Beispiels veranschaulicht werden.

Folgende Fakten bilden eine Wissensbasis. Zahlen dienen nur der Numerierung der Regeln zwecks Erklärungen.

```
1. student(heinz).
2. student(tina).
3. student(marc).
4. wohnt(tina, leipzig).
5. wohnt(heinz, stuttgart).
6. wohnt(marc, stuttgart).
```

?- student(X), wohnt(X, stuttgart).

Das erste Sub-Goal `student(X)` wird nun abzuleiten versucht. Als erster Fakt wird
1. `student(heinz)` gefunden. Damit ist das erste Sub-Goal erfüllt; „X" wird auf „heinz" instanziiert. Prolog markiert diese Stelle.

Jetzt wird versucht, auch das zweite Sub-Goal zu bestätigen. Der erste Fakt gleichen Namens und gleicher Stelligkeit ist
5. `wohnt(heinz, stuttgart).`
Damit kann Prolog die Frage beantworten.

```
1. student(heinz).
2. student(tina).
3. student(marc).
4. wohnt(tina, leipzig).
5. wohnt(heinz, stuttgart).    <==
6. wohnt(marc, stuttgart).
```

?- student(X), wohnt(X, stuttgart).
X = heinz

Jetzt wird eine weitere Lösung gesucht. Das kann z.B. durch ein ";" initiiert werden. Prolog sucht nun nach weiteren Möglichkeiten, das zweite Sub-Goal zu erfüllen, um evtl. noch andere existierende Lösungen auszugeben. Dabei wird die Wissensbasis ab der markierten Stelle bei der 5. durchlaufen. Es wird keine Lösung gefunden. Ein nochmaliges Backtracking zum ersten Sub-Goal bewirkt, daß die Variable X zurückinstanziiert wird und damit ungebunden ist. In diesem Schritt wird das erste Teilziel nun mit dem Fakt 2. `student(tina).` resolviert „X" wird auf „tina" instanziiert. Beim Versuch, nun auch das zweite Sub-Goal zu erfüllen, scheitert Prolog, da kein entsprechender Fakt `wohnt(tina, stuttgart)` in der Wissensbasis vorhanden ist. Es erfolgt ein Backtracking zum ersten Sub-Goal.

```
1. student(heinz).
2. student(tina).              <==
3. student(marc).
4. wohnt(tina, leipzig).
5. wohnt(heinz, stuttgart).
6. wohnt(marc, stuttgart).
```

?- student(X), wohnt(X, stuttgart).

Von der Markierung an wird nun wieder versucht, eine Lösung für das erste Sub-Goal zu finden. Dabei wird `student(X)` mit 3. `student(marc).` resolviert und „X" auf „marc" instanziiert. Der Versuch, auch das zweite Sub-Goal abzuleiten, ist jetzt auch erfolgreich, da mit Fakt 6. `wohnt(marc, stuttgart)` eine entsprechende Lösung in der Wissensbasis vorhanden ist.

Es erfolgt eine Ausgabe, und wir erhalten eine zweite gültige Antwort. Ein erneutes Backtracking liefert keine Antwort mehr, die Suche ist beendet.

Darstellung der Lösungssuche durch UND-ODER-Baum

Die Lösungssuche von Prolog wird dann anhand eines UND-ODER-Baumes dargestellt. Diese Vorgehensweise soll anhand eines Beispiels veranschaulicht werden.

```
1. mag(heinz, computer).
2. mag(heinz, tiere).
3. mag(tina, tiere).
4. mag(tina, biologie).
5. interessiert(jemand, biologie) :- mag(Jemand, tiere),
                                     mag(Jemand, biologie).
?- interessiert(Jemand, biologie).
```

Für dieses Beispiel stellt sich der Lösungsbaum wie folgt dar:

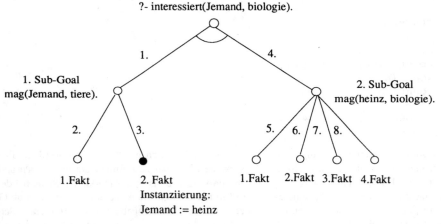

Abb. 8: Ein UND-ODER-Baum

Um das Goal bzw. die Anfrage an das System abzuleiten, müssen beide Sub-Goals erfüllbar sein. Da diese beiden Sub-Goals für eine Instanziierung von „Jemand" ableitbar sein müssen, sind die oberen Kanten miteinander verbunden und kennzeichnen die UND-Verknüpfung.

Die Fakten 1. bis 4. sind als ODER-Knoten gekennzeichnet, da sie für die jeweilige Unifizierung der beiden Sub-Goals alternativ zueinander stehen.

Im Lösungsbaum sind die Schritte der Beweisführung der Reihenfolge nach numeriert. Die Knoten geben die Stelle an, an der eine Unifizierung erfolgen soll. Die ausgefüllten Knoten zeigen die Stelle an, an der eine Unifizierung erfolgreich war. In unserem Beispiel ist demnach das erste Sub-Goal nach dem 2. Schritt durch die Instanziierung der Variable „Jemand" durch die Konstante „heinz" erfüllbar. Nun wird versucht, auch das 2. Sub-Goal abzuleiten. Die Variable „Jemand" ist dabei noch mit „heinz" instanziiert. Da eine Ableitbarkeit des 2. Sub-Goals `mag(heinz, biologie).`
nicht erreicht wird, setzt nach dem 8. Schritt ein Backtracking ein.

Der weitere Verlauf des Lösungsbaums wird im nachfolgenden Lösungsbaum dargestellt.

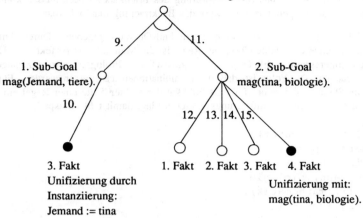

Abb. 9: Ein UND-ODER-Baum (Fortsetzung)

Im 9. Schritt wird dann die Instanziierung von „Jemand" wieder aufgehoben. Danach wird das erste Sub-Goal ab dem 3. Fakt nochmals abzuleiten versucht. Dies gelingt auch, und die Variable „Jemand" wird mit „tina" instanziiert. Im 11. Schritt besteht nun wieder die Aufgabe, das 2. Sub-Goal in der Form „mag(tina, biologie)" abzuleiten. Die Unifizierung gelingt dann letztendlich im 15. Schritt. Somit ist durch die Instanziierung von „Jemand" durch „tina" gelungen, das 1. Sub-Goal und das 2. Sub-Goal und damit die Ableitbarkeit der Anfrage zu beweisen. Prolog antwortet auf die Anfrage: `Jemand = tina`

6.2 Der Fail-Operator

Mit Hilfe dieses Operators kann das Backtracking erzwungen werden. Diese Vorgehensweise wird anhand eines Beispieles erläutert. Nehmen wir folgende Wissensbasis an:

```
1. mag(heinz, computer).
2. mag(marc, sport).
3. mag(tina, tiere).
4. mag(hermann, biologie).
5. mag(lili, mathematik).
6. interessiert :- mag(Person, Fakt),
                  write('Student:'),display(Person), nl,
                  write('interessiert:'),display(Fakt), nl.

?- interessiert.
Student: heinz interessiert: computer
```

Die Anfrage `?- interessiert` liefert `Student: heinz interessiert: computer`. Eine Ausgabe der restlichen in der Wissensbasis vorhandenen Kombinationen erfolgt nicht, denn das Prädikat „interessiert" ist nach dem Aufruf als „wahr" erkannt worden. Wenn nun der Überprüfung des Prädikats „interessiert" der Aufruf als „falsch" zurückgeliefert wird, würde Prolog versuchen, auf der rechten Seite der Regel die Variablen „Person" und „Fakt" auf andere in der Wissensbasis vorhandene Konstanten zu instanziieren. Prolog würde im Rahmen des Backtrackings so lange neue Variablen einsetzen, bis alle geprüft worden sind. Die Folge wäre, daß alle Kombinationen ausgegeben würden. Wenn man die Überprüfung des Prädikats so beeinflussen könnte, daß als Ergebnis immer „falsch" geliefert wird, wäre das Backtracking manipulierbar.

Diese Möglichkeit ist nun in Prolog durch den Fail-Operator gegeben. Durch Anhängen des Operators an das Ende des rechten Teils der Regel ist die Manipulation perfekt. Die Überprüfung des Prädikats „interessiert" schließt jetzt mit „falsch" ab. Prolog ist also gezwungen, weitere Lösungen zu suchen. Die Folge ist, daß alle Kombinationen ausgegeben werden. Fügt man den *argumentlosen* Standard-Operator „fail" als Prädikat der rechten Seite einer Regel ein, wird diese als „falsch" deklariert. Jeder Unifizierungsversuch schlägt damit fehl. Beispiel:

```
1. mag(heinz, computer).
2. mag(marc, sport).
3. mag(tina, tiere).
4. mag(hermann, biologie).
5. mag(lili, mathematik).
6. interessiert :-
        mag(Person, Fakt)

        write('Student:'),display(Person), nl,
        write('interessiert:'), display('Fakt'), nl, fail.
?- interessiert.
Student:heinz      interessiert:computer
Student:marc       interessiert:sport
Student:tina       interessiert:tiere
Student:hermann    interessiert:biologie
Student:lili       interessiert:mathematik
NO
```

Bei dem ersten Versuch, das Prädikat „interessiet" abzuteilen, gelangt Prolog an den 1. Fakt. Schon mit dem 1. Fakt ist es möglich, das Prädikat abzuleiten. Obwohl die Ableitbarkeit möglich ist, verursacht der Fail-Operator, daß der Wert „falsch" geliefert wird und initiiert damit ein neues Backtracking. Bei der Plazierung des Fail-Operators kann es auch als Prädikat an die Anfrage angehängt werden. Die Form der Anfrage wäre dann wie folgt:

```
?- interessiert, fail.
```

Die Ausgabe würde wie oben erfolgen.

In manchen Prolog-Systemen gibt es eine Besonderheit, die ein erschöpfendes Backtracking auch dann provoziert, wenn mit dem Fail-Operator nicht gearbeitet wird. Wird in unserem Beispiel der Operator so verändert, daß es folgende Gestalt annimmt: `interessiert(Person, Fakt).`, also um zwei Argumente erweitert ist, werden automatisch alle möglichen Instanziierungen der Variablen „Person" und „Fakt" angezeigt.

```
Student:heinz      interessiert:computer
Student:marc       interessiert:sport
Student:tina       interessiert:tiere
Student:hermann    interessiert:biologie
Student:lili       interessiert:mathematik
```

5. Solutions

Die Ausgabe in der obigen Form kann auch erreicht werden, indem man direkt im Prolog ein sogenanntes internes Goal der Form:
```
goal interessiert, fail.
```
angibt. Durch diese Erweiterung des Programms erübrigt sich die Abfrage durch ein externes Goal.

6.3 Der Cut-Operator

Ein wichtiger Operator zur „Spezifikation" der Kontrolle ist der Cut-Operator. Er wird durch ein Ausrufszeichen „!" notiert und tritt in einem Logik-Programm wie eine Prämisse auf, wird jedoch nicht als logischer Bestandteil des Programms betrachtet.

Der Cut-Operator gehört, wie auch schon der Fail-Operator, zu den Ausführungs-Kontroll-Operatoren. Auch mit diesem Operator ist es möglich, direkten Einfluß auf das Backtracking zu nehmen. Mit dem Cut-Operator ist man in der Lage, den Abbruch des Backtrackings zu erzwingen. Diese Form der Einflußnahme ist wohl der ausgeprägteste Kontrollmechanismus in Prolog.

Die (prozedurale) Semantik des Cut-Operators kann wie folgt beschrieben werden:

Wird der Cut-Operator das erste Mal als zu beweisendes Teilziel angetroffen, so gilt er unmittelbar als bewiesen, hinterläßt aber auf dem Kontroll-Stack einen Ausführungsvermerk, zusammen mit einem Verweis auf dasjenige Teilziel, welches zur Aktivierung der Klausel geführt hat, in der der Cut-Operator auftritt. Sollte später – im Rahmen chronologischen Backtrackings – eine Fehlschlagspropagierung über den Stack diesen Vermerk antreffen, so löst dies einen Fehlschlag des vom Cut-Operator vermerkten Ziels aus.

Mit dem Cut-Operator kan das System also auf all die Auswahlen *verpflichtet* werden, die seit der Enscheidung für jenes Teilziel getroffen wurden, das den Cut aktiviert hat. Alternativen für dieses Teilziel werden demzufolge genausowenig betrachtet wie solche für Teilziele, die in der Cut-Klausel vor dem Cut selbst liegen.

Der Einbau des Cut-Operators erfolgt im Prämissenteil einer Regel. Um die Darstellung kurz zu zeigen, wird eine der obigen Regeln modifiziert.
```
interessiert(Jemand, biologie) :-
                mag(Jemand, tiere), !,
                mag(jemand, biologie).
```
Durch den Einbau des Cut-Operators besteht die Möglichkeit, das Backtracking an bestimmten Stellen auszuschalten oder einzuschalten. Man kann sagen: Der Cut ist in der Lage, gewisse Entscheidungen *einzufrieren*. Er kann an unterschiedlichen Stellen im Regelrumpf eingebaut werden. Dabei kann man drei Fälle unterscheiden:

1. Der Cut steht am Ende einer Anfrage oder einer Regel; dann erfolgt die Instanziierung der Variablen nur einmal, und die Lösungssuche bricht ab; es findet kein weiteres Backtracking statt. Beispiel:

```
1. mag(heinz, computer).
2. mag(marc, sport).
3. mag(tina, tiere).
4. mag(hermann, biologie).
5. mag(lili, mathematik).
```

```
?- mag(Person, Fakt), !.
```

Prolog antwortet auf diese Anfrage: `Person = heinz, Fakt = computer`

Die Suche nach anderen Möglichkeiten wurde erfolgreich unterbunden. Ohne den Cut wären alle fünf Kombinationen ausgegeben worden.

Im nächsten Beispiel steht der Cut auch am Ende einer Anfrage. Die Anfrage ist jetzt als Konjunktion formuliert. Es müssen zwei Sub-Goals erreicht werden. Beispiel:

```
1. student(heinz).
2. student(tina).
3. student(marc).
4. wohnt(tina, leipzig).
5. wohnt(heinz, stuttgart).
6. wohnt(marc, stuttgart).

?- student(X), wohnt(X, Y), !.
X = heinz  Y = stuttgart
```

Die Ausgabe erfolgt, wie erwartet; es wird eine Lösung ausgegeben. Wäre der Cut nicht gesetzt worden, hätte Prolog wieder drei Antworten geliefert. Der Cut verhindert, daß die erste Variablen-Instanziierung aufgehoben werden kann, und erzwingt den Abbruch.

Die Funktionsweise des Cut-Operators wird der Vollständigkeit halber auch bei der Existenz einer Regel gezeigt. Beispiel:

```
1. mag(heinz, computer).
2. mag(marc, sport).
3. mag(tina, tiere).
4. mag(hermann, biologie).
5. mag(lili, mathematik).
6. interessiert(Person, Fakt) :-
            mag(Person, Fakt),
            write('Student:'),display(Person),nl,
            write('interessiert:'),display(Fakt), nl, !.

?- interessiert(Person, Fakt).
Student:heinz    interessiert:computer
```

Das System liefert auch in diesem Fall nur eine Antwort. Die Suche nach alternativen Lösungen wird unterbunden.

2. Der Cut steht am Anfang eines Prämissenteiles einer Regel. Wird für eine Instanziierung der Variablen die Cut-Klausel erfüllt, so werden für die Instanziierung keine weiteren Alternativregeln durchsucht. Beispiel:

```
1. mag(heinz, computer).
2. mag(marc, sport).
3. mag(tina, tiere).
4. mag(hermann, biologie).
5. mag(lili, mathematik).
```

```
6. interessiert(Person, Fakt) :-
              !, mag(Person, Fakt), junge(Person).
7. interessiert(Person, Fakt) :-
              mag(Person, Fakt).
8. junge(heinz).
9. junge(marc).
10.junge(hermann).


?- interessiert(Person, Fakt).
```

In diesem Beispiel müßten theoretisch alle Fakten ausgegeben werden. Nach der ersten Regel dürften die Kombinationen:

```
Person:heinz       interessiert:computer
Person:marc        interessiert:sport
Person:hermann     interessiert:biologie
```

als Ausgabe erfolgen. Durch die Existenz der zweiten Regel müßten aber in den nächsten Durchläufen auch noch die Kombinationen:

```
Person:tina        interessiert:tiere
Person:lili        interessiert:mathematik
```

ergänzt werden. Dieser Sachverhalt tritt aber nicht ein, da der Cut in der 1. Regel den Aufruf der 2. Regel vollständig verhindert.

3. Der Cut steht zwischen den Prämissen einer Anfrage oder einer Regel; dann erfolgt das Backtracking innerhalb der Anfrage oder Regel nur bis zum Cut. Außerdem wird dann die Entscheidung, welcher Fakt für das Prädikat geprüft werden soll, eingefroren. Alternative Regeln oder Fakten werden nicht mehr geprüft. Diese Verwendungsmöglichkeit des Cut-Operators wird am folgenden Beispiel demonstriert:

```
1. student(heinz).
2. student(tina).
3. mag(tiere).
4. mag(biologie).

?- student(X), !, mag(Y).
student=heinz      mag=tiere
student=heinz      mag=biologie
```

In diesem Fall ist die Funktionsweise des Cut-Operators wie folgt zu verstehen:

Durch die Anfrage an das System versucht Prolog, die beiden Sub-Goals zu beantworten. Der in der Wissensbasis vorhandene 1. Fakt führt dazu, daß die Variable X auf „heinz" instanziiert wird. Im weiteren Verlauf wird in der Wissensbasis gesucht, um auch die Variable Y zu instanziieren. Dieser Vorsatz wird im 3. Fakt möglich. Instanziierung von Y mit „tiere". Prolog versucht, die Anfrage mit alternativen Möglichkeiten abzuleiten. Dabei wird die Instanziierung von Y durch Backtracking aufgehoben und die Instanziierung Y mit „biologie" ausgeführt. Dies führt dazu, daß die zwei oben aufgeführten Antworten ausgegeben werden. Der normalerweise folgende Schritt des Backtrackings wird durch den Cut-Operator verhindert. Er wirkt wie eine Mauer, an deren

Seite nur eine Leiter steht. Hat die Beweisführung die Cut-Stelle erst einmal überschritten, so gibt es kein Zurück mehr. Jetzt kann das Backtracking nur noch hinter dem Cut erfolgen. Das heißt, daß die Variablen-Instanziierung von X mit „heinz" nicht mehr aufgehoben werden kann. Die Instanziierung mit „tina" ist also nicht mehr möglich.

Um die Wirkungsweise des Cut-Operators zu demonstrieren, betrachten wir ein anderes Beispiel:

Die folgende Regel repräsentiert den Verlauf des Graphen in Abb. 10. Durch eine Abfrage der X-Werte soll der entsprechende Y-Werte des Graphen zurückgeliefert werden.

wenn X < 3 dann Y = 0

wenn 3 ≥ X und X < 6 dann Y = 2

wenn 6 ≤ X dann Y = 4

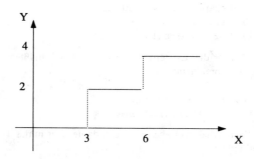

Abb. 10: Die Treppenfunktion

Wir transformieren diese Regel in der Prolog-Notation:

```
1. f(X, 0) :- X < 3, !.

2. f(X, 2) :- 3 =< X , X < 6, !.
3. f(X, 4) :- 6 =< X.
```

1. Anfrage
?- f(1, Y), 2<Y.
NO

Bei dieser Anfrage geht Prolog zur 1. Regel, um das erste Sub-Goal zu erfüllen. Dieser Vorgang ist erfolgreich. Dabei wird X mit 1 und Y mit 0 instanziiert. Das zweite Sub-Goal kann aber nicht erfüllt werden, da 2 nicht kleiner als 1 ist. Der Cut führt zum Abbruch, alternative Regeln werden nicht durchsucht.

2. Anfrage
?- f(7, Y).
Y = 4

In diesem Fall wird versucht, das Ziel über die 1. Regel zu erreichen. Der Versuch schlägt fehl, da 7<3 falsch ist. Es erfolgt ein Backtracking, da der Cut noch nicht erreicht ist. Die Variablen-Instanziierung wird aufgehoben. Die 2. Regel führt aber auch nicht zum Ziel. Durch die Instanziierung von X mit 7 kann das Ziel erfüllt werden, aber die zweite Bedingung der Regel ist nicht erfüllt, da 7 < 6 eine falsche Aussage ist. Da der Cut wieder nicht erreicht wurde, erfolgt ein weiteres Backtracking. Die 3. Regel ist erfolgreich; das Goal läßt sich aus dieser Regel ableiten.

Eine effizientere Lösung in Prolog sieht wie folgt aus:

f(X, 0) :- X < 3, !.
f(X, 2) :- X < 6, !.
f(X, 4).

Bei der Anfrage ?- f(1, Y). an das System liefert es die korrekte Antwort: Y= 0.

Wenn die Cut-Operatoren in diesem Beispiel weggelassen werden, würden wir drei nicht-korrekte Antworten erhalten: nämlich Y=0, Y=2, Y=4. Prolog würde in diesem Fall alle alternativen Regeln durchsuchen. Der Sinn des Programms wäre verfälscht.

Zusammenfassung der Funktionen des Cut-Operators

- Der Cut-Operator kommt nur im Prämissenteil einer Regel vor.
- Ein Cut-Operator in einer Regel zwischen den Prämissen wirkt trennend auf die Aussage (vor und nach der Cut-Operation), d.h.: Folgt dem Cut innerhalb der Konjunktion ein weiteres Prädikat und schlägt dessen Ableitbarkeitsprüfung fehl, so ist ein Backtracking nur noch bis zum Cut-Operator möglich. Ein Backtracking zu einem Prädikat, das links vom Cut-Operator steht, ist unmöglich.
- Die Cut-Operation als eingebauter Operator gelingt immer, d.h., gelingt der Beweis bis zum Cut-Operator, so gilt die Klausel als bewiesen. Daraus folgt, daß keine Alternativregel für die Instanziierung einer Variablen mehr durchsucht wird, wenn die Instanziierung dieser Variablen in einer Regel die Cut-Klausel erfüllt.

Verwendungsmöglichkeit des Cut-Operators

- Cut dient zum Abbrechen von evtl. initiierten Backtrackings bei Such-Aktionen. Das ist besonders dann nötig, wenn:
   a. die richtige Regel bereits gefunden ist;
   b. eine negative Abbruchbedingung erfüllt wird (im gemeinsamen Gebrauch mit dem Fail);
   c. die einzige mögliche Lösung bereits gefunden wurde und keine weiteren Alternativregeln probiert werden dürfen.

- Cut kann zum Einbau von Abbruchkriterien verwendet werden und dadurch rekursive Vorgänge steuern.

- Cut dient der Effizienzsteigerung des Programms, da keine Alternativen geprüft werden. Dabei muß beachtet werden, daß keine Lösung verlorengeht und die Anfrage so formuliert ist, daß man mit einer Lösung des Problems zufrieden ist.

- Bei der Verwendung des Cut-Operators muß man dafür sorgen, daß nicht keine unerwarteten Antworten erzeugt werden. Das kann man erreichen, indem man die Antworten möglichst nach dem Cut-Operator erzeugt. Dazu zieht man den Operator möglichst nach vorne.

Probleme beim Einsatz des Cut-Operators

Durch den Einsatz des Cut-Operators kann die deklarative Bedeutung eines Prologprogramms geändert werden. Der Cut-Operator verstärkt trivialerweise die *Unvollständigkeitstendenz von Prolog*, da ja erfolgreiche Pfade, die in einem durch Cut vor der Alternativensuche beschützten

Teilbau des Beweisbaums vorkommen, für die Wiederlegungsprozeduren verborgen bleiben. Das Problem läßt sich anhand des folgenden aussagelogischen Beispieles zeigen:

```
P :- a, b.
P :- c.
```

Die Aussage bedeutet, daß P entweder über a, b oder über c abgeleitet werden kann. Die Existenz einer Alternative ist in Logik mit einer Disjunktion gleichzusetzen.

$p \iff (a \land b) \lor c$

Wird nun die Reihenfolge der Klauseln umgekehrt, bleibt die deklarative Bedeutung erhalten. Was geschieht aber, wenn ein Cut eingebaut und die Reihenfolge der Klauseln vertauscht wird?

```
p :- a, !, b.
P :- c.
```

Die Aussage ändert sich wie folgt:

$p \iff (a \land b) \lor (\neg a \land c)$

Wie man daraus erkennt, hat sich die Aussage völlig verändert. Das Prädikat P ist demnach ableitbar, wenn a und b ableitbar sind oder a nicht abgeleitet werden kann und c ableitbar ist. Diese Veränderung kommt zustande, da der Cut in der 1. Klausel verhindert, daß die 2. Klausel aufgerufen wird. Erst wenn a nicht ableitbar ist, kann die 2. Klausel berücksichtigt werden. Werden die Klauseln aber in ihrer Reihenfolge vertauscht, kehrt die deklarative Bedeutung des Programms zurück.

```
p :- c.
p :- a, !, b.
```

Notation in Logik:

$p \iff c \lor (a \land b)$

Wie diese Darstellung zeigt, ist der Umgang mit Cut mit Vorsicht zu genießen. Beim falschen Einsatz können unerwartete Nebeneffekte auftreten, oder das Programm liefert falsche Ergebnisse. Bei der Formulierung der Regeln sollte getestet werden, wie sich das Programm einmal mit und einmal ohne den Cut verhält. Werden dabei unerwartet falsche Ergebnisse geliefert, ist die Formulierung der Regeln zu ändern oder der Cut anders zu plazieren. Diese Aussage wird mit einem kleinen Beispiel demonstriert.

```
max(X, Y, Y) :- X =< Y, !.
max(X, Y, X) :- Y =< X.

?- max(5, 10, Maximum).
Maximum = 10.
```

Die Anfrage kann mit der ersten Regel gleich erfolgreich abgeleitet werden, so daß die Variable „Maximum" bzw. „Y" durch den größeren der beiden Werte instanziiert ist. Die Bedingung in der 1. Regel ist erfüllt, $X \leq Y$; der Cut ist erreicht, die 2. Regel wird nicht mehr getestet. Wird nun der Cut entfernt, wird die 2. Regel zwar aufgerufen, doch die Ableitung mißlingt, da die Bedingung $Y \leq X$ nicht erfüllt ist. Der Cut kann also die Effizienz steigern, ohne die Bedeutung bzw. die Richtigkeit des Programms zu beeinflussen. Anders dagegen im nächsten Beispiel:

```
max(X, Y, Y) :- X =< Y, !.
max(X, Y, X).

?-max(5, 10, Maximum).
Maximum = 10
```

In diesem Fall lautet das Ergebnis wie oben. Wird aber nur der Cut entfernt, wird unser Ergebnis falsch. Wir erhalten noch das Ergebnis Maximum=5, was allerdings nicht korrekt ist. In diesem Fall müßte die Regel überarbeitet werden, oder wir sind uns über die Wirkung voll bewußt.

6.4 Cut und Fail als Kombination

Diese beiden Operatoren in der Reihenfolge „!, fail" bewirken, daß ein Beweis nicht nur abgebrochen wird, sondern auf alle Fälle mißlingt. Taucht diese Operator-Kombination bei der Ableitbarkeitsprüfung einer Regel auf, wird das Prädikat des Regelkopfes als nicht ableitbar erkannt. Die Funktionsweise läßt sich dabei aus den bisher bekannten Wirkungsweisen der Operatoren erklären.

Gelangt man bei einer Ableitbarkeitsprüfung mit Instanziierung einer Variablen an den Cut-Operator, wird diese Klausel als erfüllt erkannt, und es werden für die Instanziierung der Variablen keine Alternativregeln untersucht. Wird im Anschluß daran der Fail-Operator erreicht, ist das Ergebnis der Ableitbarkeitsprüfung des Operators immer „falsch". Auf dieser Eigenschaft des Operators beruht ja auch die Funktionsweise, das erschöpfende Backtracking initiieren zu können.

In diesem Beispiel wird eine Wissensbasis aus Lebewesen und Blumen aufgebaut. Dargestellt werden sollen Tiere als Lebewesen, die keine Blumen sind.

```
1. lebewesen(rose).
2. lebewesen(hund).
3. blume(rose).
4. tiere(X) :- blume(X), !, fail.
5. tiere(X) :- lebewesen(X).

?- tiere(rose)
No
?- tiere(X)
No
?- tiere(hund)
Yes
```

Anhand der drei gestellten Anfragen soll die Funktionsweise kurz beschrieben werden.

Wird die erste Anfrage gestellt, versucht Prolog, über die erste Regel das Ziel abzuleiten. Dabei wird die Variable X mit „rose" instanziiert. Beim Versuch, mit dieser Instanziierung einen Fakt in der Wissensbasis zu finden, der die Ableitung des Zieles ermöglicht, ist Prolog ebenfalls fündig. Danach wird der Cut-Operator überschritten und macht demzufolge die Ableitbarkeit des Goals über eine andere Regel unmöglich. Der im Anschluß folgende Fail-Operator negiert den bis dahin wahren Fakt. Daraus folgt, daß das Ziel nicht abgeleitet werden kann. Auch bei der zweiten Anfrage ist der Verlauf der Lösungsfindung ähnlich, da Prolog versucht, das Goal „tiere(X)" über die erste Regel abzuleiten. Erst die 3. Anfrage liefert uns eine Lösung, denn bei der ersten Regel wird der Cut nicht überschritten, und das Ziel ist über eine Alternativregel ableitbar.

Übungen zum Thema

1. Gegeben ist das folgende Programm:
   ```
   aktion(1) :- write(' Sie tippten eins ').
   aktion(2) :- write(' Sie tippten zwei ').
   aktion(3) :- write(' Sie tippten drei ').
   aktion(X) :- X =\= 1, X =\= 2, X =\= 3,
                write(' Ich kenne diese Nummer nicht ').
   :- write(' Tippen Sie eine Nummer von 1 bis 3 '),
      read(Auswahl), action(Auswahl).
   ```
   Modifizieren Sie das Programm so, daß nur eine Aktion ausgeführt wird.

2. Gegeben ist das folgende Programm:
   ```
   1.  vater(X, Y) :- elternteil(X, Y), maennlich(X).
   2.  elternteil(ben, tom).
   3.  elternteil(mary, tom).
   4.  elternteil(sam, ben).
   5.  elternteil(alice, ben).
   6.  maennlich(ben).
   7.  maennlich(sam).
   ```

   a. Zeichnen Sie einen SLD-Baum für die Goals: ?- vater(X, tom).

      ?- vater(X, Y).

   b. Ersetzen Sie 1. durch 1':
      ```
      vater(X, Y) :- elternteil(X, Y),
                     maennlich(X), ! .
      ```
      Zeigen Sie am Baum, welche Äste durch Cut abgeschnitten werden.

3. Gegeben ist das folgende Programm:
   ```
   1. stolz(X) :- vater(X, Y), neugeboren(Y).
   2. vater(X, Y) :- elternteil(X, Y), maennlich(X).
   3. elternteil(johann, maria).
   4. elternteil(johann, chris).
   5. maennlich(johann).
   6. neugeboren(chris).
   Goal:    ?- stolz(johann).
   ```

   a. Was ist die Antwort für das Goal: ?-stolz(johann).
   b. Ersetzen Sie 2. durch:
      2'. vater(X, Y) :- elternteil(X, Y), maennlich(X), ! .
      Was ist die Antwort ?

4. Gegeben ist das folgende Programm:
   ```
   1.  stolz(X) :- vater(X, Y), neugeboren(Y).
   2.  vater(johann, sigi).
   3.  vater(johann, maria).
   4.  neugeboren(sigi).
   5.  neugeboren(maria).
   Goal:    ?- stolz(X).
   ```

a. Was ist die Antwort für das Goal?
b. Bauen Sie ein Cut ein, so daß es nur eine Antwort gibt.

5. Gegeben ist das folgende Programm:
```
top(X, Y) :- p(X, Y).
top(X, X) :- s(X).
p(X, Y):- true(1), q(X), true(2), r(Y).
p(X, Y):- s(X), r(Y).
q(a).
q(b).
r(c).
r(d).
s(e).
true(X).
```
Zeichnen Sie den SLD-Baum für das Goal: ?- top(X, Y) und zeigen Sie, welche Äste durch Cut abgeschnitten werden,
a. wenn true(1) durch Cut ersetzt ist;
b. wenn true(2) durch Cut ersetzt ist.

Thema 7

Standard-Prädikate (engl. *Built-in Predicates*)

Das Prolog-System stellt einige vordefinierte Standard-Prädikate zur Verfügung, die vom Programmierer genauso genutzt werden können wie diejenigen, die er sich selbst geschaffen hat. Durch Verwendung dieser Prädikate sieht er z.B. Ein- und Ausgabe-Funktionen auf alle Prolog-Systeme gleich, unabhängig von der verwendeten Hardware.

Oftmals sind diese Prädikate auch nicht durch die reine Logik zu beschreiben; z.B. arithmetische Prädikate sind ohne die Kenntnisse der Zahlen nicht beschreibbar. Die Zahlen wiederum sind oftmals vom System, der Hardware, abhängig (Wertebereiche). Es ist somit nicht möglich, die Zahlen durch Prolog zu beschreiben.

Die Standard-Prädikate erstrecken sich über viele Bereiche des Prolog-Systems. Sie lassen sich je nach Funktion in mehrere Klassen unterteilen:

- *I/O-Prädikate*
  Mittels der I/O-Prädikate kann Prolog auf die Peripherie zugreifen. So werden z.B. Eingaben über die Tastatur oder Zugriffe auf die Plattenspeicher möglich.

- *Arithmetische Prädikate*
  Diese Prädikate können für arithmetische Operationen in Prolog benutzt werden, z.B. die Ausführung der Grundrechenarten.

- *Wissensbasis-Prädikate*
  Durch diese Prädikate-Gruppe kann die Wissensbasis von Prolog zur Laufzeit verändert werden, etwa durch Hinzufügen oder Entfernen von Fakten.

- *Strukturprädikate*
  Mit dieser Art von Prädikaten lassen sich die Datenstrukturen von Prolog untersuchen. Strukturprädikate erlauben z.B. das Testen von Atomen.

- *Ausführungs-Kontroll-Prädikate*
  Diese Prädikate erlauben eine Beinflussung des Ablaufs der Bearbeitung innerhalb eines Prolog-Programms, z.B. „cut" und „fail".

- *Sonstige Prädikate*
  Prädikate mit verschiedenen sonstigen Funktionen, z.B. Vergleichsprädikate.

Diese Prädikate bilden Quasi-Standards für Prolog-Systeme, können sich jedoch bei den verschiedenen Prolog-Dialekten in Syntax oder Semantik unterscheiden. Daher empfiehlt es sich, im Handbuch des Prolog-Systems nachzuschauen. Die hier beschriebenen Prädikate bilden nur eine kleine Auswahl der heutzutage verfügbaren Prädikate auf Prolog-Systemen. Sie bilden sozusagen den kleinsten gemeinsamen Nenner. In dieser Ausführung wird mehr auf die Funktion Wert gelegt.

7.1 Input/Output-Prädikate

Bei den I/O-Prädikaten unterscheidet man zwei Gruppen. Zum einen die Gruppe Terminal-I/O, die der Eingabe mittels der Tastatur dienten. Die zweite Gruppe, File I/O, ist für das Datenhandling vorgesehen.

Terminal I/O

Mit diesen Prädikaten werden einzelne Zeichen oder gar ganze Terme eingelesen bzw. auf dem Bildschirm ausgegeben.

read(Term)

    Semantik   **read** liest den nächsten vollständigen **Term** vom aktuellen Eingabe-Medium. Der Term muß mit einem Punkt „•" abgeschlossen werden, der nicht zum Term gehört. Der Punkt wird aus dem Eingabestrom entfernt.

    Beispiele
```
?-read(T), write(T).
non plus ultra amore est
T = non plus ultra amor est
yes
```

    Bemerkung   Im Falle eines Rücksetzens wird **read** vom Backtrack übergangen. **Term** wird nicht erneut auf den nächsten Term instanziiert.

Write(Term)

    Semantik   **write** schreibt das Argument **Term** in das aktuelle Ausgabemedium. Nichtgebundene Variablen in **Term** werden als eindeutig numerierte Variablen mit führendem Unterstrich dargestellt. Operatoren-Deklarationen werden dabei berücksichtigt.

    Beispiele
```
?- Z is 5+6, write(Z).
Z=1
yes
write(Z)
_245
yes
```

    Bemerkung   Im Falle eines Rücksetzens werden die Ausgabe-Prädikate vom Backtrack übergangen. Die Ausgabe wird nicht wiederholt.

display(Term)

    Semantik   Dieses Prädikat funktioniert genau wie **write**, es berücksichtigt nur keine Operator-Deklarationen. Es werden alle Strukturen in gleicher Weise ausgegeben: erst der Funktor und dann die Argumente (in Klammern).

nl

    Semantik   **nl** sendet eine Steuersequenz an das aktuelle Ausgabemedium, wodurch ein Zeilenvorschub bewirkt wird. **nl** kann nur einmal erfüllt werden.

get(Char)

    Semantik   **get** liest in ein uninstanziiertes Argument **Char** das ASCII-Äquivalent des nächsten Zeichens aus dem aktuellen Eingabestrom. Ist das Argument **Char**

	beim Aufruf bereits auf eine Zahl instanziiert, so setzt es im Ausgabestrom auf das nächste Zeichen mit diesem ASCII-Äquivalent vor.
Beispiele	?-write('Bitte geben Sie Ihr Alter ein:'), get(A), get(B). Bitte geben Sie Ihr Alter ein: 26 A = 50 B = 54 (entspricht den ASCII-Werten von 2 und 6) yes ?-get(B). A B = 65 yes
Bemerkung	Im Falle eines Rücksetzens wird **get** vom Backtrack übergangen. **Char** wird nicht erneut auf das nächste Zeichen instanziiert. Eine Erweiterung stellt das Prädikat **get0** dar. Dieses Prädikat arbeitet nach dem gleichen Prinzip wie **get** und überspringt keine Steuer- und Leerzeichen.

put(Zahl)

Semantik	**put** gibt das ASCII-Äquivalent der Zahl als Zeichen in den aktuellen Ausgabestrom. Die Zahl kann auch ein ganzzahliger Ausdruck sein.
Beispiele	?- put(49) 1 yes ?-number(0, [Null]), put(Null+1). ! Null = 48 yes

Beispiel: Menüführung unter Prolog

```prolog
start:- menu(start, 'hauptmenu:').
menu_zeile(start, q, 'punkt 1', true).
menu_zeile(start, w, '(start, w, 'punkt 2', fail).
menu_zeile(start, e, 'punkt 3', fail).
menu_zeile(start, r, 'punkt 4', fail).
menu_zeile(start, t, 'punkt5', true).

menu(Typ, Titel) :- repeat,
                    Insert = 20,
                    menu_anzeige(Typ, Insert, Titel),
                    auswahl(Typ, Insert, Option, Status), nl,
                    ausfuehren(Option),
                    Status.
menu_anzeige(Typ, Insert, Titel) :- neues_menu,
                    write(Titel), nl,
                    auswahlliste(Insert, Typ).
auswahl(Typ, Insert, Option, Status) :- repeat
                    write('bitte auswaehlen :'),
                    zeichen_lesen(Auswahl),
                    menu_zeile(Typ, Auswahl, Option, Status), !.
zeichen_lesen(C) :- get(Cn), !.
ausfuehren(Option) :- Option, !.
auswahlliste(Insert, Typ) :- menu_zeile(typ, Auswahl, Option, _),
                    tab(Insert), write(Auswahl), write('-'),
                    write(Option),nl,fail.
auswahlliste(_, _) :- nl.
neues_menu :- nl, nl.
```

Beispiel: Konvertieren von Umlauten

```prolog
go:-                repeat, get0(C), deal_With(C),fail.

deal_with(132) :- !,           /* ä */
            put(97),
            put(101).

deal_with(142) :- !,           /* Ä */
            put(65),
            put(101).

deal_with(129) :- !,           /* ü */
            put(117),
            put(101).

deal_with(154) :- !,           /* Ü */
            put(85),
            put(101).
```

```
deal_with(148) :- !,          /* ö */
                put(117),
                put(101).

deal-with(153) :-             /* Ö */
                put(79),
                put(101).
deal_with(225) :- !           /* ß */
                put(115),
                put(115).

deal_with(X) :-   put(X).
```

File I/O

Die File I/O-Prädikate werden in zwei Gruppen aufgeteilt. Die eine Gruppe dient zum Schreiben in eine Datei, die andere zum Lesen aus einer Datei. Die Gruppe der Prädikate ist sehr eng miteinander verknüpft.

Die Ausgabe von Daten in eine Datei wird in Prolog durch einen Ausgabestrom in die entsprechende Datei erreicht. Der Standard-Ausgabestrom geht in die Pseudodatei *user*. Hierbei handelt sich um keine Datei im herkömmlichen Sinn, sondern um den Terminal des Benutzers. Will man Daten nicht nur am Terminal ausgeben, dann muß man den Ausgabestrom von der Datei *user* in eine eigene Datei umlenken, z.B. *demodat*; dies geschieht mit Hilfe des Prädikats:

tell(Datei)

    Semantik   **tell** verbindet die angegebene Datei mit dem aktuellen Ausgabestrom. Wenn sie noch nicht offen ist, wird sie geöffnet.

    Beispiele   `?- tell(demodat).`
                      `yes`

    Bemerkung   Alle nun folgenden Ausgabeprädikate geben ihre Information jetzt in die Datei *demodat* und nicht mehr an den Bildschirm. Mit dem Prädikat **tell(user).** wird der Ausgabestrom wieder auf den Terminal geschaltet. Eine Ausgabedatei wird mit dem Prädikat **told** geschlossen. Eine Datei-Ende-Markierung wird in die Datei geschrieben. Der Terminal wird als Ausgabemedium eingesetzt.

telling(X)

    Semantik   Wenn der Benutzer nicht weiß, welchen Ausgabestrom er gerade gewählt hat, kann er dies mit Hilfe des Prädikats **telling** erfahren. Es instanziiert das Argument mit dem Namen der aktuellen Ausgabedatei.

    Beispiele   `?-telling(X).`
                      `X = demodat`
                      `yes`

see(Datei)

    Semantik   Ebenso wie die Ausgabe von Daten in eine Datei durch die Umlenkung des Ausgabestroms erreicht wird, erfolgt die Eingabe von Daten aus einer Datei

	durch das Umlenken des Eingabestroms auf die entsprechende Datei. Dies geschieht mit Hilfe des Prädikats **see**. Es verbindet die angegebene Datei mit dem aktuellen Eingabestrom. Wenn sie noch nicht offen ist, wird sie geöffnet.
Beispiele	`?-see(demodat).` `yes`

seeing(X)

Semantik	Wenn der Benutzer nicht weiß, welchen Eingabestrom er gerade gewählt hat, kann er dies mit Hilfe des Prädikats **seeing** erfahren.

Beispiele	`?-seeing(X).`
	`X = demodat`
	`yes`

seen

Semantik	**seen** schließt das aktuelle Eingabemedium und benennt den Terminal dazu.

Beispiel: Speichern und Einlesen von Daten aus einer Datei

```
?- tell(datei1), write('Logik_Programmierung'), told.
yes
?- see(datei1), read(X), seen.
X = Logik_programmierung
yes
?-tell(datei2), write('Logik.'), nl, write('Programmierung'), told.
yes
?- see(datei2), read(X), read(Y), seen.
X = Logik
Y = Programmierung
yes
?-tell(datei3), put(65), told.
yes
?- see(datei3), get(Y), seen.
Y=65
yes
```

Beispiel: Anzeigen eines Dateninhalts am Bildschirm

```
zeigeDatei(Dateiname)  :- see(Dateiname),
                          repeat,
                          leseUndZeige(Text),
                          Text = end_of_file,
                          seen.

leseUndZeige(Text)  :- read(Text),zeige(Text),!.
zeige(end_of_file).
zeige(Text) :- write(Text), nl.
```

7.2 Arithmetische Prädikate

Computer werden sehr häufig zur Verarbeitung von Zahlen und für Berechnungen benutzt; hierzu wird in der Regel die Mathematik oder, genauer gesagt, die Arithmetik benutzt. Im folgenden werden wir die eingebaute Arithmetik von Prolog genauer betrachten.

Für Prolog ist jeder arithmetische Operator ein Prädikat, das heißt, er besitzt einen Funktor und eine Argumentenliste. Wir schreiben unsere arithmetischen Ausdrücke in der Regel in der Infix-Notation, das heißt *Operand, Operator, Operand*, z.B. (a + b). Prolog unterstützt diese Schreib- und Denkweise. Es wandelt die arithmetischen Ausdrücke intern aber in die Präfix-Notation um: das heißt *Operator, Operand, Operand*, (+ a b). Der Operator wird den beiden Operanden vorangestellt, auf die er angewendet werden soll. Prolog verarbeitet diese Präfix-Notation natürlich genauso wie die uns eigene Infix-Notation. Um dies zu verdeutlichen, folgen hier einige Beispiele von Infix-Notation und der entsprechenden von Prolog benutzten Präfix-Notation:

Infix	Präfix
4 + 5	+(4, 5)
4 + 5 + 6	+(4, +(5, 6))
3 × 4	×(3, 4)
3 × 4 + 6	+(6 × (3, 4))
3 × (4 + 6)	× (3, +(4, 6))
A is 4 + 5	is(A, +(4, 5))
10 mod 2	mod(10, 2)

Durch diese Umwandlung ist es Prolog möglich, die arithmetischen Funktionen als normale Prolog-Prädikate zu realisieren.

Definition von Operatoren

In Prolog hat man die Möglichkeit, eigene Operatoren zu definieren. Dies führt in vielen Fällen zu einer Vereinfachung der Funktion. In der Prolog-Syntax haben Operatoren immer drei Eigenschaften: eine Prioritätsklasse, eine bestimmte Assoziativität und einen Namen. Unter der Prioritätsklasse versteht man die Hierarchie-Klasse des Operators (z.B. Punktrechnung vor Strichrechnung). Die Einleitung dieser Klassen geschieht auf einer Skala zwischen 1 und 1200. Unter der Assoziativität versteht man die Anordnung des Operators und seiner Argumente. Es gibt dafür drei Möglichkeiten: die Infix-, die Postfix- und die Präfix-Notierung. Die möglichen Spezifikationen für Infix-Operatoren sind xfx, xfy, yfx, yfy; für Postfix-Operatoren xf, yf und für Präfix-Operatoren fx, fy. Der Prolog-Programmierer kann nun seine eigenen Operatoren definieren und ihnen eine entsprechende Prioritätsklasse, eine Assoziativität und einen Namen geben. Dies geschieht mit Hilfe des Prädikats:

op(Prioritätsklasse, Assoziativität, Name).

Name	Assoziativität	Prioritätsklasse
:-	xfx	1200
?-	xfx	1200
;	xfy	1100
,	xfy	1000
not	fy	900
=	xfx	700
is	xfx	700
=	xfx	700
\=	xfx	700
==	xfx	700
\==	xfx	700
<	xfx	700

Tabelle 1: Bereits vordefinierte Operatoren   (Continued . . .)

>	xfx	700
≤	xfx	700
≥	xfx	700
+	fx	500
-	fx	500
×	yfx	400
/	yfx	400
mod	xfx	300

Tabelle 1: Bereits vordefinierte Operatoren

is

Syntax	Z is <arithmetischer Ausdruck>; is(Z, <arithmetischer Ausdruck>)
Semantik	is wertet den arithmetischen Ausdruck nach den üblichen Regeln aus und weist das Ergebnis der Variablen Z zu oder vergleicht es mit dem numerischen Wert, auf den diese instanziiert ist.
	Der arithmetische Ausdruck kann die üblichen zweistelligen Operatoren +, −, ×, ÷, mod sowie die einstelligen Operatoren + und − enthalten. Es gelten die bekannten Prioritätsregeln, die durch geeignete Klammerung geändert werden können. Jeder Term X und Y im arithmetischen Ausdruck muß mit einem numerischen Wert oder einem arithmetischen Ausdruck instanziiert sein.

Beispiele	`?- R is 10 mod 4.`
	`R = 2`
	`yes`
	`?- A is 1+2+3*4+5/6.`
	`A = 15,8333`
	`yes`
	`?- A is 4.`
	`A = 4`
	`yes`

+

Syntax	**Ausdruck1 + Ausdruck2 ; +(Ausdruck1, Ausdruck2)**
Semantik	Das Ergebnis erfolgt aus Addition von **Ausdruck1** mit **Ausdruck2**, hierbei kann der Ausdruck aus einer Zahl, einer Variablen oder einem Ausdruck bestehen.

Beispiele	?-A is 3+4. A=7 yes ?-A=3+4+5. A=12 yes ?-A is +(3,4). A = 7 yes

−

Syntax	**Ausdruck1 − Ausdruck2 ; −(Ausdruck1, Ausdruck2)**
Semantik	Das Ergebnis ergibt sich aus der Substraktion des **Ausdruck2** von **Ausdruck1**.
Beispiele	A is 4-3 A = 1 yes ?- A = 3 - 4 + 2. A = 1 yes ?- X is 6, is(Y, -(X, 5)). X = 6 Y = 1 yes

*

Syntax	**Ausdruck1 * Ausdruck2 ; *(Ausdruck1, Ausdruck2)**
Semantik	Das Ergebnis resultiert aus der Multiplikation des **Ausdruck1** mit dem **Ausdruck2**.
Beispiele	?- A is 4*3. A = 12 yes ?- A is 4*3+2. A = 14 yes ?- X is 4, is(Y, (-(*(X, 3), *(2, 3)))). X = 4 Y = 6 yes

/

Syntax	**Ausdruck1 / Ausdruck2 ; /(Ausdruck1, Ausdruck2)**
Semantik	Das Ergebnis ergibt sich aus der Division von **Ausdruck1** durch **Ausdruck2**.
Beispiele	?- A is 12/3. A = 4 yes ?- A is 11/3.

A = 3,667
yes

mod

Syntax **Ausdruck1 mod Ausdruck2 ; mod(Ausdruck1, Ausdruck2)**

Semantik Das Ergebnis ist der Rest, der aus der Integer-Division von **Ausdruck1** durch **Ausdruck2** übrigbleibt.

Beispiele
```
?- A is 10 mod 2.
A = 0
yes
?- A is 10 mod 3.
A = 1
yes
```

Beispiel: für eine arithmetische Funktion
```
fak(0, 1) :- !.
fak(N, E) :- N1 is N-1,fak(N1, E1),E is E1*N,!.
```

7.3 Vergleichsoperatoren

Prolog bietet sechs Prädikate, mit denen Integer-Zahlen verglichen werden können. Auch hier wird die Infix-Notation unterstützt; Prolog akzeptiert auch präfixnotierte Vergleiche.

<

    Syntax   **Ausdruck1 < Audruck2 ; < (Ausdruck1, Ausdruck2)**

    Semantik   Das Goal ist erfüllt, wenn der Wert des **Ausdruck1** kleiner ist als der Wert des **Ausdruck2**.

>

    Syntax   **Ausdruck1 > Ausdruck2 ; >(Ausdruck1, Ausdruck2)**

    Semantik   Das Goal ist erfüllt, wenn der Wert des **Ausdruck1** größer ist als der Wert des **Ausdruck2**.

=<

    Syntax   **Ausdruck1 =< Ausdruck2 ; =<(Ausdruck1, Ausdruck2)**

    Semantik   Der Vergleich ist erfolgreich, wenn der Wert des **Ausdruck1** kleiner oder gleich dem Wert des **Ausdruck2** ist.

>=

    Syntax   **Ausdruck1 >= Ausdruck2 ; >=(Ausdruck1, Ausdruck2)**

    Semantik   Der Vergleich ist erfolgreich, wenn der Wert des **Ausdruck1** größer oder gleich dem Wert des **Ausdruck2** ist.

=

    Syntax   **Ausdruck1 = Ausdruck2 ; =(Ausdruck1, Ausdruck2)**

    Semantik   Der Vergleich ist erfolgreich, wenn der Wert des **Ausdruck1** gleich dem Wert des **Ausdruck2** ist.

\=

    Syntax   **Ausdruck1 \= Ausdruck2 ; \=(Ausdruck1, Ausdruck2)**

    Semantik   Der Vergleich ist erfolgreich, wenn der Wert des **Ausdruck1** nicht gleich dem Wert des **Ausdruck2** ist.

7.4 Wissensbasis-Prädikate

Das Programm bei einem Prolog-System wird durch die Wissensbasis oder auch Datenbasis realisiert. Prolog bietet einige Standard-Prädikate, um diese Wissensbasis zu erzeugen und zu manipulieren. Mit **consult(Dateiname)** kann der Benutzer selbstdefinierte Klauseln zu der bestehenden Wissensbasis hinzuladen. Mit **reconsult(Dateiname)** kann er die Klauseln erneut einlesen, wobei Änderungen an den entsprechenden Klauseln in der Wissensbasis mit Hilfe des **assert**-Prädikats erfolgen, wobei **asserta** die Klausel an den Anfang und **assertz** diese an das Ende einer Datenbasis setzt. Ebenso kann der Benutzer Klauseln aus seiner Datenbasis löschen; dies geschieht mit Hilfe des Prädikats **retract(Functor)**. Hierbei wird die erste Klausel gelöscht, die den entsprechenden Funktor besitzt. Wenn nun jedoch mehrere Klauseln zu diesem Funktor bestehen, so kann man diese durch das Prädikat **abolish(Funktor, Stelligkeit)** als Gruppe aus der Wissensbasis löschen.

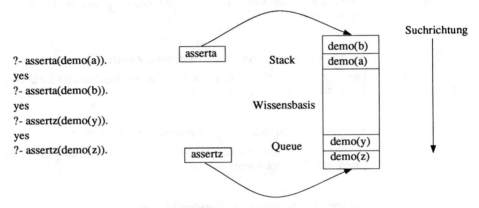

Abb. 11: Arbeitsprinzip von **asserta** und **assertz**

Mit **consult** werden die Klauseln grundsätzlich an das Ende der Wissensbasis angefügt; die Kontrolle über das Einfügen von Klauseln ist jedoch bei einer Prolog-Sitzung wesentlich besser. So kann es sein, daß eine Klausel vor allen anderen Klauseln mit dem selben Funktor stehen soll. Dadurch wird sie beim Durchsuchen der Wissensbasis auch vor allen anderen Klauseln mit dem gleichen Funktor gefunden. Die Klauseln stehen durch **asserta** in der umgekehrten Reihenfolge ihrer Eingabe in der Wissensbasis; dies entspricht einem Stack, einem sogenannten Kellerspeicher. Bei manchen Prolog-Versionen sind **asserta** und **assert** identisch.

Bei anderen Anwendungen kann es aber notwendig sein, daß eine Klausel hinter allen Klauseln mit dem gleichen Funktor und der selben Stelligkeit eingefügt wird. Dies entspricht der sogenannten Warteschlange oder auch Queue. Wir erreichen das mit Hilfe des Prädikats **assertz**. Die Klauseln werden nun an das Ende der Wissensbasis angehängt.

asserta

    Syntax   **asserta(Kopf, Koerper)**

    Semantik   **asserta** konstruiert aus **Kopf** und **Koerper** eine Klausel **Kopf :- Koerper** und trägt diese am Anfang der Datenbasis ein.

    Beispiele   `?- asserta(demo(anfang)).`
                          `yes`

| | Bemerkung: | Bei einem Backtrack über **asserta** bleibt die Klausel in der Datenbasis. |

assertz

	Syntax	**assertz(Kopf, Koerper)**
	Semantik	**assertz** konstruiert aus **Kopf** und **Koerper** eine Klausel **Kopf :- Koerper** und trägt diese am Ende der Datenbasis ein. **Kopf** muß ein Atom oder eine Struktur sein, damit der Funktor der Klausel eindeutig ist.
	Beispiele	`?- assertz(demo(ende)).` `yes`

abolish

	Syntax	**abolish(Prozedurname, Stelligkeit)**
	Semantik	**abolish** löscht eine Prozedur aus der Datenbasis. Mit dem Parameter **Prozedurname** und **Stelligkeit** wird die Prozedur exakt bestimmt, und es werden alle Klauseln dieser Prozedur aus der Datenbasis gelöscht.

	Beispiele	`?- abolish(aub, a).no`
		`?-abolish(demo, 1).`
		`yes`

retract

	Syntax	**retract(Kopf, Koerper)**
	Semantik	**retract** löscht die erste Klausel aus der Datenbasis, für die **Kopf** und **Koerper** mit den beiden Argumenten unifizieren. Gibt es keine passende Klausel in der Datenbasis, so endet **retract** mit fail. Nach erfolgreichem **retract** sind **Kopf** und **Koerper** mit den entsprechenden Teilen der gelöschten Klausel instanziiert, so daß die betreffenden Werte noch verarbeitet werden können. Der **Koerper** eines Fakts ist true.
	Beispiele	`?- retract(demo).` `yes`
	Bemerkung	Eine gelöschte Klausel wird auch nicht wieder in die Datenbasis eingesetzt, wenn ein Rücksetzen zum **retract** zurückführt. Statt dessen wird gegebenenfalls die nächste passende Klausel gelöscht. Auf diese Weise können rekursiv alle entsprechenden Klauseln aus der Datenbasis entfernt werden.

Der Benutzer kann sich die Wissensbasis auch anzeigen lassen. Dies geschieht durch das Prädikat **listing(funktor)**, wobei die Angabe eines Funktors dazu führt, daß alle diese Funktoren unabhängig von ihrer Stelligkeit ausgegeben werden. Das Fehlen eines Funktors führt dazu, daß die gesamte Wissensbasis ausgegeben wird.

listing

| | Syntax | **listing ; listing(Funktor)** |
| | Semantik | Ist kein Argument angegeben, so schreibt **listing** alle vom Benutzer definierten Klauseln der Datenbasis auf den aktuellen Ausgabestrom. Bei Angabe eines Arguments gibt Funktor die Klauseln, die gelistet werden sollen (unabhängig von der Stelligkeit ihres Funktors). **listing** kann sowohl zur |

Fehlersuche als auch zum Sichern des aktuellen Zustands der Datenbasis benutzt werden.

Beispiele ?- listing.
  .....   (listing der Prologdatenbasis)
  yes

Bemerkung Eingebaute Prädikate gibt **listing** nicht aus.

Beispiel: Testsitzung

```
?-asserta(demo(a)).           ?-assertz(demo(a)).
?-asserta(demo(b)).           ?-assertz(demo(b)).
?-asserta(demo(c)).           ?-assertz(demo(c)).
?-listing(demo).              ?-listing(demo).
/* demo/1 */                  /* demo/1 */
demo(c)                         demo(a)
demo(b)                         demo(b)
demo(a)                         demo(c)
?-retract(demo(X)).           ?-retract(demo(X)).
?-listing(demo).              ?-listing(demo).
/* demo/1 */                  /* demo/1 */
demo(b)                         demo(b)
demo(a)                         demo(c)
?-abolish(demo, 1).           ?-abolish(demo, 1).
?-listing(demo).              ?-listing(demo).
yes                           yes
```

Beispiel: Realisierung des Prädikates „abolish"

```
neu_abolish(Name, Stelligkeit) :-
                functor(Praedikat, Name, Stelligkeit),
                loescheklausel(Praedikat).
loescheklausel(P) :- retract(P),
                     fail.
loescheklausel(P) :- retract((P:- Rumpf)),
                     fail.
loescheklausel(P).
```

Beispiel: Eingeben von Klauseln

```
neue_Klauseln :- wiederhole,
                 read(Text),
                 teste_und_assertz(Text).
teste_und_assertz(ende).
teste_und_assertz(Text) :- assertz(Text),
                           !, fail.
wiederhole.
wiederhole :- wiederhole.
```

Bemerkungen zu den Operatoren assert und retract

Diese Operatoren erlauben eine Manipulation der Prolog-Datenbank, das heißt ein Einfügen **assert** oder Löschen **retract** von Klauseln. Man muß sich jedoch über die Nebenwirkungen dieser Operatoren im klaren sein.

- Das Literal **assert(x)** gilt als unmittelbar bewiesen. Als Nebenwirkung dieses „Beweises" wird das Programm um die Klausel x erweitert.
- Das Literal **retract(x)** eliminiert *eine* Klausel aus dem Programm, die mit unifizierbar ist, oder schlägt fehl.
- Die Nebenwirkungen der Operatoren werden vom Backracking-Mechanismus nicht beeinflußt.

Hier ist ein Beispiel für den Einsatz des **assert**-Operators – ein Meta-Interpreter, der ein interaktives „Shell" zur Verfügung stellt: Es fragt Benutzer nach Information, die es für Beweise von Anfragen benötigt. Dazu sei zuvor mit dem Prädikat **askable** spezifiziert, welche nicht vom Interpreter beweisbaren Ziele (man beachte, wie die Reihefoge der **solve**-Klauseln ausgenutzt wird!) vom Benutzer zu erfragen sind. Antworten auf Fragen werden gespeichert. War die Antwort auf eine Frage nach A positiv (yes), so wird A zugesichert, sonst (no) untrue(A). Diese Information wird vom Prädikat **known** zur Vermeidung wiederholter Fragen nach dem gleichen Ziel verwendet:

```
solve(true).
solve([A, B]) :- solve(A), solve(B).
solve(A) :- clause(A, B), solve(B).
solve(A) :- askable(A), not(known(A)),
            ask(A, Answer), respond(Answer, A).
ask(A, Answer) :- display_query(A), read(Answer).
respond(yes, A) :- assert(A).
respond(no, A) :- assert(untrue(A)), fail.
known(A) :- A.
known(A) :- untrue(A).
display_query(A) :- write(A), write(" ? ").
```

Es liegt natürlich nahe, dieses „shell" so zu erweitern, daß es auch Rechtfertigungen für solche Fragen liefert, die der Benutzer mit der Gegenfrage „why?" beantwortet (dazu müssen lediglich die verwendeten Regeln zusätzlich memoriert und auf Anfrage entsprechend präsentiert werden).

Mit Hilfe von **assert** und **retract** können also Variablen beliebiger Art simuliert werden. Das Prolog-Programm selbst – die Klauselmenge, hier die Extension des Prädikats known – wird zur Repräsentation eines Zustandes verwendet. Die Operatoren **assert** und **retract** sind also Operatoren zur Transformation von Logik-Programmen.

Die Beweissuche zu einer Anfrage und einem gegebenen Prolog-Programm kann bei Verwendung von **assert** und **retract** Änderungen des Programms (und damit der zugehörigen logischen Theorie) nach sich ziehen. Der eigentlich Zweck der Logik-Programmierung – das Erstellen von Programmen, deren Eigenschaften direkt an ihnen ablesbar sind – ist in Gefahr. Die Semantik von allgemeinen Anfragen ist unverträglich mit der Semantik von Prolog-Anfragen:

- Die Reihenfolge und Prämissen von Klauseln werden ein entscheidender Aspekt des Programms – sie müssen mit der Reihenfolge der beabsichtigten Nebenwirkungen harmonieren.
- Die Nebenwirkungen von **assert** und **retract** werden nicht im Rahmen des Backtrackings rückgängig gemacht.

Dies liegt nicht zuletzt daran, daß die Operatoren, prozedural gesehen, *Programmtransformationen* darstellen, während sie, deklarativ gesehen, als *Zusicherung von Wahrheitswerten* aufzufassen sind.

Bei der Benutzung des oben beschriebenen interaktiven „Shells" kann also durchaus die Situation eintreten, daß ein im Verlauf der Interaktion als untrue memorierter Sachverhalt A aufgrund weiterer Programmtransformationen beweisbar und somit zusätzlich direkt zugesichert wird – eine materiale Inkonsistenz:[3] Stehen dann die fraglichen Zusicherungen in der Reihenfolge
A.
:
:
untrue(A).

in der Prolog-Datenbank, so gilt untrue(A) gewissermaßen als *voreingestellte* (und damit notorisch alogische) Zusicherung für den Wahrheitswert von A.

---

[3] Nicht jedoch eine formale Inkonsistenz, da dem System ja nicht bekannt ist, daß der Benutzer das Prädikat untrue als eine Form von Negation auffaßt!

7.5 Struktur-Prädikate

Struktur-Prädikate dienen dazu, den Datentyp eines Terms festzustellen.

atom(X)

Semantik	**atom** prüft, ob das Argument X mit einem nicht-numerischen Atom instanziiert ist.

Beispiele	```?- atom(otto).```
	yes
	```?- atom(15).```
	no
	```?- atom(A).```
	no

atomic(X)

Semantik	prüft, ob das Argument X mit einem Atom oder einer Zahl instanziiert ist.

Beispiele	```?- atomic(15).```
	yes
	```?- atomic(A).```
	no
	```?- A is 3+4, atomic(A).```
	A = 7
	yes

integer(X)

Semantik	prüft, ob das Argument X mit einer ganzen Zahl instanziiert ist.

Beispiele	```?- integer(50).```
	yes
	```?- integer(X).```
	no

nonvar(X)

Semantik	prüft, ob das Argument mit einem nicht-variablen Term instanziiert ist.

Beispiele	```?- nonvar(X).```
	no
	```?-nonvar(a, (X, Y)).```
	X= _G12
	Y=_G13
	yes

var(X)

Semantik	prüft, ob das Argument X eine nicht gebundene Variable ist.

Beispiele	`?-var(X).`
	`yes`
	`?-var(23).`
	`no`
	`?- X=Y, var(X).`
	`X=_G13`
	`yes`

struct(X)

Semantik	prüft, ob das Argument X eine Struktur ist.

Beispiele	`?- struct(b).`
	`no`
	`?- struct([a, b, c]).`
	`yes`

7.6 Vergleichsprädikate

Zum Termvergleich bietet Prolog eine Reihe von Prädikaten an, die in diesem Abschnitt kurz vorgestellt werden.

=

Syntax	**Term1 = Term2**
Semantik	Der Vergleich ist erfolgreich, wenn **Term1** und **Term2** unifizieren. Der Wert der ermittelten Variablen-Substitution steht für die nachfolgende Verarbeitung zur Verfügung.

Beispiele	```?- deutschland = D.```
	```D = deutschland```
	```yes```
	```?- deutschland=D, EG.```
	```no```

Bemerkung	Der Vergleich schließt den trivialen Identitätstest ein.

==

Syntax	**Term1 == Term2**
Semantik	Der Vergleich ist erfolgreich, wenn **Term1** und **Term2** gleich sind. Terms mit unterschiedlichen Variablen sind nicht gleich.

Beispiele	```?- p(a, b) == p(b, a).```
	```no```
	```?- p(a, b) == p(a, b).```
	```yes```

\=

Syntax	**Term1 \= Term2**
Semantik	Der Vergleich ist erfolgreich, wenn die Terms nicht unifizieren. Die Werte der Variablen sind anschließend nicht verfügbar.

Beispiele	```?- f(X) \= f(X).```
	```no```
	```?- p(a, X) \= p(b, Y).```
	```yes```

\==

Syntax	**Term1 \== Term2**
Semantik	Der Vergleich ist erfolgreich, wenn die Terms ungleich sind. Terms, die sich nur in den Variablen unterscheiden, sind nicht gleich.
Beispiele	```2-X \== X``` ```no```

compare

Syntax	**compare(Op, Term1, Term2)**

Semantik   **compare** vergleicht **Term1** und **Term2** entsprechend einer eingebauten Sortierfolge (Variable-Zahlen-Atome-Terme). **op** wird entsprechend dem Vergleichsergebnis mit <, = oder > instanziiert. Ist es bereits beim Aufruf entsprechend instanziiert, ist **compare** ein Test. **op(=, A, B) ist äquivalent zu A==B.**

Beispiele   ?-compare(Op, 'abc', [97,98,99]).
                op==
                yes
                ?-compare(=,[a],T).
                no

Beispiel: Die FOR-NEXT-Schleife und die ASCII-Tabelle

```
for(Laufvariable, Laufvariable, Ende).
for(Laufvariable, Anfang, Ende) :-
                        Anfang < Ende,
                        Next is Anfang + 1,
                        for(Laufvariable, Next, Ende).
ascii_code(Von, Bis) :-
                for(X, 1, 80),
                write('*'),
                X = 80,
                for(Y, Von, Bis),
                write(' '),
                put(Y),
                write(' '),
                Y >= Bis, nl,
                for(Z, 1, 80),
                write('*'),
                Z = 80, nl.
next(_) :- fail.
next :- fail.
```

Übungen zum Thema

1. Ermitteln Sie die Möglichkeiten einer Permutation durch die n-über-k-Berechnung.

2. Schreiben Sie ein Programm zur Berechnung der Fibonacci-Zahlen.

> *Richtiges Denken bezieht sich auf Ursache und Wirkung und führt zu logischer, konstruktiver Planung; verkehrtes Denken führt häufig zu innerer Spannung und nervösem Zusammenbruch.*
>
> *– Dale Carnegie –*

3 Logik

Thema 8

Grundlage

In diesem Abschnitt werden die wichtigsten Begriffe der Logik erläutert. Es werden auch einige Begriffe verwendet, die später ausführlicher behandelt werden.

Syntax

Der Begriff „Syntax" ist einer der zentralen Begriffe der Logik. Die Syntax gibt vor, wie logische Aussagen auszusehen haben. Hier sind Parallelen zur menschlichen Sprache zu ziehen. In der menschlichen Sprache gibt es ebenfalls bestimmte syntaktische Vorgaben, die in der Grammatik festgehalten sind und an die sich jeder, der diese Sprache benutzt, halten muß, um verstanden zu werden. In der Logik sieht es ähnlich aus. Die Syntax ist sozusagen die Grammatik der Logik.

Die Syntax im logischen Sinne gibt auf der einen Seite vor, wie logische Ausdrücke auszusehen haben, und auf der anderen Seite, wie aus diesen logischen Ausdrücken Schlüsse zu ziehen sind. Man könnte das mit den Grundrechenarten der Mathematik vergleichen. In den Grundrechenarten gibt es Symbole für Multiplikation, Division, Addition und Substraktion, die durch die Symbole $\times$, $\div$, $+$, $-$ gekennzeichnet sind. Für diese Grundrechenarten gibt es genaue Vorschriften. In der Logik ist dies genauso. Als Grundrechenarten könnte man hier das UND und das ODER bezeichnen, die durch die Symbole $\wedge, \vee$ dargestellt werden. Für diese beiden „Grundrechenarten" der Logik gibt es, wie in der Mathematik, genaue Regeln.

Neben diesen „Rechensymbolen" der Logik, die man Junktoren nennt, enthält die Syntax auch das Alphabet der Sprache. Auf das Alphabet wird im folgenden noch näher eingegangen.

Die in der Syntax verwendeten Symbole lassen keinen Schluß auf ihre Bedeutung zu. Hierzu ist die Semantik nötig. Aus diesem Grunde sind alle in der Syntax verwendeten Symbole mit Ausnahme der Junktoren gleichberechtigt.

Semantik

Die Semantik ist die Wissenschaft der semantischen Begriffe. Semantische Begriffe stellen die Beziehung zwischen sprachlichen und nicht-sprachlichen Elementen dar. Die Semantik erlaubt die Interpretation und Deutung der in der Syntax verwendeten Symbole.

Aus der Semantik kann man die Bedeutung der in der Syntax verwendeten Symbole ableiten. Hierzu ein kleines Beispiel:

Der Buchstabe „F" selbst hat, wenn er syntaktisch verwendet wird, keinerlei Bedeutung; genauer gesagt, es läßt sich keine eindeutige Bedeutung ableiten. Nur mit Hilfe der auf den entsprechenden Zusammenhang abgestimmten Semantik läßt sich eine Bedeutung erkennen. So kann der Buchstabe „F" z.B. das Symbol für den Platz eines Feuerlöschers sein oder als erster Buchstabe auf einem Nummernschild die Abkürzung für die Stadt Frankfurt symbolisieren.

Alphabet

Im Alphabet sind alle in der Syntax verwendeten Symbole enthalten. Es ist eine endliche Menge von allen in der Syntax erlaubten Symbolen. In der Syntax bzw. Semantik dürfen nur solche Symbole verwendet werden, die sich aus im Alphabet enthaltenen Zeichen zusammensetzen. Zusammengesetzte Zeichen des Alphabets nennt man Worte. Hierzu gehört aber auch das leere Wort.

Kalkül

Ein Kalkül ist ein Verfahren, das aus vorgegebenen „zulässigen" Zeichenketten neue „zulässige" Zeichenketten generiert. Ein Kalkül besteht aus mehreren Regeln, wobei die Anwendbarkeit und das Ergebnis jeder Regel exakt definiert sind. Es ist aber nicht definiert, in welcher Reihenfolge die Regeln angewandt werden. Wird jedoch eine Vorschrift hinzugefügt, in welcher Reihenfolge die Regeln angewandt werden sollen, so spricht man von einem *Algorithmus*.

Beispiel: Kettenregel

A → B	aus A folgt B
B → C	aus B folgt C
A → C	aus A folgt C

Logische Formel

Eine logische Formel ist eine aus syntaktischen Zeichen zusammengesetzte Formel, die einen Sachverhalt ausdrücken soll. Möchte man z.B. sagen „Jeder Deutscher ist ein Europäer", dann könnte man dies in einer logischen Formel darstelen:

$$\forall x (Dx \rightarrow Ex)$$

Wobei „$\forall x$" bedeutet: „für alle x gilt",und „$\rightarrow$" bedeutet impliziert, d.h., wenn die erste Bedingung zutrifft, dann trifft auch die zweite zu; D steht für Deutsche und E für Europäer.

Zusammenhang zwischen Syntax und Semantik

Die folgende Grafik verdeutlicht den Zusammenhang der Begriffe Syntax und Semantik. Die gesamte Semantik, die in diesem Bild durch W* gekennzeichnet ist, stellt die Wissensbasis dar. W ist der Teil der Wissensbasis, der für die Lösung eines bestimmten Problems benötigt wird.

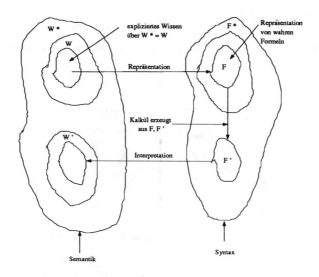

Abb. 12: Zusammenhang zwischen Syntax und Semantik

Beispiel: Suchverfahren

- Syntaktische Begriffe: Zustandsbaum, Problem, Situation
- Semantische Begriffe: Zustandsraum, Reduktionsraum, Spielraum
- Kalkül: Suchverfahren, Breitensuche, Tiefensuche, ...

Korrekt $\iff$ Lösungspfad im Suchbaum; Lösungspfad im Suchraum

Vollständig $\iff$ wenn der Lösungspfad im Suchraum gilt,
dann findet das Verfahren den Lösungspfad im Suchbaum
(jedes Gewinnspiel kann berechnet werden)

Beweisverfahren
In der Logik gibt es zwei bedeutende Verfahren der Beweisführung, nämlich der semantische und der syntaktische Beweis.

Semantische Methode (Modell-Theorie)

Man untersucht die Relation zwischen logischen Sätzen bezüglich ihres Wahrheitswertes durch Vergleich mit externem Domain. Den semantischen Beweis führt man mit Hilfe einer Wahrheitstafel durch. Die Wahrheitstabellen werden unter dem Thema Aussagenlogik vorgestellt.

Das verwendete Vokabular ist hier:

wahr, falsch, Interpretation, erfüllbar, Modell, Implikation, semantische Konsequenz.

Syntaktische Methode (Beweis-Theorie)

Man untersucht logische Sätze bezüglich ihrer Ableitbarkeit von anderen Sätzen unter Benutzung der Inferenzregeln. Die wichtigsten Inferenzregeln sind: Modus Ponens, Resolutionskalkül und Herbrandskalkül.

Das hierzu verwendete Vokabular ist:
Axiom, Inferenz, Theorem, Beweis, Konsistenz, syntaktische Konsequenz.

Abb. 13 veranschaulicht den Zusammenhang zwischen den beiden Beweismethoden.

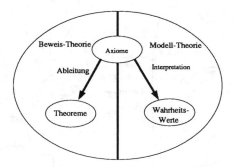

Abb. 13: Zusammenhang zwischen den Beweismethoden

8.1 Axiomensysteme

Was heißt „axiomatisieren"?

Dieser Begriff bedeutet, Formeln zu finden, die eine Situation und deren Eigenschaften mittels einer ausgewählten Sprache beschreiben. Daraus lassen sich dann weitere Formeln ableiten. Also kann man sich unter einem Axiomensystem eine Menge von Formeln vorstellen, aus der alle anderen für die Situation gültigen Formeln folgen.

Ein Axiomensystem besteht aus folgenden drei Komponenten:

- einer Sprache
- Axiomen
- Inferenzregeln

Durch die Wahl der Sprache wird festgelegt, mit welchen Sprachelementen das Axiomensystem ausgerüstet ist. Syntax und Semantik der Sprache sind damit definiert. Typische Beispiele aus der Logik sind die Sprache der Aussagenlogik oder die Sprache der Prädikatenlogik. Natürlich ist es möglich, auch die natürliche Sprache als Sprachkomponente des Axiomensystems zu wählen, wobei Syntax und Semantik genau definiert sein müssen. Im folgenden beziehen wir uns auf die Sprache der Prädikatenlogik.

Axiome sind mathematische Aussagen (Sätze), die zwar als grundsätzlich akzeptiert werden, dennoch aber unbeweisbar sind. Z.B. kann man nicht beweisen, daß „durch zwei Punkte genau eine Gerade geht", auch wenn dieser Satz einleuchtend erscheint. Andererseits ist das Gegenteil dieses Satzes zumindest mathematisch denkbar, auch wenn es unserer Anschauung zu widersprechen scheint. Deshalb ist man heute von der Bedeutung der Axiome als „Grundtatsachen der Wirklichkeit" abgekommen und faßt sie vielmehr als unbeweisbare *Grundsätze einer Theorie* auf.

Inwieweit diese Theorie dann geeignet ist, die Wirklichkeit zu beschreiben, bleibt dahingestellt. Natürlich erhält eine Theorie mehr als Axiome, denn sie braucht Zeichen, d.h. eine Sprache, und Ableitungsregeln, mit deren Hilfe man aus den Axiomen Formeln gewinnen kann. Aussagen, die aus den Axiomen hergeleitet werden und diese beweisen müssen, heißen in der Mathematik Lehrsätze oder *Theoreme*.

Inferenzregeln sind Vorschriften, die das rein formale Operieren mit logischen Zeichen beschreiben. Ihr allgemeiner Aufbau sieht wie folgt aus:

$$\frac{S_1, \cdots S_n}{S} \quad \text{mit } S_1, \cdots S_n.S \text{ als Formelmenge}$$

Diese Darstellungsform zeigt, daß S aus $S_1, \cdots S_n$ folgt. Die Formeln oberhalb der Linie, also $S_1, \cdots S_n$, stellen die Prämisse dar, unterhalb der Linie steht die Konklusion S. Die Inferenzregeln müssen korrekt sein, d.h., die Konklusion muß aus der Prämisse logisch folgen. Sind diese Regeln korrekt aufgestellt, lassen sich nun weitere Formeln ableiten. Typische Beispiele für Inferenzregeln sind Einführungs-, Eliminierungsregeln und Modus Ponens. Ein Beispiel für das Modus Pones:

$$\frac{P \quad\quad P \to Q}{Q} \quad\quad \begin{array}{l}\text{wenn } P \text{ wahr ist} \\ \text{aus } P \text{ folgt } Q \\ \text{dann ist } Q \text{ wahr}\end{array}$$

Es sei weiter erwähnt, daß die Auswahl der Axiome und der Inferenzregeln auf keinen vorgeschriebenen Gesetzmäßigkeiten basiert. Die Wahl wird weitgehend der Willkür überlassen. Doch man stellt bestimmte Forderungen an ein Axiomensystem. Das sind:

- *Widerspruchsfreiheit*
  Das heißt, daß sich aus ihm nicht ein Satz und gleichzeitig dessen Gegenteil (Negation) ergeben darf. Das Auftreten eines solchen Widerspruchs weist immer auf ein unbrauchbares Axiomensystem hin.

- *Vollständigkeit*
  Ein nachträglich aufgestelltes Axiomensystem muß vollständig sein. Alle Sätze der Theorie müssen sich aus ihm ableiten lassen. Ist auch nur ein einziger nicht ableitbar, muß das System erweitert werden.

- *Unabhängigkeit*
  Es sollte kein Axiom dabei sein, das sich aus den anderen herleiten läßt. Man könnte es ja sonst einfach streichen. Diese Forderung ist jedoch nicht so streng. Manchmal erweist es sich sogar als praktisch, solch ein überzähliges Axiom zu verwenden, wenn sich dadurch die Herleitungen wesentlich vereinfachen. In der Geometrie z.B. erleichtert der Satz von der Innenwinkelsumme eines Dreiecks viele Beweise, wenn man ihn als Axiom benutzt.

- *Entscheidbarkeit*
  Die hergeleiteten Ausdrücke müssen formal feststellen lassen, ob sie wahr oder falsch sind.

Beispiel: Das Axiomensystem repräsentiert die Prüfungsordnung einer Hochschule. Die Sprache ist die der natürlichen Sprache. Folgende Axiome werden festgelegt:

A_1:   Jeder, der eine Prüfung in Prolog bestanden hat, hat den Prolog-Schein.

A_2:   Jeder, der den Prolog-Schein hat, ist zur Diplom-Prüfung zugelassen.

A_3:   Hilde hat die Prüfung in Prolog bestanden.

Als Inferenzregel wird der Modus Ponens (MP) gewählt. Die Ableitung sieht wie folgt aus:

1:      Hilde hat den Prologschein A_1, A_3, MP

2:      Hilde ist zur Prüfung zugelassen   1, A_2, MP

Dieses Beispiel stellt nur einen möglichen Teilbereich einer Prüfungsordnung dar. Natürlich bedarf es weiterer Axiome, um neue Schlußfolgerungen zu ziehen.

Glaube ist Liebe zum Unsichtbaren,
Vertrauen aufs Unmögliche.

– Johann Wolfgang von Goethe –

4 Aussagenlogik

Die Aussagenlogik ist ein Teilgebiet der mathematischen Logik, die von Aristoteles begründet und zunächst der Philosophie zugeordnet wurde. Beginnend mit den Arbeiten von De Morgan, Boole und Ferege Mitte des letzten Jahrhunderts wurde die mathematische Logik jedoch formalisiert und kann als mathematische Theorie betrachtet werden. Die Aussagenlogik ist eine zweiwertige Logik, weil jede Aussage nur zwei Werte, nämlich wahr oder falsch, annehmen kann.

Aussagen können miteinander verknüpft werden; aus diesen Verknüpfungen können Schlußfolgerungen gezogen und Gesetzmäßigkeiten abgeleitet werden. Eine Aussage wird in der Aussagenlogik als ein nicht weiter zerlegbares Gebilde betrachtet, das nur durch seine Wahrheit gekennzeichnet ist. Die innere Struktur der Aussage wird untersucht: Dies ist Aufgabe der Prädikatenlogik, die in der Hierarchie der Logik der Aussagenlogik nachfolgt. Vergleichbar ist dieser Sachverhalt mit der Chemie, wo zunächst mit Atomen (Aussage) gearbeitet wird, die sich zu Molekülen (Aussagenverknüpfung) verbinden und bestimmte Gesetzmäßigkeiten zeigen. Wie das Atom aufgebaut ist, also der Zusammenhang von Kern und Hülle, wird zunächst nicht berücksichtigt. Er wird erst untersucht, wenn er benötigt wird (Prädikatenlogik).

Bevor im folgenden ein Axiomsystem für die Aussagenlogik aufgebaut wird, werden grundlegende Begriffe und aussagenlogische Verknüpfungsmöglichkeiten näher erläutert.

Aussagen

Eine Aussage ist eine Behauptung, bei der es sinnvoll ist zu fragen, ob sie „wahr" oder „falsch" ist. Wahre Aussagen sind z.B.:

- Der Mensch ist sterblich
- Ein Quadrat hat vier Seiten
- $3 \times 2 = 6$

Falsche Aussagen sind z.B.:

- Sokrates war ein Deutscher
- Der Mond ist viereckig
- $16 \div 4 = 5$

Solche Aussagen können ohne weiteres in Prolog-Fakten umgesetzt werden:
- `ist_sterblich(,,Mensch'')`.
- `ist_vierseitig(,,Quadrat'')`. usw.

Es gibt sprachliche Gebilde, bei denen man nicht in sinnvoller Weise einen Wahrheitswert zuordnen kann. Hier einige Aussprüche, die keine Aussagen sind:
- Aufforderungen: komm zu mir!
- Namen: Multiplikation
- Fragen: Geht es Dir gut?

Aussageform

Man verwendet auch hier „Aussagevariablen" (Atom) und bezeichnet sie mit Kleinbuchstaben $a, b, c, \cdots$. Das sind Zeichen, die nicht eine bestimmte Aussage bedeuten, sondern die als Platzhalter für Aussagen stehen und nur durch Aussagen sinnvoll ersetzt werden. Eine Aussageform ist ein sprachliches Gebilde, das mindestens eine Variable enthält und nach Ersetzung der Variablen in eine wahre oder falsche Aussage übergeht, z.B.:

- X ist eine Primzahl
- Y ist eine europäische Stadt

Es gibt erfüllbare und unerfüllbare Aussageformen. Aussageformen, die mindestens für eine Ersetzung eine wahre Aussage ergeben, nennt man erfüllbare, die anderen unerfüllbare Aussageformen. Die erfüllbaren Aussageformen können

- allgemein gültig sein, wenn sie für alle Ersetzungen in eine wahre Aussage übergehen;
- teilgültig sein, wenn sie für eine Ersetzung, nicht jedoch für alle Ersetzungen in eine wahre Aussage übergehen.

Aussagelogische Verknüpfungen

Mit Hilfe sogenannter *Junktoren*:

$$UND(\wedge, \&, konjunktion), ODER(\vee, ;, Disjunktion), wenn \cdots, dann(\rightarrow, Implikation),$$
$$genaudann, wenn(g.d.w., iff, \leftrightarrow, Äquivalenz), Negation(nicht, \neg)$$

können mehrere atomare Aussagen zu einer komplexen zusammengesetzten Aussage, die auch Formel (engl. *well formed formula*, wff) genannt wird, miteinander verknüpft werden. Beispiele:

- es ist warm ∨ es ist kalt
  Lies: Es ist warm oder kalt.
- es ist warm → ¬ es ist kalt
  Lies: Wenn es warm ist, folgt daraus, daß es nicht kalt ist.
- es ist warm ∧¬es regnet → es ist ein schöner Tag
  Lies: Wenn es warm ist und es nicht regnet, folgt daraus, daß es ein schöner Tag ist.

Vereinfacht:
- $P \vee Q$
- $P \rightarrow Q$
- $[P \wedge \neg R] \rightarrow S$

Die Wahrheit der neu gebildeten zusammengesetzten Aussage hängt nur von den Wahrheitswerten der in ihr vorkommenden Teilaussagen (atomaren Aussagen) ab. Dies wird in der Aussagenlogik *Extensionalitäts-Prinzip* der Aussagenlogik genannt.

Hauptaufgabe der Aussagenlogik ist es nun zu untersuchen, welche Aussagen aufgrund ihrer logischen Zusammensetzung wahr oder falsch sind und welche Beziehungen die Aussagen untereinander haben.

Thema 9

Axiomsysteme in der Aussagenlogik

Wie bereits definiert wurde, besteht ein Axiomsystem aus:

- Syntax der Sprache
- Semantik der Sprache
- Logischen Axiomen
- Inferenzregeln

In diesem Abschnitt wird ein Axiomsystem für Aussagenlogik aufgebaut.

9.1 Syntax der Aussagenlogik

Die Syntax des Axiomsystems enthält die vereinbarte Symbolik des Systems sowie die Grammatik, nach der Aussagen gebildet werden können. Die formalisierten Elemente dieses Systems werden Formeln genannt. Die Syntax beschäftigt sich also mit der rein formalen, strukturellen Zusammensetzung von Formeln und deren Transformationsmöglichkeiten. Im folgenden werden diese Symbole definiert.

Aussagenvariablen
Ein Atom stellt ein nullstelliges Prädikat dar. Es entspricht einer elementaren logischen Aussage, d.h. ohne Verknüpfungen.

Literal
Unterscheidet man die Atome nach positiven oder negativen Aussagenvariablen, so enthält man ein Literal. Ein Literal ist also z.B. sowohl die Variable P als auch deren Negation $\neg P$.

Klauseln
Eine Klausel ist eine Disjunktion von Atomen oder, anders ausgedrückt, eine endliche, möglicherweise leere Menge von Literalen. Beispiel in Mengenschreibweise:

$$\{\{P\}, \{P, Q\}, \{Q, R\}, \{R\}\}$$

Hornklauseln
Das sind Implikationen, die nur eine Atomformel als Konklusion und mehrere durch „UND" verknüpfte Atomformeln als Prämissen enthalten dürfen. Die Formeln dürfen keine „ODER", „Negation", „Äquivalenz" enthalten. Diese Teilmenge der Aussagenlogik wird Hornlogik genannt. Sie enthält nur Klauseln mit höchstens einem positiven Literal, die sogenannten Hornklauseln.

Es gibt vier zulässige Typen von Hornklauseln:

1. Allgemeine Hornklauseln

$$P \leftarrow Q_1 \wedge Q_2, \cdots Q_n \quad n \geq 1$$

Sie stellen in Prolog die Regeln dar.

2. Hornklausel ohne Rumpf (keine Prämissen)

$$P \leftarrow$$

Sie stellt in Prolog die Fakten dar.

3. Hornklausel ohne Kopf (keine Konklusion)

$$\leftarrow Q_1 \wedge Q_2 \cdots Q_n \quad n \geq 1$$

Sie stellen in Prolog die Anfragen dar.

4. Leere Hornklausel

$$\leftarrow$$

Diese Klauseln sind immer falsch und entsprechen in Prolog dem Konstrukt „fail".

Konjunktive Verknüpfung

Eine aussagenlogische Formel liegt als Konjunktive Normalform **KNF** vor, wenn sie die Gestalt einer Konjunktion $P_1 \wedge P_2 \wedge P_3 \cdots P_n$ hat, wobei deren einzelne Glieder ($P_1 - P_n$) Disjunktionen der Form $P_{11} \vee P_{12} \vee P_{13} \cdots P_{1m}$ sind. Die Glieder der Disjunktionen müssen Aussagenvariablen oder Negationen von Aussagenvariablen sein, also: eine Konjunktion von Disjunktionen von Literalen.
Beispiel:

$$(P \vee Q) \wedge (\neg P \vee Q \vee R) \wedge (P \vee \neg R)$$

Disjunktive Verknüpfung

Eine aussagenlogische Formel liegt als Disjunktive Normalform **DNF** vor, wenn sie die Gestalt einer Disjunktion $P_1 \vee P_2 \vee P_3 \cdots P_n$ hat, wobei deren einzelne Glieder ($P_1 - P_n$) Konjunktionen der Form $P_{11} \wedge P_{12} \wedge P_{13} \cdots P_{1m}$ sind. Die Glieder der Konjunktionen müssen Aussagenvariablen oder Negationen von Aussagenvariablen sein, also: Disjunktionen von Konjunktionen von Literalen.
Beispiel:

$$(P \wedge Q) \vee (\neg P \wedge Q \wedge R) \vee (P \wedge \neg R)$$

Transformation einer Formel in KNF oder DNF

Eine Formel kann durch folgendes Verfahren in konjunktive oder disjunktive Normalform gebracht werden.

1. Eliminierung aller in der Formel enthaltenen Implikationen und Äquivalente mit Hilfe der zwei Äquivalenz-Regeln:
$P \rightarrow Q \equiv (\neg P \vee Q)$
$P \leftrightarrow Q \equiv ((\neg P \vee Q) \wedge (\neg Q \vee P))$

2. Auflösung aller noch vorkommenden Teilformeln der Gestalt $\neg(P \wedge Q)$ oder $\neg(P \vee Q)$ mit Hilfe der Äquivalenz-Regel De Morgan:
$\neg\neg(P \wedge Q) \equiv \neg(\neg P \vee \neg Q)$
$\neg(P \vee Q) \equiv (\neg P \wedge \neg Q)$

3. Reduzierung aller in der Formel enthaltenen doppelten Negationen mit Hilfe der Äquivalenz-Regel Doppel-Negation:
$\neg\neg P \equiv P$

4. Auflösung aller in der Formel enthaltenen Teilformeln der Gestalt $P \wedge (Q \vee R)$ oder $P \vee (Q \wedge R)$ mit der Äquivalenz-Regel Distribution:
$(P \wedge (Q \vee R)) \equiv ((P \wedge Q) \vee (P \wedge R))$
$(P \vee (Q \wedge R)) \equiv ((P \vee Q) \wedge (P \vee R))$
Nach Ausführung dieser vier Schritte liegt die Formel in konjunktiver oder disjunktiver Normalform vor.

Beispiel für Transformation in KNF:

$(P \rightarrow Q) \rightarrow (\neg R \rightarrow (S \wedge T))$

1. $\neg(P \rightarrow Q) \vee (\neg R \rightarrow (S \wedge T))$
   $\neg(\neg P \vee Q) \vee \neg\neg R \vee (S \wedge T))$
2. $[\neg\neg P \wedge \neg Q] \vee [\neg\neg R \vee [S \wedge T]]$
3. $[P \wedge \neg Q \vee [R \vee [S \wedge T]]$
4. $[P \wedge \neg Q] \vee [[R \vee S] \wedge [R \vee T]]$
   $\{P \vee [(R \vee S) \wedge (R \vee T)]\} \wedge \{\neg Q \vee [(R \vee S) \wedge (R \vee T)]\}$
   $\{[P \vee (R \vee S)] \wedge [P \vee (R \vee T)]\} \wedge \{[\neg Q \vee (R \vee S)] \wedge [\neg Q \vee (R \vee T)]\}$

Matrizenverfahren

Das Matrizenverfahren, auch „Konnektionsmethode" genannt, verzichtet auf die Erzeugung neuer Formeln; statt dessen wird die Widersprüchlichkeit der untersuchten Formel direkt aus ihrer inneren Struktur abgeleitet. Um die Grundidee zu erläutern, beschränken wir uns auf aussagenlogische Formeln in konjunktiver Normalform.

Die Formeln werden als zweidimensionale Schemata-Matrizen dargestellt, die im Grunde nichts anderes als eine andere Schreibweise für Formeln in Negations-Normalform (**NNF**) sind, wobei Konjunktionen vertikal und Disjunktionen horizontal notiert werden und dabei Junktoren sowie – gemäß Konvention – die Klammern weggelassen werden. Beim Matrixverfahren wird die Formel-Matrix einmal zu Beginn festgelegt und dann nur noch notiert, welche Pfade durch die Matrix komplementär sind. Der Ableitungs-Prozeß besteht also im Generieren neuer Pfade statt neuer Formelmengen als Zustände des Suchraums.

Die Matrix zu einer Formel G in Negations-Normalform definieren wir induktiv folgendermaßen:

- Ist G ein Literal, so ist $[G]$ die Matrix zu G.
- Ist G eine Disjunktion $(k_1 \vee \cdots k_n)$ mit n≥ 2, wobei alle k_i Konjunktionen oder Literale sind, so ist $[M_1 \cdots M_2]$ die Matrix zu G, wenn jeweils M_i die Matrix zu k_i bezeichnet.
- Ist G eine Konjunktion$(D_1 \wedge \cdots D_n)$ mit $n \geq 2$, wobei alle D_i Disjunktione oder Literale sind, so ist $\begin{bmatrix} M_1 \\ \vdots \\ M_n \end{bmatrix}$ die Matrix zu G, wenn jeweils M_i die Matrix zu D_i bezeichnet.

Ist X eine endliche Menge von Formeln in NNF, so ist die Matrix zu X durch die Matrix der Konjunktion aller Formeln aus X definiert.

Beispiel:

a) Die Matrix zu der Formel

$P \wedge (Q \vee S) \wedge (\neg P \vee (\neg Q \wedge R)) \wedge (Q \vee \neg S)$

sieht folgendermaßen aus:

$$\begin{bmatrix} & P & \\ Q & & S \\ & & \neg Q \\ \neg P & & \\ & & R \\ Q & & \neg S \end{bmatrix}$$

Eine Matrix repräsentiert *positiv* eine Formel in DNF:

$(\neg P \land Q \land R) \lor (\neg Q \land \neg R) \lor (P \land Q)$

in Matrixform:

$$\begin{bmatrix} \neg P & \neg Q & P \\ Q & \neg R & Q \\ R & & \end{bmatrix}$$

Die *negative* Matrix stellt die Negation der Klausel:

$\neg((\neg P \land Q \land R) \lor (\neg Q \land \neg R) \lor (P \land Q))$

$(P \lor \neg Q \lor \neg R) \land (Q \lor R) \land (\neg P \lor \neg Q)$

Man erhält die negative Matrix durch Drehen der positiven Matrix um 90° gegen den Uhrzeigersinn und eine Vertauschung der Vorzeichen der Elemente, d.h. Negieren der Elemente mit ¬.

Die Horn-Matrix

Eine Horn-Matrix stellt die Umsetzung einer Hornklausel in einer Matrix dar. Man erkennt sie daran, daß sie in der positiven Darstellung nur 1 positives Literal und in der negativen Darstellung nur 1 negatives Literal (positive Darstellung: Spalten in der DNF, Zeilen in der KNF; negative Darstellung umgekehrt) aufweist. Beispiele:

b) KNF: $P \land (\neg P \lor Q) \land (\neg Q \lor R) \land (\neg R)$

KNF positiv: $\begin{bmatrix} P & \\ \neg P & Q \\ \neg Q & R \\ \neg R & \end{bmatrix}$
KNF negativ: $\begin{bmatrix} R & Q & P & \neg P \\ & & \neg R & \neg Q \end{bmatrix}$

c) DNF $P \lor (\neg P \land Q) \lor (\neg Q \land R) \lor (\neg R)$

DNF positiv: $\begin{bmatrix} P & \neg P & \neg Q & \neg R \\ & Q & R & \end{bmatrix}$
DNF negativ: $\begin{bmatrix} R & \\ Q & \neg R \\ P & \neg Q \\ \neg P & \end{bmatrix}$

Prolog-Schreibweise: $\begin{bmatrix} R & \\ Q & :- & R \\ P & :- & Q \\ & :- P & \end{bmatrix}$

Pfad durch eine Matrix

M sei eine Matrix, dann ist ein (vollständiger) Pfad durch M eine Liste von Literalen, die entsteht, wenn aus jeder Zeile der Matrix eine Untermatrix ausgewählt und damit wie folgt verfahren wird:

- Enthält diese Untermatrix nur ein Literal, so füge es bereits gebildeten Listen hinzu.

- Steht dort eine Matrix M' mit einer Konjunktion oder Disjunktion, so wähle einen vollständigen Pfad durch M' und füge alle Literale dieses Pfades den bereits gebildeten Listen hinzu.

Im Beispiel a) sind sowohl $(P, Q, \neg P, Q)$ als auch $(P, Q, R, \neg S)$ Pfade durch diese Matrix, nicht aber $(P, Q, \neg Q, \neg S)$. Eine Pfad heißt komplementär, wenn er ein komplementäres Literalpaar enthält. Eine Matrix heißt komplementär, wenn alle ihre vollständigen Pfade komplementär sind.

9.2 Semantik der Aussagenlogik

Die Semantik des Axiomsystems enthält die Bedeutung der Sätze bzw. deren Interpretation, die Zuordnung des Wahrheitswertes zu Aussagen. Der Wahrheitswert einer Aussage hängt grundsätzlich von den Wahrheitswerten der Atomaussagen ab. Entweder ist die zusammengesetzte Aussage wahr oder falsch. Dabei ist unwichtig, ob die Elementaraussagen faktisch wahr oder falsch sind; wichtig ist, daß sie logisch wahr oder falsch sind. Beispiele:

faktisch wahr:	$4 + 5 = 9$
logisch wahr:	$4 + 5 = 9$ oder $2 + 5 \neq 9$
faktisch falsch:	$4 + 5 = 8$
logisch falsch:	$4 + 5 = 8$ und $2 + 5 \neq 9$

Im folgenden wird die Semantik der Aussagenlogik weiter erläutert.

Interpretation
Die Zuordnung einer Wahrheit zu einer Elementaraussage wird als „Belegung der Variablen" oder als Interpretation bezeichnet.

Hans ist ein Mann := wahr

Hans ist eine Frau := falsch

Hans ist ein Mann & $\neg$(Hans ist eine Frau) := wahr

Definition der Junktoren durch Wahrheitstabellen
Anders als bei den Aussagen, bei denen die Bedeutung der Aussagen (wahr/ falsch) vom jeweiligen Zusammenhang abhängt (z.B. bei der Aussage „Es regnet" hängt der Wahrheitswert vom Ort und Zustand der Aussage ab), hängt die Bedeutung der Junktoren nur von den Wahrheitswerten der einzelnen Aussagen ab und nicht von deren Inhalt. Aus diesem Grund kann man Junktoren mit Hilfe von Wahrheitstabellen definieren, die sich ausschließlich auf die Wahrheitswerte beziehen und vom Kontext der Aussagen unabhängig sind.

Q	P	$\neg$Q	Q$\wedge$P	P$\vee$Q	P$\rightarrow$Q	Q$\leftrightarrow$P
w	f	f	f	w	f	f
w	w	f	w	w	w	w
f	w	w	f	w	w	f
f	f	w	f	f	w	w

Abb. 14: Wahrheitstabelle

Bemerkungen:

- Die Negation der Aussage: „Der Vogel ist weiß" lautet nicht „Der Vogel ist schwarz", sondern „Er kann also auch schwarz, braun, gelb und ... sein".

- Der Satz „Sie ist nicht nur schön, sondern auch klug" kann formuliert werden: „Sie ist schön und sie ist klug".

- Bemerkenswert bei der Implikation ist: Wenn die erste Aussage (Prämisse) falsch ist, dann ist die ganze Aussage wahr, da die Konklusion keiner Bedingung unterworfen ist.
  A = Der Mond ist eckig,
  B = Der Käse ist grün
  $A \to B$ ist eine wahre Aussage, weil durch die falsche Aussage von A die Gültigkeit von B nicht geprüft wird.
  $A \to B = (\neg A) \vee B$
  $= \neg A \vee \neg(\neg B)$
  $\neg B \to \neg A$
  Beispiel:
  „Wenn es regnet, dann wird die Ernte wachsen"
  ist äquivalent zu:
  „Wenn die Ernte nicht wächst, dann hat es nicht geregnet".
  Es ist nicht richtig zu sagen:
  „Wenn die Ernte wächst, dann hat es geregnet".

- Die Aussage „Genau dann, wenn der Schalter geschlossen ist, fließt ein Strom" bedeutet: „Wenn der Schalter geschlossen ist, so fließt ein Strom, und wenn ein Strom fließt, so ist der Schalter geschlossen".

Modell einer Formel

Unter Anwendung der Wahrheitstafel für die Junktoren kann eine Formel für jede mögliche Interpretation, genau ein Wahrheitswert (wahr oder falsch), zugeordnet werden. Eine Interpretation, unter der die eine Formel wahr ist, wird Modell der Formel genannt.

Beispiel: $(A \vee B) \wedge (A \vee \neg B)$

Es sind zwei verschiedene Aussagenvariablen, also gibt es $2^2 = 4$ mögliche Interpretationen:

$\alpha = \{ f, f \}$; $\beta = \{ f, w \}$; $\gamma = \{w, f\}$; $\delta = \{w, w\}$

Bei Formeln mit nur wenigen Aussagenvariablen gibt es ein sinnvolles Verfahren, mit dem man den Wahrheitswert der gesamten Formel bestimmen kann. Dieses Verfahren heißt „Methode der Wahrheitstafeln". Dabei wird die ganze Formel in Teilformeln zerlegt und zunächst deren Wahrheitswerte ermittelt. Danach kann man dann durch Verknüpfungen der Teilformeln den Wahrheitswert für die ganze Formel bestimmen.

A	B	A∨B	A ∨ ¬B	(A∨B)∧ (A∨ ¬B)
w	w	w	w	w
w	f	w	w	w
f	w	w	f	f
f	f	f	w	f

Unter den beiden Interpretationen: γ = { A = wahr, B = falsch } und δ = { A = wahr, B = wahr } wird die Gesamtformel wahr, also sind diese beiden Interpretationen Modell der Formel.

Erfüllbarkeit einer Formel

Eine Formel heißt erfüllbar, wenn es für sie mindestens ein Modell der Formel gibt. Beispiel:

a) Hans ist ein Mann & (Hans ist eine Frau) := falsch

α = {(Hans ist ein Mann) := wahr
(Hans ist eine Frau := falsch}

b) Hans ist ein Mann $\rightarrow$ $\neg$(Hans ist eine Frau) := wahr

α erfüllt b), aber nicht a)

Wenn es kein solches Modell gibt, dann heißt die Formel *unerfüllbar*.

Konsistenz einer Menge

Gegeben sei eine Menge von Formeln S mit der Variablenmenge $V = \{P_1, P_2, \cdots P_n\}$. Eine Interpretation α heißt *konsistent* zu S, wenn alle Formeln unter der Interpretation α wahr sind.

Beispiel: $S = \{P \vee Q, \neg P \vee \neg Q\}$; $V = \{P, O\}$

P	Q	P $\vee$ Q	$\neg$P $\vee$ $\neg$Q
f	f	f	w
f	w	w	w
w	f	w	w
w	w	w	f

Die Interpretationen α = { f, w } und β = { w, f } sind konsistent zu S, da alle Formeln von S (hier: $P, Q, P \vee Q$ und $\neg P \vee \neg Q$) unter den beiden Interpretationen α, β wahr sind.

Eine Menge S von Formeln heißt konsistent, wenn es mindestens eine konsistente Interpretation gibt. In diesem Beispiel wäre S konsistent.

Logische Konsequenz

Eine Formel F ist eine logische Konsequenz einer Menge von Formeln S, wenn F in allen Interpretationen von S erfüllbar ist. Eine logische Konsequenz stellt einen semantischen Beweis einer Theorie dar. Man versucht, mit Hilfe von Inferenzregeln und bereits abgeleiteten Theoremen die Gültigkeit einer Theorie zu beweisen. Die Notation für die logische Konsequenz ist:

$$S \models F$$

z.B. $\{ Q \vee P, \neg Q \} \models P$

Beweis:

Q	P	Q∨P	¬Q	P
w	w	w	f	w
w	f	w	f	f
f	w	w	w	w	← √
f	f	f	w	f

√ identifiziert die Interpretation, die $Q \vee P, \neg Q$ und P wahr macht.

Theorie

Sind $A_1, A_2, \cdots A_n$ logische Formeln, dann heißt die Gesamtheit aller Formeln, die aus $A_1, A_2, \cdots A_n$ abgeleitet werden können, aussagenlogische Theorie bezüglich des Axiomsystems $A_1, A_2, \cdots A_n$. Alle Formeln, die daraus abgeleitet werden, heißen Sätze oder *Theoreme* der Theorie.

Nehmen wir an, es seien die beiden Axiome $A_1 : P \rightarrow Q$ und $A_2 : P$ gegeben. Dann ist Q eine Theorie der Theoreme bezüglich der Axiome, denn $P \rightarrow Q$ und P bilden das Modus Ponens.

Jede Interpretation der Aussagenvariablen $P_1, P_2, \cdots Pn$ einer Theorie, bei der alle Axiome den Wahrheitswert wahr annehmen, heißt *Modell der Theorie*. Eine Theorie heißt konsistent, wenn sie mindestens ein Modell besitzt. Ein Modell heißt *inkonsistent*, wenn es kein Modell besitzt oder anders gesagt, wenn für jede Formel F gilt: $Th \models F$ und $Th \models \neg F$.

Tautologie

Eine aussagenlogische Formel heißt Tautologie oder logisch gültig, wenn alle möglichen Interpretationen Modell der Formel sind, also unter allen Interpretationen die Formel wahr wird. Notation einer Tautologie ist:

$$\models F$$

Beispiele:

a. Die Formel F = Hans ist ein Mann $\vee$ ¬(Hans ist ein Mann) ist eine Tautologie, denn alle möglichen Interpretationen $\alpha = \{w\}$ und $\beta = \{f\}$ machen die Formel wahr.

b. Die Formel $F = (A \vee B, \neg A) \models B$ ist eine Tautologie, für alle möglichen Interpretationen von B.

Einige Tautologien:

a. $\models A \wedge (A \rightarrow B) \rightarrow B$
b. $\models \neg B \wedge (A \rightarrow B) \rightarrow \neg A$
c. $\models (A \rightarrow B) \rightarrow ((A \vee C) \rightarrow (B \vee C))$

Prüfen von Tautologien:

Es gibt drei verschiedene Verfahren, um zu prüfen, ob eine Formel eine Tautologie ist oder nicht.

1. Wahrheitstafel

2. Boolesche Algebra

3. Normalformen

Die drei verschiedenen Verfahren werden anhand des Beispiels erklärt:

$$\models ((P \to Q) \land P) \to Q$$

1. Wahrheitstabelle

P	Q	P → Q	(P → Q)∨P	((P → Q)∨ P → Q
f	f	w	f	w
f	w	w	f	w
w	f	f	f	w
w	w	w	w	w

Wie man sieht, ist die Formel unter allen Interpretationen wahr; es handelt sich also um eine Tautologie.

2. Benutzung der Booleschen Algebra

$(P \land (P \to Q)) \to Q$
$\neg (P \land (\neg P \lor Q)) \lor Q$
$(\neg P \lor (P \land \neg Q)) \lor Q$
$((\neg P \lor P) \land (\neg P \lor \neg Q)) \lor Q$
$(wahr \land (\neg P \lor \neg Q)) \lor Q$
$\neg P \lor \neg Q \lor Q$
$\neg P \lor wahr$
$wahr$

3. Normalform

Eine aussagenlogische Formel in KNF ist genau dann eine Tautologie, wenn in jedem Konjunktionsglied mindestens eine Aussagenvariable einmal negiert und ein andermal nicht negiert vorkommt.

$((\neg P \lor Q) \land P) \leftarrow Q$
$\neg ((\neg P \lor Q) \land P \lor Q)$
$\neg (\neg P \lor Q \lor \neg P \lor Q)$
$(\neg \neg P \land \neg Q) \lor \neg P \lor Q$
$(P \land \neg Q) \lor \neg P \lor Q$
$((P \land \neg Q) \lor \neg P) \lor Q$
$((\neg P \lor P) \land (\neg P \lor \neg Q) \lor Q)$
$(Q \lor \neg P \lor P) \land (Q \lor \neg P \lor \neg Q)$

Da in jedem Glied der Konjunktion eine Aussagenvariable einmal negiert und ein andermal nicht negiert vorkommt, ist die Formel eine Tautologie.

Äquivalenz

Ein weiterer wichtiger Begriff ist die aussagenlogische Äquivalenz. Zwei Aussagen P und Q sind genau dann äquivalent, wenn die Formel $P \leftrightarrow Q$ eine Tautologie ist, d.h. $\models P \leftrightarrow Q$.

Das heißt: Um nachzuweisen, daß zwei Aussagen P und Q äquivalent sind, muß man zeigen, daß die zusammengesetzte Formel $P \leftrightarrow Q$ eine Tautologie ist.

Einige Äquivalenzen

a) $\models (A \rightarrow B) \leftrightarrow (\neg B \rightarrow \neg A)$

b) $\models (A \vee B) \leftrightarrow (B \vee A)$

c) $\models A \wedge (A \vee B) \leftrightarrow A$

Substitutionen (Ersetzungs-Theoreme)

Wenn zwei Aussagen ($P \leftrightarrow Q$) äquivalent sind, so kann man die Aussage P in einer Formel, die P enthält, durch Q ersetzen, ohne daß sich der Wahrheitswert ändert. Beispiel:

Es gilt: $P \leftrightarrow Q$

Aus $(P \wedge R) \vee S$ kann man $(Q \wedge R) \vee S$ deduzieren.

Damit hat man praktisch eine weitere Inferenzregel, denn es ist möglich, mittels der Äquivalenz neue gültige Aussagen herzuleiten.

9.3 Logische Axiome der Aussagenlogik

Die Axiome der Aussagenlogik sind die als absolut richtig anerkannten Grundsätze der Aussagenlogik, die keines Beweises mehr bedürfen. Sie sind nicht abgeleitete Aussagen, aus denen aber alle anderen Aussagen deduziert werden. Die Ableitung erfolgt mit Hilfe logischer Schlußregeln.

As_1: $\quad [\neg P \rightarrow P\ ] \rightarrow P$
As_2: $\quad P \rightarrow [\neg P \rightarrow Q\ ]$
As_3: $\quad [P \rightarrow Q\ ] \rightarrow [\ [\ Q \rightarrow R\ ] \rightarrow [\ P \rightarrow R\ ]\ ]$

Äquivalenz-Regeln
Können von den obigen Axiomen hergeleitet werden.

Identität:	$P \rightarrow P$
Idempotenz:	$P \vee P \equiv P$
	$P \wedge P \equiv P$
Kommutativität:	$P \vee Q \equiv Q \vee P$
	$P \wedge Q \equiv Q \wedge P$
	$P \leftrightarrow Q \equiv Q \leftrightarrow P$
Assoziativität:	$[P \vee Q] \vee R \equiv P \vee [Q \vee R]$
	$[P \wedge Q] \wedge R \equiv P \wedge [Q \wedge R]$
Absorption:	$P \vee [P \wedge Q] \equiv P$
	$P \wedge [P \vee Q] \equiv P$
Distribution:	$P \wedge [Q \vee R] \equiv [P \wedge Q] \vee [P \wedge R]$
	$P \vee [Q \wedge R] \equiv [P \vee Q] \wedge [P \vee R]$
Doppel-Negation:	$\neg\neg P \equiv P$
De Morgan:	$\neg[P \vee Q] \equiv \neg P \wedge \neg Q$
	$\neg[P \wedge Q] \equiv \neg P \vee \neg Q$
Tautologie:	$P \vee Q \equiv P$ wenn P eine Tautologie ist.
	$P \wedge Q \equiv Q$ wenn P eine Tautologie ist.
Unerfüllbarkeit:	$P \vee Q \equiv Q$ wenn P unerfüllbar ist.
	$P \wedge Q \equiv P$ wenn P unerfüllbar ist.
Bedingte Eliminierung:	$P \rightarrow Q \equiv \neg P \vee Q$

9.4 Inferenzregeln in der Aussagenlogik

Inferenzregeln sind Schlußregeln, die man benutzt, um von einer Menge von Aussagen eine neue wahre Aussage herzuleiten.

Die Menge wahrer Aussagen nennt man eine „Prämisse" und die deduzierte Aussage „Konklusion".

Wenn die Prämisse wahr und konsistent ist, dann ist es nicht möglich, gleichzeitig eine Aussage und deren Negation von der Prämisse herzuleiten.

Die folgenden sind die wichtigsten Inferenzregeln:

Modus Ponens (Abtrennregel)

P wenn P wahr ist
$P \to Q$ aus P folgt Q
_____
Q dann ist Q wahr

Modus Tollens (Widerlegungsregel)

$P \to Q$
$\neg Q$
_____
$\neg P$

Modus Barbara (Kettenregel)

$P \to Q$
$Q \to R$
_____
$P \to R$

Resolution

Eine Generalisierung des Modus Ponens, die auf dem Rechner einfacher ist.
A
$\neg A \vee B$
_____
B Resolvente

$P \vee A_1, \vee A_2, \cdots A_n$
$\neg P \vee B_1, \vee B_2, \cdots B_n$
_____
$A_1 \vee A_2, \cdots A_n \vee B_1 \vee B_2, \cdots B_m$

Metasymbol

$\models$ bedeutet die semantische Folgerung (es ist im allgemeinen wahr, daß).

$Th \models F$ besagt, daß die Formel F in der Theorie mit der Hilfe der Wahrheitstabelle wahr ist (semantischer Beweis).

$\vdash$ bedeutet die syntaktische Folgerung (es ist wahr, daß).

$Th \vdash F$ besagt, daß die Formel F durch die Anwendung einer Inferenzregel aus der Theorie abgeleitet wurde (syntaktischer Beweis).

Mit Hilfe dieser Begriffe können wir die folgenden Kriterien für Inferenzregeln aufstellen.

Korrektheit (engl. *soundness*)

Eine Inferenzregel ist genau dann korrekt, wenn jedes Theorem, das aus einer Menge von Axiomen mit der Inferenzregel abgeleitet werden kann, eine logische Konsequenz der Axiome ist. Sind die Axiome gültig und die Inferenzregeln korrekt, dann gilt, daß der logische Beweis korrekt ist.

Aus $T \vdash A_F$ folgt $T \models F$,

d.h, alle aus den Axiomen zu beweisenden Theoreme sind auch die logische Konsequenz der Axiome.

Vollständigkeit (engl. *completeness*)

Wir sagen: Die Inferenzregel ist genau dann vollständig, wenn jedes Theorem, das die logische Konsequenz einer Menge von Axiomen ist, mit Hilfe der Inferenzregel aus den Axiomen abgeleitet werden kann. Der Umkehrung der Aussage, nämlich daß jede logische Konsequenz bewiesen werden kann, daß die logischen Beweise vollständig sind:

Aus $Th \models F$ folgt $Th \vdash A_F$, wurde erstmals 1930 von Gödel für ein Axiomsystem nachgewiesen.

Insgesamt sollte eine Beweismethode korrekt und vollständig sein. Dann muß gelten:

$$T \models F \quad \text{g.d.w.} \quad T \vdash F$$

9.5 Übungen zum Thema

1. Transformieren Sie die folgende Formel in KNF:
   $[P \rightarrow Q] \rightarrow [\neg R \rightarrow [S \wedge T]]$
   $[\neg P \rightarrow R] \vee [P \wedge \neg Q \leftrightarrow R]$

2. Gegeben sei die Formel
   $F: \quad P \rightarrow [Q \wedge [[P \vee Q] \rightarrow [R \Longleftrightarrow P]]]$
   und die Interpretation $\alpha = \{ P := w, Q := f, R := w \}$. Ist die Formel wahr?

3. Finden Sie eine Interpretation für die Formel $\neg(A \Leftrightarrow (B \vee \neg C))$, die die Formel wahr macht, und eine Interpretation, die die Formel falsch macht.

4. Beweisen Sie folgende Schlußregel mit Hilfe der Booleschen Algebra:
   $\neg(A \rightarrow B) \wedge \neg(C \rightarrow \neg B) \rightarrow (A \rightarrow \neg C)$

5. Gegeben sei die Theorie
   $Pa1: \quad P \vee Q$
   $Pa2: \quad P \rightarrow Q$
   $Pa3: \quad \neg P$
   Beweisen Sie, daß Q eine logische Konsequenz der Theorie ist.

Thema 10

Beweisverfahren der Aussagenlogik

Es gibt zwei Möglichkeiten, die Wahrheit einer Aussage nachzuprüfen: die direkte Methode des „Experimentes", bei der man in der Realität nachprüft, ob der in der Aussage behauptete Sachverhalt vorliegt, sowie die indirekte Methode, bei der man die behauptete Aussage durch logische Schlüsse aus bereits als wahr erkannten oder angenommenen Aussagen herleitet.

– G. Asser, 1974 –

Dieses Thema gibt einen Überblick über verschiedene Beweismethoden der Aussagenlogik. Aus dem breiten Spektrum sind folgende Verfahren ausgewählt:

1. Syntaktische Methode
2. Semantische Methode
3. Widerspruchbeweis
4. Resolution

1. Syntaktische Methode

Die syntaktische Methode untersucht logische Sätze bezüglich ihrer Ableitbarkeit von anderen Sätzen unter Benutzung der Inferenzregeln oder durch Umschreibung.

Gegeben sei die Theorie Th mit den Formeln:

Pa1: $\qquad P \vee Q$

Pa2: $\qquad P \rightarrow \neg Q$

Pa3: $\qquad \neg P$

Beweise, daß Q ein Theorem der Theorie ist; ob Q aus den Formeln abgeleitet werden kann.

Vorgehensweise:

1. Umschreiben von Pa1 nach folgendem Kriterium:
   $P \vee Q \equiv \neg P \rightarrow Q$
   Daraus erhalten wir
   Pa1': $\qquad \neg P \rightarrow Q$

2. Benutzen wir jetzt die Inferenzregel Modus Ponens mit der Formel Pa3 und Pa1', so folgt daraus:
   Pa3: $\qquad \neg P$
   Pa1': $\qquad \neg P \rightarrow Q$
   ――――――――
   Q

   Folglich ist die logische und wahre Schlußfolgerung, daß Q ein Theorem der Theorie Th ist.

2. Semantische Methode

In der semantischen Methode geht der Weg über die Wahrheitstabelle. In der Tabelle wird für jede Formel der Wahrheitswert eingetragen. Gesucht wird ein Modell. Das bedeutet: Wenn eine Interpretation in einer Formel wahr ist, dann ist diese Interpretation ein Modell der Formel, und folglich ist die Formel ein Theorem der Theorie.

a) Gegeben sei die Theorie Th:

$\neg P$

$P \vee Q$

Beweise, daß Q ein Theorem der Theorie Th ist.

Vorgehensweise:

Wir fertigen eine Wahrheitstabelle an und suchen ein Modell.

P	Q	P∨Q	¬P	Q
w	w	w	f	w
w	f	w	f	f
f	w	w	w	w
f	f	f	w	f

Wir sehen in der 3. Zeile, daß alle Interpretationen der Theorie wahr sind und haben somit ein Modell der Theorie gefunden. Daraus folgern wir, daß Q eine logische Konsequenz der Theorie ist.

b) Gegeben sei folgende Theorie:

$\neg P$

$P \wedge Q$

Suche ein Modell.

P	Q	P∧Q	¬P	Modell ?
w	w	w	f	nein
w	f	f	f	nein
f	w	f	w	nein
f	f	f	w	nein

Wir sehen, daß wir kein Modell gefunden haben und somit die Theorie nicht erfüllbar ist.

3. Widerspruchsbeweis

Bei dem Widerspruchsbeweis oder indirekten Beweis wird die Negation der Behauptung noch zu den Voraussetzungen hinzugenommen. Statt wie bisher immer B aus A zu beweisen ($A \vdash B$), beweisen wir jetzt aus A und $\neg B$ („Annahme") einen Widerspuch oder indirekten Beweis („Die Annahme ist zu verwerfen, und wir haben B aus A bewiesen").

Begründung nach der Implikationseigenschaft:

$Th \cup \neg F \models []$ g.d.w. $Th \models (falsch \leftarrow \neg F)$

das ist:

$Th \cup \neg F \models []$ g.d.w. $Th \models F$

Unter der Annahme, daß das Inferenzsystem vollständig und korrekt ist,

$Th \cup \neg F \vdash []$ g.d.w. $Th \vdash F$

Beispiel: Gegeben sei die Theorie:

$Th = \{P \vee Q, P \rightarrow \neg Q, Q\}$

Beweise, daß ¬P ein Theorem der Theorie ist, d.h. $Th \vdash \neg P$.

Vorgehensweise:

1. Wir fügen die Negation der Behauptung unserer Theorie hinzu.
   $Th' = \{P \vee Q, P \rightarrow \neg Q, Q, P\}$
2. Benutzen der Inferenzregel Modus Ponens:
   $P \rightarrow \neg Q$
   P
   ———
   $\neg Q$
3. Wir setzen die eben angenommene wahre Konklusion zu Th' hinzu und erhalten:
   $Th'' = \{P \vee Q, P \rightarrow \neg Q, Q, P, \neg Q\}$
   Durch Q und $\neg Q$ erhalten wir einen Widerspruch.

Nachteil des Modus Ponens:

- Er zielt nicht auf die Antwort.
- Er leitet ab, was abgeleitet werden kann.

Daher existieren viele irrelevante Atome.

Modus Tollens

Der Modus Tollens besagt, wenn $\neg A$ gegeben ist und aus B folgt A, dann ist die Konklusion $\neg B$ richtig.

$\neg A$	Die Autos halten nicht an.
$B \rightarrow A$	Wenn ein schwerer Unfall passiert, dann halten Autos an.
$\neg B$	Es ist kein schwerer Unfall passiert.

Eine andere Schreibweise für Modus Tollens: $\{\neg A, (B \rightarrow A)\} \vdash \neg B$

Wenn B wahr ist, wird aus $(B \rightarrow A) \leftrightarrow (w \rightarrow A) \leftrightarrow$ folgen: $\{A, A\} \vdash []$

Beispiel: Gegeben sei die Theorie $Th : \{Q, P \rightarrow Q, \neg P\}$; beweise, daß P ein Theorem der Theorie ist. $Th \vdash P$

1. Wir setzen die Negation der Behauptung zur Theorie hinzu und erhalten:
   $Th' = \{Q, Q \rightarrow P, \neg P, \neg P\}$
2. Wir benutzen die Inferenzregel Modus Tollens: $\{\neg P, Q \rightarrow P\} \vdash \neg Q$

   Wir setzen die Konklusion $\neg Q$ zur Theorie Th hinzu und erhalten einen Widerspruch:
   $\{Q, \neg Q\} \vdash []$

4. Resolution

Die *Grundresolution* ist eine eingeschränkte Form der Methode von Robinson, mit deren Hilfe eine vorgegebene endliche Menge von Grundklauseln auf ihre Unerfüllbarkeit hin getestet werden kann:

Definition: Seien $C1$ und $C2$ Grundklauseln. Eine Grundklausel C ist ein (Grund-)Resolvent von $C1$ und $C2$, wenn es ein Atom Q derart gibt, daß:

1. $C1$ enthält $\neg Q$;
2. $C2$ enthält Q und
3. C ist die Disjunktion der Literale von $C1$ ohne $\neg Q$ und der Literale von $C2$ ohne Q.

Ist $C1 = \neg Q$ und $C2 = Q$, so ist die *leere Klausel* eine (Grund-)Resolvente von $C1$ und $C2$.

$C1:$ $\{P, \neg Q\}$
$C2:$ $\{Q, S\}$
$C:$ $\{P, S\}$

Die Resolutions-Inferenzregel besagt im allgemeinen, daß der Resolvent eine logische Konsequenz von $C1$ und $C2$ ist.

Im allgemeinen:

$C = \{C1 - \{Q\}\} \cup \{C2 - \{\neg Q\}\}$

Beweis:

P	Q	S	C1: {P, ¬Q}	C2: {Q, S}	C: {P, S}	Modell
w	f	w	w	w	w	ja
w	f	f	w	f	w	
w	w	w	w	w	w	ja
w	w	f	w	w	w	ja
f	f	w	w	w	w	ja
f	f	f	w	f	f	
f	w	w	f	w	w	
f	w	f	f	w	f	

Da wir Modelle gefunden haben, können wir folgern, daß $\{P, S\}$ ein Theorem der Theorie ist.

Beispiele für Resolution

C1	C2	C: Resolvent
{ P, Q, R }	{ S, T, ¬P }	{ Q, R, S, T }
{ P, Q }	{ ¬Q, S }	{ P, S }
{ T }	{ ¬T }	[ ]
{ P, Q, R, S }	{ P, Q, ¬R, S }	{ P, Q, S }

Theorembeweise bei der Resolutionsmethode

Gegeben sei die Theorie:
$Pa1:$ $P \vee Q$
$Pa2:$ $P \rightarrow \neg Q$
$Pa3:$ $\neg P$

Beweise, daß Q eine logische Konsequenz der Theorie ist.

1. Setze $\neg Q$ zu der Theorie und transformiere in die Klauselform:
   $S = \{\{P,Q\},\{\neg P, \neg Q\},\{\neg P\},\{\neg Q\}\}$

2. $\{P\}$ ist ein Resolvent von $\{P,Q\}$ und $\{\neg Q\}$.
   Setze es zu S, so erhalten wir:
   $S' = \{\{P,Q\},\{\neg P, \neg Q\},\{\neg P\},\{\neg Q\},\{P\}\}$

3. Der Resolvent von $\{\neg P\}$ und $\{P\}$ ist ein leere Klausel [].
   Setze die leere Klausel zu S:
   $S'' = S' \cup$ []

4. S'' enthält jetzt eine leere Klausel;
   S'' ist unerfüllbar; also muß Q ein Theorem der Theorie sein.

10.1 Übungen zum Thema

1. Für die Log-Funktion gilt für reelle positive Zahlen:
   $log(a,b) = loga + logb$
   Beweisen Sie unter Benutzung von Modus Ponens, daß $log1 = 0$.

2. Folgende Theorie sei gegeben:
   Pa1: es regnet ∨ es schneit ∨ es ist trocken
   Pa2: es ist warm
   Pa3: es regnet nicht
   Pa4: es schneit nicht
   Pa5: es ist schön → es ist gut, spazieren zu gehen
   Pa6: [es ist trocken ∧ es ist warm] → es ist schön
   Beweisen Sie, daß „es ist trocken" eine logische Konsequenz der Theorie ist.

3. Zeigen Sie mit Hilfe von Modus Ponens, ob die folgende Theorie konsistent ist.
   B → ¬A
   C → B
   C → A
   D → C
   D

4. Beweisen Sie mit Hilfe der Wahrheitstabelle das Assoziativ-Gesetz:
   $P \vee (Q \wedge R) \equiv (P \vee Q) \wedge (P \vee R)$

5. Gegeben sei die folgende Theorie Th:
   $Pa1: \quad \neg P \rightarrow Q$
   $Pa2: \quad P$
   Prüfen Sie mit Hilfe der Wahrheitstabelle, ob $\neg Q$ ein Theorem der Theorie ist.

6. Gegeben sei die Theorie Th:
   $Pa1: \quad P \rightarrow \neg Q$
   $Pa2: \quad \neg R \rightarrow P$
   $Pa3: \quad Q$
   Beweisen Sie mit Hilfe der Wahrheitstabelle, ob R ein Theorem der Theorie Th ist.

7. Mit der Voraussetzung $log(a/b) = loga - logb$ soll $log1 = 0$ bewiesen werden. Benutzen Sie das Beweisschema des Modus Tollens.

8. Folgende Theorie sei gegeben:
   $Pa1: \quad P \rightarrow Q$
   $Pa2: \quad \neg Q$
   Beweisen Sie, ob $\neg P$ ein Theorem der Theorie ist.

9. Zeigen Sie, daß der Resolvent von zwei beliebigen Hornklauseln immer eine Hornklausel ist.

10. Führen Sie die Resolution für folgende zwei Klauseln durch:
    a. `männlich(X) :- vater(X).`
    b. `vater(X) :- eltern(X), nicht mutter(X).`

11. Führen Sie den Theorembeweis bei der Resolutionsmethode für folgende Theorie durch:
    $Pa1: \quad P \leftrightarrow Q$
    $Pa2: \quad Q$
    Beweisen Sie, daß P eine logische Konsequenz der Theorie ist.

12. Negieren Sie die folgende aussagenlogische Klausel und benutzen Sie das Resolutionsprinzip, um zu zeigen, daß die erhaltene Klauselmenge unerfüllbar ist.
    a. $(P \vee Q) \rightarrow (Q \vee P)$
    b. $(P \rightarrow Q) \rightarrow ((R \vee P) \rightarrow (R \vee Q))$
    c. $(\neg P \rightarrow P) \rightarrow P$
    d. $(\neg Q \rightarrow \neg P) \rightarrow ((\neg Q \rightarrow P) \rightarrow Q)$
    e. $((P \rightarrow Q) \rightarrow P) \rightarrow P$

*Gewonnen hat immer der, der lieben
dulden und verzeihen kann, nicht
der, der besser weiß und aburteilt..*

– Hermann Hesse –

5 Prädikatenlogik

In der Aussagenlogik kann man für eine Aussage feststellen, ob sie wahr oder falsch ist. Ist für eine Aussage ein wahrer oder falscher Wert gefunden, so ist die Anwendung der Möglichkeit der Aussagenlogik erschöpft. Somit ist die Prädikatenlogik eine Erweiterung der Aussagenlogik, so daß alle Gesetze, die in der Aussagenlogik ihre Gültigkeit finden, ebenso in der Prädikatenlogik gelten.

In der Prädikatenlogik unterscheidet man bei der Darstellung von Aussagen zwischen den Objekten (Individuen) und den Eigenschaften (Prädikate), die über sie ausgesagt sind. Dabei verkörpern die Prädikate nicht nur Eigenschaften des Individuums, sondern können sie auch Beziehungen (Relationen) zwischen mehreren Individuen darstellen.

Nehmen wir folgenden Ausschnitt der realen Welt an:

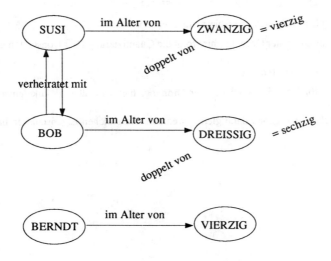

In dieser „relationalen Struktur" identifizieren wir die Objekte mit Konstanten:

{Susi, Bob, Berndt .... };

die Relationen definieren wir mit den Prädikatensymbolen:

$verheiratet\_mit(Susi, Bob)$;

und die Abbildung eines Objekts auf das andere nennen wir Funktionssymbole:

$doppelt\_von(Zwanzig, Vierzig)$.

Außerdem legt die Prädikatenlogik symbolische Ausdrücke für die Allgemeingültigkeit von Aussagen fest. Diese Ausdrücke bezeichnet man als Variablen; sie können an den Stellen ersetzt werden, wo sonst Konstanten stehen. Eine weitere Form der Allgemeingültigkeit von Aussagen stellen die Allquantoren dar. Dadurch wird ausgedrückt, daß für beliebige Zeichen die Aussage wahr ist. Das Gegenstück zum Allquantor ist der sogenannte Existenzquantor, der die Form „es gibt...." ausdrückt.

Folgendes Beispiel soll die Aussagekraft der Prädikatenlogik andeuten.

Für die natürlichen Zahlen sind folgende Eigenschaften grundlegend:

1. Zu jeder Zahl gibt es eine und nur eine nächstfolgende.
2. Es gibt keine Zahl, auf die die Zahl 1 unmittelbar folgt.
3. Zu jeder von der Zahl 1 verschiedenen Zahl gibt es eine – und nur eine – unmittelbar vorangehende.

Der Individuenbereich, auf den sich die Quantoren beziehen, ist der natürlichen Zahlen; x, y, z stellen die Variablen dar. Weiter benötigt man zwei zweistellige Prädikate: $folgt(x, y)$ und $gleich(x, y)$. Das erste Prädikat hat die Bedeutung von „y folgt unmittelbar auf x ", das zweite „x ist gleich y". Die Sätze haben dann die prädikatenlogische Form:

1. $\forall x \exists y (folgt(x, y) \land \forall z (folgt(x, z) \rightarrow gleich(y, z)))$
2. $\neg(\exists x\, folgt(x, 1))$
3. $\forall x (\neg gleich(x, 1) \rightarrow \exists y (folgt(y, x) \land \forall z (folgt(z, x) \rightarrow gleich(y, z))))$

Die Prädikatenlogik besteht aus zwei hierarchischen Formen:

- Die Prädikatenlogik erster Ordnung; hier folgt die Quantizierung über Konstanten und Variablen. Beispiel:
  „Alle Menschen sind sterblich".

- Die Prädikatenlogik zweiter oder höherer Ordnung; hier wird über Prädikatenvariablen quantiziert. Beispiel:
  „Zwei Menschen sind genau dann gleich, wenn sie die gleichen Eigenschaften haben".

Thema 11

Axiomsystem in der Prädikatenlogik

Auch in der Prädikatenlogik besteht ein Axiomsystem aus:
- Sprache (Syntax und Semantik)
- Logischen Axiomen
- Inferenzregeln

In diesem Abschnitt werden die Axiomsysteme in der Prädikatenlogik erläutert.

11.1 Syntax zu der Prädikatenlogik

Ergänzend zur Syntax der Aussagenlogik werden folgende Symbole definiert:

Alphabet
Das Alphabet der Prädikatenlogik ist die Menge ihrer Symbole. Diese Symbole sind:
- die Menge der Konstanten a, b, c;
- die Menge der Variablen x, y, z;
- die Menge der Prädikate P, Q, R;
- die Funktionszeichen f, g, h;
- Hilfszeichen: $\vee, \wedge, \leftarrow, \neg, \leftrightarrow, \forall, \exists$

Term
- Terme sind Konstanten, Variablen oder Funktionssymbole
  $a, x, f(b, y, z), f(g(x), y, z)$
- Zu jedem n-stelligen Funktionszeichen n und zu n-beliebigen Termen $t_1, t_2, \cdots t_n$ ist auch $f(t_1, t_2, \cdots t_n)$ ein Term.

Grundterm
Grundterm ist ein Term mit spezifizierten Variablen.

$f(g(a), b, c)$

Stelligkeit
Die Stelligkeit bezeichnet die Anzahl der Terme; sie wird auch als Arität bezeichnet.

$f(a, b)$	zweistellige Funktion
$P(f(a, b), x, y)$	dreistelliges Prädikat
f^o	Konstante
$add(x, y)$	addiere x mit y ; (Funktion)
$kleiner(x, y)$	teste, ob $x < y$; (Prädikat)

Atom
Ein Atom ist ein logisch unzerlegbarer Ausdruck. Atome sind Zeichenfolgen. Sie bezeichnen

Prädikate und Operatoren. Sie beginnen mit einem Kleinbuchstaben und können Buchstaben, Ziffern und Sonderzeichen enthalten.

$verheiratet(Susi, Bob)$ Susi ist verheiratet mit Bob.

$im\_alter\_von(Bob, doppelt(20))$ Bob ist im Alter von zweimal zwanzig.

Literal
Ein Literal bezeichnet ein Atom oder ein negiertes Atom. Nicht-negierte Aussagen werden *positives Literal* und negative Aussagen *negatives Literal* genannt.

$liebt(max, moritz)$ Max liebt Moritz.
$\neg liebt(max, monika)$ Max liebt Monika nicht.

Formel (engl. *well formed formula* wff)
Eine Formel ist die Symbolisierung einer sprachlichen Aussage. Sie ist ein syntaktisches Gebilde und dient als sprachlicher Ausdruck von Sachverhalten oder Relationen. Eine Formel entsteht, wenn man die Objekte, Relationen und Funktionen einer Aussage durch entsprechende Prädikate, Konstanten, Variablen, Symbole usw. ersetzt. Ein Prädikat kann als Formel bezeichnet werden. Formeln sind zusammengesetzte Aussagen, z.B.: sind F und G Formeln; so ist auch:
$\neg F, F \wedge G, F \vee G, F \leftarrow G, \exists x F, \forall x F$

Quantor
Die zwei Quantoren sind:

- Der Existenzquantor (Partikularisator) $\exists x F$ bedeutet: Es existiert eine Konstante a, für die F gilt.

$\exists x\, im\_alter\_von(x, 40)$ "Es gibt ein x, welches im Alter von 40 ist."

- Der Allquantor (Generalisator) $\forall x F$ bedeutet: Für alle Konstanten gilt F.

$\forall x(nat(x) \rightarrow x > vorg(x))$ Für alle x gilt: wenn x eine natürliche Zahl ist, dann ist x größer als der Vorgänger von x.

Variablen, die an Quantoren gebunden sind, werden als gebundene (quantizierte) Variablen bezeichnet. Nicht gebundene Variablen heißen freie Variablen.

$\forall x \forall y [verheiratet(x, y) \rightarrow verheiratet(y, x)]$

Der Existenzquantor kann als Negation des Allquantors dargestellt werden.

$\exists x A \equiv \neg \forall x \neg A$

Klausel
Eine Klausel ist eine Formel der Form:

$\forall x_1, \forall x_2, \cdots \forall x_n (L_1 \vee L_2 \cdots \vee L_n)$

Weitere Klauselformen sind:

- Nicht-Hornklausel: $P_1 \wedge P_2, \cdots P_n \rightarrow Q_1, \vee Q_2, \cdots Q_m$
- Hornklausel: $P_1 \wedge P_2, \cdots P_n \rightarrow Q$
- Anfrage-Klausel: $P_1 \wedge P_2, \cdots P_n \rightarrow$

- Fakt: $\rightarrow P$
- Leere Klausel: $\rightarrow$

Programm

Ein Programm besteht aus einer endlichen Menge von Klauseln.

11.2 Semantik der Prädikatenlogik

Die Semantik der Prädikatenlogik sagt: Die Bedeutung der logischen Formeln, die mit Hilfe der syntaktischen Regeln geschaffen wurden, ist nur in der von uns geschaffenen abstrakten Welt gültig. Damit ist ihr Wahrheitsgehalt auch nur hier definiert. Sie können nur in ihrer Domäne zutreffen (wahr sein) oder nicht (falsch sein).

Um die Bedeutung der logischen Formel zu definieren, muß eine Beziehung zwischen der formalen Sprache und der Umwelt hergestellt werden. Die getroffenen Aussagen beziehen sich auf Individuen und umfassen Relationen und Funktionen.

Interpretation einer Formel

Durch die Interpretation wird die Beziehung zwischen dem Alphabet der Sprache und ihrer Umwelt hergestellt. Dazu muß jede Konstante im Alphabet enthalten sein und einem Element (Objekt) der Umwelt (Domäne) zugeordnet werden können. Jedem Prädikatensymbol ist eine Relation zugeordnet, die in der Domäne beschrieben ist. Weiterhin muß jedes Funktionssymbol einer Funktion zugeordnet sein, die in der Domäne definiert ist.

Formal: Eine Interpretation I in einer Sprache L ist eine nicht leere Menge von Objekten D; genannt die Domäne der Interpretation und eine Assoziation.

- Jeder Konstanten wird genau ein Element der Domäne zugeordnet.
  $c \in L$ mit $c \in D$
- Jedem n-stelligen Prädikatensymbol wird eine Relation zugeordnet, die jeweils n-Werte der Domänen auf einen Wert abbildet, nämlich: „wahr" oder „falsch" .
  $p \in L$ mit $p \subseteq D^n (= D \times .... \times D)$
- Jedem n-stelligen Funktionssymbol wird eine Funktion zugeordnet, die jeweils n-Werte der Domänen auf einen Wert abbildet, nämlich: „wahr" oder „falsch".
  $f \in L$ mit $f : D^n \rightarrow D$

Das folgende Beispiel erläutert die Bedeutung der Domäne auf die Interpretation einer Formel.

Gegeben sei die Formel:

$$F = \forall x p(f(x,a),x)$$

- Als Zugehörige der Domäne erklären wir die Menge der natürlichen Zahlen $D = \{1, 2, 3...\}$;
- wir ordnen der Konstanten „a" die Zahl 1 zu;
- die Funktion „f" definieren wir als die Multiplikation;
- für das Prädikatensymbol legen wir fest, daß „p" für „ = " steht.

Damit steht die Formel für: $F = x \times 1 = x$

Die Interpretation der Formel lautet nun:

Für alle natürlichen Zahlen x gilt: $\quad x \times 1 = x$

Somit wurde der Formel durch eine Interpretation eine konkrete Bedeutung zugeordnet.

Diese Formel trifft auf die Domäne der natürlichen Zahlen zu. In einer anderen Umgebung, z.B. der Vererbung der körperlichen Eigenschaften vom Vater auf den Sohn, muß sie nicht stimmen, denn nicht immer wird ein Sohn körperlich größer als sein Vater.

Um die Formel zu erweitern und dann noch die richtigen Schlüsse ziehen zu können, müssen die neuen Terme erst der Domäne bekannt gemacht werden. Wir fügen der Domäne ein einstelliges Prädikatensymbol q hinzu und erklären:

$$q = \text{ist\_primzahl}$$

Weiter ergänzen wir eine Funktion g, die als Addition zweier Zahlen definiert ist:

$$g = y + z.$$

Wir ordnen den Variablen y, z die Werte $y = 2$; $z = 3$ zu.

Verbinden wir die Formeln mit einem Konnektor ($\wedge$), ergibt sich die neue Formel:

$$F = \forall x p(f(x, a), x) \wedge q(g(y, z)).$$

Diese Formel trifft auch in der Domäne der natürlichen Zahlen zu, denn die Multiplikation jeder natürlichen Zahl mit 1 ist die natürliche Zahl, und die Addition 2 und 3 ergibt eine Primzahl.

Variablenbelegung

Soll eine Formel, in der Variablen vorkommen, interpretiert werden, so wird jeder Variablen in der Formel ein Element des Universums zugeordnet.

$$\{ x_1/e_1, x_2/e_2, \cdots x_n/e_n \}$$

Dabei stellt x die Variable und e das ihr zugeordnete Element dar.

Die Formel $x + y$ hat mit der Interpretation $\{ x/1, y/1 \}$ den Wert 2 ; mit der Interpretation $\{ x/3, y/5 \}$ den Wert 8.

Modell

Ist eine Formel in einer Interpretation wahr, so ist diese Interpretation das Modell dieser Formel. Ein Modell existiert, wenn es zu einer Formel eine Interpretation gibt, so daß der Wahrheitswert dieser Formel wahr ist. Eine Formel kann mehrere Modelle haben.

Beispiel: Für die Formel $p(f(x, a), x)$ mit der Interpretation:

- Die Domäne sei die Menge der natürlichen Zahlen;
- f steht für die Addition;
- p steht für „ $>$ .. größer als ..";
- die Formel $p(f(x, a), x)$ steht für $x + a > x$.

Für die Belegung der Konstanten a mit 0 existiert kein Modell für diese Formel; $x + 0 > x$ ist eine falsche Aussage.

Erfüllbar
Eine Formel wird als erfüllbar bezeichnet, wenn ein Modell für diese Formel existiert.

Beispiel: Ist die Formel $p(f(x,a),x)$ erfüllbar ?

Wenn

1. der Konstanten a die Zahl 1 zugeordnet ist;
2. f für die Multiplikation steht;
3. p für „=" steht;
4. der Variablen x der Wert 7 zugeordnet wird $\{x/7\}$.

So entsteht die Formel $p(f(x,a),x)$ für $7 \times 1 = 7$. Diese Formel ist erfüllbar.

Allgemeingültig
Eine Formel ist allgemeingültig, wenn sie für alle Interpretationen „wahr" ist. Allgemeingültige Formeln werden auch als Tautologie bezeichnet.

Beispiel: Ist die Formel $p(f(x,a),x)$ allgemeingültig ?

Wenn

1. die Domäne die Menge der natürlichen Zahlen ist;
2. der Konstanten a die Zahl 1 zugeordnet ist;
3. f für die Menge der Multiplikation steht;
4. p für „ = ".

So entsteht die Formel $p(f(x,a),x)$ für $x \times 1 = x$, also für die Aussage:

$$\text{Für alle natürliche Zahlen } x \text{ gilt: } x \times 1 = x$$

Diese Aussage ist wahr; daraus folgt, daß diese Formel allgemeingültig ist.

Logische Konsequenz
Es sei S eine Menge von Formeln und F eine Formel. Wenn jede Interpretation und Belegung, die Modell von S sind, auch Modell von F sind, so sagen wir, daß F eine logische Konsequenz aus der Formelmenge S ist, d.h.:

$$S \models F$$

S nennt sich Prämissenmenge oder Menge der Annahmen, F die Konklusion der Konsequenz. Die Formel F folgt logisch aus der Formelmenge und bedeutet, daß sich unabhängig von der Belegung und Interpretation aus dem Erfülltsein aller Prämissen, d.h. aller Formeln von S, sich auch das Erfülltsein der Konklusion, d.h., F ergibt.

Oftmals werden das Folgerungszeichen $\models$ und der Junktor $\rightarrow$ verwechselt. Der Unterschied besteht darin, daß der Junktor zwischen Formeln der Objektsprache eingesetzt wird und dadurch eine Formel der Objektsprache entsteht; beim Einsatz des Folgerungszeichens hingegen ergibt sich eine Aussage der Metasprache. Ist die Formel $F \rightarrow G$ für eine Interpretation und eine Belegung erfüllt, heißt das nicht, daß G logisch aus F folgt ($F \models G$). Das ist nur der Fall, wenn die Formel $F \rightarrow G$ allgemeingültig ist.

Nun folgt eine Liste einiger elementarer Regeln für logische Konsequenzen, wobei F und G Formeln, x Variablen darstellen.

F	$\models F \vee G$	
F	$\models G \rightarrow F$	
$F \wedge G$	$\models F$	
$F \wedge G$	$\models G \rightarrow F$	
$F \wedge G$	$\models F \leftrightarrow G$	
$(F \rightarrow G) \wedge (G \rightarrow H)$	$\models F \rightarrow H$	Transivität bzgl. der Implikation
$G \wedge (G \rightarrow F)$	$\models F$	Modus Ponens
$\neg F \wedge (G \rightarrow F)$	$\models \neg G$	Modus Tollens
$\forall x F$	$\models \exists x F$	für eine nicht-leere Domäne
$\forall x F \vee \forall x G$	$\models \forall x (F \vee G)$	
$\exists x (F \wedge G)$	$\models \exists x F \wedge \exists x G$	

Abb. 15: Regeln für logische Konsequenzen

Diese Regeln können als Inferenzregeln in ein Axiomsystem einbezogen werden (vgl. Modus Ponens, Modus Tollens).

Beispiel: Gegeben sei

1. $\forall x (\forall y (mutter(x) \wedge kind\_von(y,x)) \rightarrow liebt(x,y)))$

2. $mutter(siglinde) \wedge kind\_von(andrea, siglinde)$

3. $liebt(siglinde, andrea)$

Es soll gezeigt werden, daß 3. eine logische Konsequenz aus 1. und 2. ist. Ist eine gegebene Interpretation ein Modell für 1. und 2., so gilt:

a. $\models \forall x (\forall y ((mutter(x) \wedge kind\_von(y,x)) \rightarrow liebt(x,y)))$

b. $\models mutter(siglinde) \wedge kind\_von(andrea, siglinde)$

Damit a. wahr wird, ist es notwendig, die Variablen zu belegen. Die Konstanten „*siglinde*" und „*andrea*" werden dazu verwendet, und es entsteht folgendes Bild:

c. $\models (mutter(siglinde) \wedge kind\_von(andrea, siglinde) \rightarrow liebt(siglinde, andrea))$

Dadurch ist gezeigt, daß 3. eine logische Konsequenz aus 1. und 2. ist, denn „*liebt(siglinde, andrea)*" ist wahr für die Interpretation und somit 3. ein Modell.

Wahrheitsgehalt von Formeln

Wann ist eine Formel wahr ?

Um den Wahrheitsgehalt von Formeln zu bestimmen, benötigt man eine Interpretation und Variablenbelegung für diese Formel.

- Die Formel $P(T_1, T_2, \cdots T_n)$ ist genau dann wahr, wenn das durch die Interpretation zu P zugeordnete Prädikat P wahr wird.

- Sind F und G Formeln, dann erhält man den Wahrheitswert der Formeln $\neg F, F \& G, F \rightarrow G$ aus der Wahrheitstabelle.

- Ist F eine Formel, dann ist $\exists x F$ wahr, wenn eine Konstante existiert, die F wahr macht.
- Ist F eine Formel, dann ist $\forall x F$ für alle Werte von x wahr.

Gegeben sei die Theorie Th:

1. $\forall x (r(x) \rightarrow p(x) \vee q(x))$
2. $r(a) \wedge r(b)$

und die Interpretation:

$\alpha = \{\ a := \text{Adam}\ ,\ b := \text{Eva}$
$\quad p \qquad\quad$ „ ist eine Frau "
$\quad q \qquad\quad$ „ist ein Mann"
$\quad r \qquad\quad$ „ist eine Person"$\}$

Ist $p(a)$ eine logische Konsequenz von Th?

Formel 1. steht für:
Für alle x gilt, wenn x eine Person ist, dann ist x ein Mann oder eine Frau.

Wird für x der Wert „Adam" eingesetzt, so ist die Formel wahr in α, da „Adam" eine Person und ein Mann ist. Wird für x „Eva" eingesetzt, so ist die Formel wahr, da Eva eine Person und eine Frau ist.

Diese Formel ist erfüllbar, da auf jeden Fall ein Modell existiert, so daß diese Formel wahr ist.

Diese Formel ist allgemeingültig, da sie für alle möglichen Interpretationen wahr ist.

Formel 2 steht für: a ist eine Person, und b ist eine Person.

Werden die Konstanten a und b durch ihre Interpretation Adam und Eva ersetzt, so steht die Formel für: Adam ist eine Person, und Eva ist eine Person.

Diese Aussage ist wahr.

Für die Konstante b wird Eva eingesetzt; $q(eva)$ ist keine logische Konsequenz der Theorie, da Eva kein Mann ist.

11.3 Die logischen Axiome

Wie schon erwähnt – Axiome in der Prädikatenlogik sind nicht beweisbare Formeln. Je nach Wahl des Bereichs, den ein Axiomsystem beschreiben soll, werden die notwendigen Grundformeln des Bereichs aufgestellt.

Logische Äquivalenz

Zwei Formeln F und G heißen logisch äquivalent gdw.(genau dann wenn) F und G denselben wahren Wert für jede Interpretation und Belegung haben.

Für die logische Äquivalenz wird das Zeichen „$\equiv$" benutzt. Nach Definition schreibt man, wenn zwei Formeln F und G logisch äquivalent sind, $F \equiv G$.

Logische Äquivalenzen werden genutzt, um bestimmte Formeln abzuleiten. Hier einige wichtige Regeln, die bei Bedarf angewendet werden können. F, G, H seien Formeln; x, y Variablen.

$F \equiv F \wedge F$ $\qquad$ Idempotenz bzgl. der Konjunktion

$F \equiv F \vee F$ $\qquad$ Idempotenz bzgl. der Disjunktion

$\neg\neg F \equiv F$ \hspace{2cm} Satz der doppelten Negation

$F \rightarrow G \equiv \neg F \vee G$

$F \rightarrow G \equiv \neg G \rightarrow \neg F$ \hspace{1cm} Kontrapositionsgesetz

$F \leftrightarrow G \equiv (F \rightarrow G) \wedge (G \rightarrow F)$

$\neg(F \vee G) \equiv \neg F \wedge \neg G$ \hspace{1cm} De-Morgan-Gesetz

$\neg(F \wedge G) \equiv \neg F \vee \neg G$ \hspace{2cm} " " "

$\neg \forall x F \equiv \exists x \neg F$

$\neg \exists x F \equiv \forall x \neg F$

$\forall x \forall y F \equiv \forall y \forall x F$

$\exists x \exists y F \equiv \exists y \exists x F$

$\forall x (F \wedge G) \equiv \forall x F \wedge \forall x G$ \hspace{1cm} Distribuität von $\forall$

$\exists x (F \vee G) \equiv \exists x F \vee \exists x G$ \hspace{1cm} Distribuität von $\exists$

Für die nun folgenden Gesetzmäßigkeiten gilt: Die Variable x ist frei für die Formel F, gebunden für die Formel G.

$\forall x F \equiv F$

$\exists x F \equiv F$

$\forall x (F \wedge G) \equiv F \wedge \forall x G$

$\forall x (F \vee G) \equiv F \vee \forall x G$

$\exists x (F \wedge G) \equiv F \vee \exists x G$

$\exists x (F \vee G) \equiv F \vee \exists x G$

11.4 Inferenzregeln

Im Bereich der Prädikatenlogik können verschiedene gültige Inferenzregeln einem Axiomsystem zur Verfügung gestellt werden. Wir werden nur auf einige bekannte Regeln eingehen. Es ist nicht unbedingt erforderlich, daß alle hier genannten Inferenzregeln in einem Axiomsystem festgelegt werden müssen. Nur die jenige Regeln sind für den Aufbau eines Axiomsystems zu wählen, die unbedingt benötigt werden, um neue Formeln abzuleiten. Die Möglichkeit besteht also, daß nur eine Regel in einem Axiomsystem definiert wird. Wichtig zu erwähnen ist, daß die eingesetzten Inferenzregeln korrekt sein müssen. Nur dadurch kann die Ableitbarkeit neuer Formeln garantiert werden. Die Korrektheit der Inferenzregeln kann direkt über die Definition der Semantik der Sprache der Prädikatenlogik bewiesen werden.

Modus Ponens

Modus Ponens, auch als Eliminationsregel für Implikationen bekannt, besagt, daß für jede Formel, dargestellt in der Form F und $(F \rightarrow G)$, die Formel G folgt. F und $(F \rightarrow G)$ stellen die Prämisse dar, G die Konklusion. Diese Regel wird wie folgt dargestellt:

$F \quad F \to G$
___
G

Modus Tollens

Modus Tollens kann praktisch als Gegenteil des Modus Ponens verstanden werden. Aus den Prämissenzeilen $\neg F$ und $(G \to F)$ folgt die Formel $\neg G$. Hier die Darstellung:

$\neg F \quad G \to F$
___
$\neg G$

Ersetzungsregel (Ersetzungssatz)

Ersetzt man in der Formel F die Teilformel F' durch die Formel G', so ist das Ergebnis G eine Formel, und aus $F' \leftrightarrow G'$ folgt logisch $F \leftrightarrow G$.

Diese Regel kann so verstanden werden: F besteht aus den Teilformeln F' und F''. F' wird durch G' ersetzt, so erhält man eine Formel G, bestehend aus G' und F''. Die Äquivalenz von F und G ist eine logische Konsequenz aus der von F' und G'.

$F' \leftrightarrow G'$
___
$F \leftrightarrow G$

Folgerung: Sind F, F', G, G' Formeln nach dieser Regel und F' und G' logisch äquivalent, so auch F und G. Durch diese Folgerung finden auch die Regeln der logischen Äquivalenz ihren Einsatz.

Einführungsregel für Allquantoren

Der Allquantor kann eingeführt werden, wenn eine Formel F aus einer Formelmenge folgt und die Variable x nicht frei in dieser Formelmenge ist. Damit läßt sich die Einführungsregel wie folgt darstellen:

$F(x)$
___
$\forall x F(x)$

Einführungsregel für Existenzquantoren

Die Einführung der Existenzquantoren beschreibt: Existiert eine Formel F, die aus einem für x in $F(x)$ freien Term t besteht, dann gilt die Formel $\exists x F(x)$.

$F(t)$
___
$\exists x F(x)$ Der Term t ist frei für x in $F(x)$.

Eliminierungsregel für Allquantoren

Diese Regel besagt: Für jede Formel der Form $\forall x F$ – wobei x eine freie Variable in F darstellt – folgt eine neue Formel $F\{x/t\}$, d.h., die Variable x wird durch einen Term t ersetzt, der frei für x ist. Die Darstellung wird wie folgt präsentiert:

$\forall x F$
___
$F\{x/t\}$ Der Term t ist frei für x in $F(x)$.

Eliminierungsregel für Existenzquantoren

Ist eine Konstante c nicht in der Formel $F(x)$ enthalten, dann kann die Variable x, die am Existenzquantor gebunden ist, durch c ersetzt werden. Damit löst sich der Existenzquantor auf.

$\exists x F(x)$
$\overline{}$
$F(c)$ $\qquad$ Die Konstante c kommt nicht in $F(x)$ vor.

Beispiel:

1. $\forall x(\forall y(mutter(x) \land kind\_von(y,x) \rightarrow liebt(x,y)))$
2. $mutter(moni) \land kind\_von(tom,moni)$

Eliminieren vom Allquantor in 1.:

1a. $\forall y(mutter(moni) \land kind\_von(y,moni) \rightarrow liebt(moni,y))$

Eliminieren vom Allquantor in 1a.:

1b. $mutter(moni) \land kind\_von(tomi,moni) \rightarrow liebt(moni,tomi)$

Modus Ponens angewandt an 2. und 1b.:

$liebt(mary,tom)$

11.5 Konsistenz, Korrektheit, Vollständigkeit eines Axiomsystems

An ein Axiomsystem werden gewisse Forderungen gestellt. Neben den Forderungen nach der Unabhängigkeit und der Widerspruchsfreiheit wird auch die Frage nach der Konsistenz, Korrektheit und Vollständigkeit behandelt.

Definition: Ein Axiomsystem AS ist **inkonsistent** über einer Formelmenge S, wenn gilt:

$$S \vdash_{As} F \quad \land \quad S \vdash_{AS} \neg F$$

Demnach sollte jedes Axiomsystem **konsistent** sein, d.h., es muß unmöglich sein, die Negation einer bereits abgeleiteten Formel abzuleiten.

Eine der wichtigsten Forderungen an ein Axiomsystem stellt die Korrektheit dar. Für eine Formelmenge S und eine daraus ableitbare Formel F gilt folgende Definition:

Definition: Ein Axiomsystem AS ist **korrekt**, wenn für jede Formelmenge S jede Formel, die aus S ableitbar ist, eine logische Konsequenz ist, d.h.:

$$S \vdash_{AS} F \quad , dann \quad S \models F.$$

Vollständigkeit ist eine weitere Forderung an ein Axiomsystem. Sinngemäß kann sie so erklärt werden:

Von einem Axiomsystem wird verlangt, daß der Begriff der herleitbaren Formel sich mit dem der allgemeingültigen Formel deckt. Über die Definition wird dies so ausgedrückt:

Definition: Ein Axiomsystem AS ist **vollständig**, wenn für jede Formelmenge S jede Formel, die aus S folgt, ableitbar ist, d.h.:

$$S \models F \quad , dann \quad S \vdash_{AS} F.$$

Beispiel:

Hier wird dem Leser ein Beispiel eines kleinen Axiomsystems im Bereich der Prädikatenlogik dargestellt. Zunächst werden nur die Axiome und die verwendeten Inferenzregeln beschrieben.

Variablen: x

Prädikate:
- $schüler$ ist Schüler
- $student$ ist Student
- $abitur$ hat Abitur
- zul hat die Zulassung zum Studium
- uni geht zur Uni

Axiome:

A_1: $\forall x(student(x) \rightarrow zul(x))$

A_2: $\exists x(schüler(x) \land abitur(x))$

A_3: $\exists x(zul(x) \rightarrow uni(x))$

A_4: $\exists x(schüler(x) \land abitur(x) \rightarrow zul(x))$

Inferenzregeln:

I_1:   Eliminierungsregel für Allquantoren

I_2:   Transivität hinsichtlich der Implikation

11.6 Axiomatische Theorien

Zunächst müssen wir uns über die Bedeutung des Begriffs „Theorie" im klaren sein. Unabhängig von der Domäne besteht eine Theorie aus einer Sprache, mit deren Hilfe gewisse Sätze ausgedrückt werden können. Axiome stellen dabei die Grundsätze für eine Theorie dar. Durch die Menge der Axiome können neue, sogar sehr komplizierte Sätze entwickelt werden. Diese Sätze, auch Theoreme genannt, sind praktisch die logische Konsequenz der Axiome. Für eine Theorie sollte also ein korrektes und vollständiges Axiomsystem zur Verfügung stehen.

Der Prädikatenkalkül kann zum Beispiel als ein Konzept der Theorie angesehen werden. Es besteht aus einer formalen Sprache und formalen Regeln. Außerdem ist ein korrektes und vollständiges Axiomsystem verfügbar, in dem die wahren Sätze mittels einer kleinen Menge von Axiomen und Inferenzregeln abgeleitet werden können. Aber meist wird diese Theorie nicht genutzt. Man interessiert sich für eine spezielle Domäne, welche nur bestimmte Prädikaten- und Funktionskonstanten zuläßt.

Natürlich beschäftigt man sich nicht nur mit Theorien im Bereich der Prädikatenlogik. Gewisse Theorien greifen auf andere, ausdrucksstärkere logische Systeme zurück, mit denen wir uns an dieser Stelle nicht auseinandersetzen wollen. Hier wird nur auf die Theorie 1. Ordnung eingegangen, d.h. der Spezialisierung der Prädikatenlogik für eine bestimmte Domäne.

Zusammenfassend halten wir fest: Das Ziel einer Theorie ist die Ableitung aller wahren Sätze einer zu betrachtenden Domäne, ausgehend von den Axiomen.

Definition: AS sei eine Menge von Aussagen einer Sprache L, und T sei die Menge der Aussagen G von L mit $AS \models F$, dann ist T eine formale **Theorie**. Man sagt, AS ist ein Axiomsystem für T und ist durch AS axiomatisierbar. Die Aussagen aus T sind die **Theoreme** von T.

Theoreme sind folglich gültige Sätze, die aus einem Axiomsystem entstanden sind. Eine Ableitung eines Theorems ist die geordnete Liste der Axiome, der Inferenzregeln und der schon enthaltenen Theoreme, um dieses Theorem zu produzieren.

11.7 Inkonsistenz, Entscheidbarkeit, Vollständigkeit einer Theorie

Zunächst seien die Begriffe der Konsistenz und Inkonsistenz erklärt. Eine Theorie kann entweder konsistent oder inkonsistent heißen. Hier wird die Definition der Inkonsistenz geliefert.

Definition: Eine Theorie T ist **inkonsistent**, wenn für jede Formel F gilt:

$$T \vdash F \quad und \quad T \vdash \neg F.$$

Ein weiterer wichtiger Gedanke ist die Entscheidbarkeit einer Theorie, die praktisch aus der Konsistenz oder Inkonsistenz folgt. Die folgende Definition soll in die Thematik der Entscheidbarkeit einführen.

Definition: Eine Theorie T ist **unentscheidbar**, wenn weder eine Formel F noch ihre Negation ableitbar aus der Theorie T ist.

Nun werden wir auf den Begriff der Vollständigkeit eingehen. Es sei angemerkt: Ist eine Theorie vollständig, ist auch das zugehörige Axiomsystem vollständig.

Definition: Eine Theorie ist vollständig, wenn jede Formel der Sprache ein Theorem oder die Negation eines Theorems ist.

Bemerkung zur Vollständigkeit einer Theorie:

Eine unvollständige Theorie kann durch Hinzunahme neuer Axiome, die in der Theorie gültig sind, vervollständigt werden.

11.8 Verbindung Axiomsystem und Theorie

Nachdem nun alle notwendigen Begriffe erklärt sind, können wir die Verbindung zwischen einem Axiomsystem und einer Theorie aufzeigen.

In den unter 11.5 festgelegten Definitionen wurde immer von einer Formelmenge gesprochen. Da eine Theorie nichts anderes als eine Formelmenge darstellt, läßt sich der Ausdruck „Formelmenge" durch den Begriff „Theorie" ersetzen. Damit erhält man die folgenden Definitionen.

Definitionen: Ein Axiomsystem AS is **korrekt**, wenn jede Formel F, die aus einer Theorie T abgeleitet wird, eine logische Konsequenz von T ist, d.h.:

$$T \vdash_{AS} F \quad ,dann \quad T \models F.$$

Ein Axiomsystem AS ist **vollständig**, wenn für jede Theorie T jede Formel F, die aus der Theorie T logisch folgt, ableitbar ist, d.h.:

$$T \models F \quad ,dann \quad T \vdash_{AS} F.$$

Die Basis einer Theorie bildet also das Axiomsystem. Ist eine solche Basis vorhanden, heißt eine Theorie axiomatisierbar.

Nun kann auch die Frage nach der Entscheidbarkeit von Axiomsystemen geklärt werden. Ist eine Theorie entscheidbar, gilt das auch für das Axiomsystem, da das Axiomsystem die Basis einer Theorie darstellt.

Ein Axiomsystem AS ist **entscheidbar**, wenn sich prüfen läßt, ob eine Theorie T in AS konsistent ist oder nicht.

Ein Axiomsystem AS ist **halbentscheidbar**, wenn es möglich ist, immer die Inkonsistenz, manchmal aber auch die Konsistenz zu prüfen.

Ein Axiomsystem AS ist **unentscheidbar**, wenn weder eine Formel noch ihre Negation aus einer Theorie T ableitbar ist.

Bemerkungen:

Aussagenlogik ist entscheidbar.

Prädikatenlogik ist unentscheidbar.

Volle Prädikatenlogik ist halbentscheidbar.

Beispiel:

Das Beispiel aus 11.6 wird nun wieder aufgegriffen, um es zu vervollständigen.

Das Theorem „Es gibt Studenten, die zur Uni gehen" soll mittels der aufgestellten Axiome und Inferenzregeln abgeleitet werden. Hier folgt die Ableitung:

Theorem: $\exists x(student(x) \to uni(x))$

1. $\forall x(student(x) \to zul(x))$ $(A1)$
2. $student(t) \to zul(t)$ 1, (I1)
3. $\exists x(zul(x) \to uni(x))$ $(A3)$
4. $\exists x(student(x) \to uni(x))$ 2, 3, (I2)

11.9 Übungen zum Thema

1. Drücken Sie folgende Sätze in Prädikatenlogik aus:

    a. Entweder es regnet, oder es regnet nicht.
    b. Jeder Student, der Informatik studiert, muß ein Wahlgebiet außer Sport belegen.
    c. Jede natürliche Zahl, die nicht gleich 0 ist, hat eine andere Zahl als Nachfolge.
    d. Wenn x ein Vater oder x eine Mutter ist, dann ist x Elternteil von jemandem.
    e. Wenn x eine Elternteil und weiblich ist, dann ist x Mutter von jemandem.
    f. Jeder, der Elternteil ist, hat ein Kind.

2. Drücken Sie folgende Sätze in der Prädikatenlogik aus. Benutzen Sie die fettgedruckten Wörter als Prädikate:

    a. Nicht alles, was **glänzt**, ist **Gold**
    b. **Ende gut, alles gut**
    c. Der **Zweck** heiligt die **Mittel**
    d. Hans **mag** sich selbst und sonst niemanden (benutzen Sie das Prädikat =)
    e. Für alle **natürlichen** Zahlen gibt es eine Zahl, die **kleiner** ist als alle anderen.

3. Schreiben Sie folgende Formel in der Form $H \leftarrow B_1, B_2, \cdots B_n$ um.

    a. $\forall X(p(X) \vee \neg q(X))$
    b. $\forall X(p(X) \vee \neg \exists Y(q(X,Y) \wedge r(X)))$
    c. $\forall X(\neg p(X) \vee (q(X) \to r(X)))$
    d. $\forall X(r(X) \to (q(X) \to p(X)))$

4. Leiten Sie unter Verwendung der Liste der logischen Konsequenzen und der logischen Äquivalenzen folgende Formeln ab.
   a. $\forall x(F(x) \rightarrow G) \equiv \exists x f(x) \rightarrow G$
   b. $\exists x(F(x) \rightarrow G(x)) \equiv \forall y F(y) \rightarrow \forall y F(y) \rightarrow \exists x G(x)$
   c. $(F \vee G) \wedge (\neg F \vee H) \models G \vee H$
   d. $F \rightarrow (G \leftrightarrow H) \models (F \wedge G) \rightarrow H$

5. Konstruieren Sie die Ableitung in einem Axiomsystem für das folgende Schema:
   $\forall x(a \wedge b) \rightarrow \forall x(a) \wedge \forall x(b)$

Thema 12

Konvertieren einer Formel in eine Klauselform

Wenn wir ein Problem mit dem Ziel formalisieren, es unter Benutzung eines Logikprogramms zu lösen, schreiben wir meist die Sätze direkt in Klauselform. Manchmal ist es natürlicher, die Sätze zuerst in der unbeschränkten Prädikatenlogik der 1. Ordnung zu schreiben und sie dann in Klauselform zu konvertieren.

Es gibt einen einfachen Algorithmus zur Konvertierung jedes Satzes der Prädikatenlogik der 1. Ordnung in eine Menge von Klauseln. Die Transformation erfolgt in mehreren systematischen Schritten, während derer von der Kommutativitäts- und Assoziativitäts-Eigenschaft von „∧" und „∨" sowie von der Entfernung der überflüssigen Klammer Gebrauch gemacht wird. Wir sorgen auch durch passende Umbenennung der Variablen dafür, daß zwei Quantoren in dem ursprünglichen Satz sich auf die gleichen Variablen beziehen.

Bevor wir das Verfahren beschreiben, gehen wir auf die Skolemisierung ein.

12.1 Skolemisierung

Skolemisierung ist lediglich der Vorgang, einer existierenden Sache einen Namen zu geben. Wenn das Ding, das existiert, von bestimmten Variablen abhängig ist, dann hat der Name dies durch Bezeichnung dieser Variablen als Parameter zu reflektieren; sonst ist es möglich, daß der Informationsgehalt durch die Konvertierung verlorengeht. Das ist der Gedanke hinter der Skolemisierung.

Folgende Fälle sind möglich:

- $\forall x \exists y\, p(x,y)$
  bedeutet: Für jedes x gibt es ein y, so daß das Prädikat wahr wird; d.h., es gibt eine funktionale Abhängigkeit zwischen x und y, die man durch
  $y = f(x)$ darstellt, so daß
  $\forall x \exists y\, p(x,y) \implies \forall x\, p(x, f(x))$ gilt.

- $\exists x \forall y\, \neg p(x,y) \implies \forall x \forall y\, \neg p(x,y)$
  x ist nicht abhängig von einer Variablen. Daher kann der Existenzquantor durch den Allquantor ersetzt werden.

- $\exists x\, p(x)$
  x ist von nichts abhängig. Wir setzen eine Konstante a ein und nennen sie „Skolemisierungs-Konstante".
  $\exists x\, p(x) \implies p(a)$
  Hat man die Existenzquantoren ersetzt, dann können die verbleibenden Allquantoren gestrichen werden.

- $\forall xz \exists y\, p(x,z,y)$
  In diesem Fall ist y von zwei Variablen abhängig; dann
  $\forall xz\, p(x,z,f(x,z))$

Die Transformation

Die Konvertierung erfolgt in mehreren Schritten wie folgt:

1. Entfernen von Implikation ($\rightarrow$) und Äquivalenz: ($\leftrightarrow$)
   - $A \rightarrow B \equiv \neg A \vee B$
   - $A \leftrightarrow B \equiv [B \vee \neg A] \wedge [A \vee \neg B]$

2. Die Negation, soweit es möglich ist, in die Formel ziehen:
   - $\neg\neg A \equiv A$
   - $\neg(B \vee A) \equiv (\neg B \wedge \neg A)$ De Morgan
   - $\neg(B \wedge A) \equiv (\neg B \vee \neg A)$
   - $\neg\, \forall x p(x) \equiv \exists x \neg p(x)$
   - $\neg\, \exists x p(x) \equiv \forall x \neg p(x)$

3. Die Disjunktion und Konjunktion so oft wie möglich ersetzen durch:
   - $A \vee (B \wedge C) = (A \vee B) \wedge (A \vee C)$
   - $A \vee \forall x B = \forall x (A \vee B)$
   - $A \vee \exists x B = \exists x (A \vee B)$
   - $\forall x (A \wedge B) = \forall x A \wedge \forall x B$

4. Umbenennen der Variablen:
   - damit nicht zwei Quantoren gleiche Variablen haben.

5. Entfernen von Existenzquantoren:
   - Skolemisieren, wie es beschrieben wurde.

6. Entfernen von Allquantoren:
   - da alle Variablen all-quantiziert sind.

7. Konvertierung in KNF unter Benutzung von De Morgan:
   - $\neg (A \wedge B) = \neg A \vee \neg B$
   - $A \vee (B \wedge C) = (A \vee B) \wedge (A \vee C)$

8. Entfernen von Operatoren durch Schreiben als Mengen:
   - $P \wedge (Q \vee R) = \{\{P\},\{Q,R\}\}$

9. Umbenennen der Variablen, so daß
   - keine Variable in mehr als einer Klausel erscheint.

Beispiel: Gegeben sei folgende Formel:

$\forall x\{\{\forall y p(x,y)\} \rightarrow \neg\{\forall y q(x,y) \rightarrow r(x,y)\}\}$

Schritt 1: $\forall x\{\neg\{\forall y p(x,y)\} \vee \neg\{\forall y \neg q(x,y) \vee r(x,y)\}\}$

Schritt 2: $\forall x\{\exists y \neg p(x,y) \vee \{\exists y q(x,y) \wedge \neg r(x,y)\}$

Schritt 3: $\forall x\{\exists y \neg p(x,y) \vee (\exists y q(x,y) \wedge \neg r(x,y))\}$

Schritt 4: $\forall x\{\exists y \neg p(x,y) \vee (\exists z q(x,z) \wedge \neg r(x,z))\}$

Schritt 5: $\forall x \{\neg p(x, f_1(x)) \vee (q(x, f_2(x)) \wedge \neg r(x, f_2(x)))\}$
Schritt 6: $\neg p(x, f_1(x)) \vee (q(x, f_2(x)) \wedge \neg r(x, f_2(x)))$
Schritt 7: $(\neg p(x, f_1(x)) \vee q(x, f_2(x))) \wedge (\neg p(x, f_1(x)) \vee \neg r(x, f_2(x)))$
Schritt 8: $\{\ \{\neg p(x, f_1(x)), q(x, f_2(x))\}\ \{\neg p(x, f_1(x)), \neg r(x, f_2(x))\}\ \}$
Schritt 9: $\{\ \{\neg p(x_1, f_1(x_1)), q(x_1, f_2(x_1))\}\ \{\neg p(x_2, f_1(x_2)), \neg r(x_2, f_2(x_2))\}\ \}$

Bindungsregel

$\neg$	bindet stärker als	$\wedge, \vee$
$\wedge, \vee$	bindet stärker als	$\rightarrow$
$\rightarrow$	bindet stärker als	$\leftrightarrow$

Beispiel:

$\neg A \wedge B$	Umformung	$(\neg A) \wedge B$
$A \vee B \leftarrow C \wedge D$	Umformung	$(A \vee B) \leftarrow (C \wedge D)$
$A \leftrightarrow B \leftarrow$	Umformung	$A \leftrightarrow (B \leftarrow B)$

Einige nützliche Konvertierungen

$F \leftarrow (G \vee H)$	$\Rightarrow$	$F \leftarrow G$ $F \leftarrow H$
$F \leftarrow (G \leftarrow H)$	$\Rightarrow$	$F \leftarrow G$ $F \leftarrow \neg H$
$F \leftarrow (G \leftrightarrow H)$	$\Rightarrow$	$F \leftarrow G \wedge H$ $F \leftarrow \neg G \wedge \neg H$
$(F \vee G) \leftarrow H$	$\Rightarrow$	$F \leftarrow \neg G \wedge H$
$(F \wedge G) \leftarrow H$	$\Rightarrow$	$F \leftarrow H$ $G \leftarrow H$
$(F \leftarrow G) \leftarrow H$	$\Rightarrow$	$F \leftarrow G \wedge H$
$F \leftarrow \exists y G(y)$	$\Rightarrow$	$\forall y (F \leftarrow G(y))$ y darf nicht in F vorkommen

12.2 Übungen zum Thema

1. Lesen Sie folgende Ausdrücke in natürlicher Sprache und skolemisieren Sie sie. Geben Sie der Skolemfunktion einen passenden Namen.
    a. $\exists x \neg sekretär(x)$
    b. $\forall x \exists y [person(x) \rightarrow hat\_vater(x,y)]$
    c. $\forall x \exists y [lehrer(x) \rightarrow [lehrt(x,y) \land student(y)]]$

2. Drücken Sie unter Benutzung nur eines Prädikats „mag" folgende Sätze in Klauselform aus
    a. Hans mag jeden
    b. Hans mag jemanden
    c. jeder mag jeden
    d. jeder mag jemanden
    e. jemand mag jedermann
    f. jemand mag jemanden
    g. niemand mag Hans
    h. niemand mag niemanden
    i. niemand mag jemanden
    j. niemand mag jeden

3. Transformieren Sie folgende Formel in Klauselform.
    a. $\forall x[p(x) \rightarrow [\forall y p(y) \rightarrow p(f(x,y)) \land \neg \forall y[q(x,y) \rightarrow p(y)]]]$
    b. $\forall x \forall y [q(x,y) \leftrightarrow \forall u(p(g,u) \lor \neg p(x,u))]$
    c. $p(x,y) \leftrightarrow (g(y) \leftarrow g(x))$
    d. $\neg \forall x p(x) \rightarrow \exists x \neg p(x)$
    e. $\forall x \exists y \{[p(x,y) \rightarrow q(y,x)] \land [q(y,x) \rightarrow r(x,y)]\} \rightarrow \exists x \forall y [p(x,y) \rightarrow r(x,y)]$
    f. $\neg \{(\forall x \{p(x) \rightarrow \{p(f(x,y)) \land \neg \forall y \{q(x,y) \rightarrow p(y)\}\}\}\}$
    g. $\neg \exists p(x) \rightarrow \forall x \forall y (p(x,y) \rightarrow \neg r(y))$

> *Die Würde des Menschen*
> *folgt aus der Beschränktheit*
> *seines Geistes.*
>
> *– Blaise Pascal –*

6 Herbrand-Beweisprozedur

Um mit logischen Programmen arbeiten zu können, bedarf es eines Verfahrens, mit dessen Hilfe man Sätze, also Aussagen aus einer Menge von Grundsätzen, den sog. Axiomen, ableiten kann. Die Gesamtheit der Axiome nennt man auch ein logisches Programm; jedenfalls wenn man beabsichtigt, mit maschineller Hilfe die Schlußfolgerungen, Theoreme genannt, aus den Grundtatbeständen zu ziehen. Dadurch werden Anwendungen wie automatisierte Deduktionssysteme und Expertensysteme zur Wissensrepräsentation ermöglicht. Denn nachdem durch die 'Aufklärung' die Gebäude der Mathematik und der Logik an Struktur und Stabilität gewonnen haben und auch komplexe Beweise immer mehr nach festen Schemata durchgeführt werden konnten und programmierbare Maschinen endlich zur Verfügung standen, konnte man diese verantwortungsvolle Aufgabe dem Computer übertragen. Voraussetzung war allerdings ein Algorithmus, der die Schritte beschrieb, die zur Ableitung eines prädikatenlogischen Theorems erforderlich waren. Eines dieser Verfahren war die Herbrand-Beweisprozedur.

Es mußte allerdings gewährleistet sein, daß das, was ein Mensch aus den Axiomen ableiten konnte, auch mittels dieses Verfahrens in endlicher Zeit abgeleitet werden konnte. Diese Voraussetzung war mit der Entwicklung dieser Methode gegeben. Allerdings konnte auch dieses Verfahren die naturgegebenen Probleme der Prädikatenlogik nicht beheben: die sog. Unentscheidbarkeit. Dieses Problem ist in der einfachen Prädikatenlogik allerdings weder von anderen Verfahren noch von einem Menschen zu lösen. Damit leistete das Verfahren das in der einfachen Prädikatenlogik zu Leistende, was für die meisten Anwendungen der Wissensverarbeitung ausreichend war.

Andererseits wollte man aber bei dieser Prädikatenlogik bleiben, denn das einmal Erreichte, die Vorteile des maschinellen Beweises sollte man allerdings nicht aufgeben. Und so nahm man die auftretende Unentscheidbarkeit in Kauf.

Dafür glaubte man, endlich etwas zu haben, über das man sehr lange spekuliert hatte: Objektivität. Eine scheinbar kontextunabhängige Instanz, die anscheinend wissenschaftliche Fragestellungen unabhängig vom Erfahrungsbereich eines Menschen beantworten konnte. Die Fähigkeiten dieser Instanz beschränken sich dabei allerdings auf das Beantworten einer eng begrenzten Frage. Das Ziel ist dabei bereits vorgegeben: Der Computer hat den Weg zu finden, sofern es einen gibt.

Nicht das „Was" ist gefragt, sondern das „Wie und Warum". Interessante Nebenergebnisse eines Beweises bleiben dabei unberücksichtigt.

Wenn man also beispielsweise drei Axiome miteinander kombinieren könnte, um etwas ganz Geniales, völlig Neues zu beweisen, so würde ein maschineller Beweiser dies von selbst nicht tun können, geschweige denn bemerken. Der menschliche Anwender muß dies als konkrete Anfrage formulieren; bei ähnlichen Fragestellungen, die zufällig in die Nähe dieser Entdeckung führen, wird der maschinelle Geistesblitz ausbleiben. Polyas Forderung „Man muß einen mathematischen Satz erraten, bevor man ihn beweist" (s. Lakatos „Beweise und Widerlegungen") bleibt hier der einzige Weg; das quasi zufällige Entdecken als Nebenprodukt, als „Fallobst", muß hier versagen.

Die Herbrand-Beweisprozedur ist heutzutage – nachdem sich die SLD-Resolution[4] als logisch gleichwertiges Verfahren durchgesetzt hat – für die praktische Anwendung bedeutungslos. Letztere ist offenbar performanter, also schneller, da nach ihr bedeutend weniger Schritte erforderlich sind.

---

[4] Das Thema: SLD-Resolutio folgt später.

Thema 13

Herbrand-Domäne

13.1 Begriffserklärungen

Interpretation, Belegung, Universum

Eine Formel wäre nur ein Haufen Zeichen und Symbole – ohne eine konkrete Bedeutung. Sie muß also interpretiert werden, um eine Bedeutung zu bekommen; nämlich um als „wahr" oder „falsch" gelten zu können. Dazu ist es nötig, ein Universum zu erklären, das die Objekte, die für die Variablen eingesetzt oder als Konstanten stehen dürfen zu erklären. Jeder Konstanten wird dabei genau ein Element hieraus zugeordnet. Ferner muß jedem n-stelligen Funktor eine Funktion zugeordnet werden, die jeden Wert des Universums auf einen Wert desselben abbildet. Und schließlich muß noch jedes Prädikat eine Funktion bekommen, die jeden Wert des Universums auf „wahr" bzw. „falsch" abbildet (s. Bemerkung nächstes Kapitel).

Eine Belegung der Variablen ordnet jeder Variablen der Formel ein Element des Universums zu. Damit ist es dann möglich, die Funktoren-Funktion einzusetzen und die Wahrheitsbewertung mittels der Prädikatenfunktion durchzuführen, da jetzt jedes Argument einem Objekt des Universums entspricht. Mit den logischen Verknüpfungen durch die Definition der Operatoren und Quantoren kann nun auch der gesamten Formel ein Wahrheitswert zugeordnet werden. Da aber eine Interpretation gewöhnlich mehrere Belegungen zuläßt, können auch mehrere, sogar verschiedene Wahrheitswerte für die Formel unter einer Interpretation ermittelt werden; jedenfalls wenn es sich um offene Formeln handeln würde.

Beispiel einer Interpretation:

Als Formel betrachten wir: $\forall x : p(f(x,a),x)$

- Das Universum ist die Menge der natürlichen Zahlen;
- der Konstanten a wird die Zahl 1 zugeordnet;
- der zweistellige Funktor f steht für die Multiplikation von zwei natürlichen Zahlen;
- das zweistellige Prädikat p ist genau dann wahr, wenn seine beiden Argumente arithmetisch gleich sind; sonst ist es falsch.

Damit interpretieren wir die Formel als

$$\forall x : gleich(mal(x,1),x)$$

oder auf hochdeutsch: Für alle natürlichen Zahlen, die man anstelle von x einsetzen kann, gilt: $x \times 1 = x$

Für das Belegungsbeispiel $x = 5$ ergäbe sich $5 \times 1 = 5$; also eine wahre Aussage. Da diese Gleichung für alle natürlichen Zahlen erfüllt ist, ist die gesamte Formel wahr.

Wahrheitsgehalt einer Formel, Modell

Ist die Formel unter einer Interpretation ausschließlich und immer wahr, und das unter allen kombinatorisch denkbaren Möglichkeiten der Variablenbelegung, so spricht man von der betreffenden Interpretation als Modell für die Formel. Diese Betonung ist allerdings im Zusammenhang mit logischen Programmen redundant, denn dort handelt es sich ja bereits um all-quantifizierte Formeln.

Das obige Beispiel ist also ein Modell, da der Wahrheitswert der Gesamtformel „wahr" ist, unabhängig davon, was man für x als Ausgangswert annimmt.

Im Zusammenhang mit der Funktion, die in einer Interpretation die Zuordnung eines „Wahrheitswertes" zu einem Prädikat vornimmt und damit auch indirekt die Zuordnung eines „Wahrheitswertes" der Formel, möchte ich hier noch etwas anmerken: Es ist völlig klar, daß zu einem Symbol oder einem Satz von Symbolen eine Bedeutung gehört. Kein Objekt ohne Subjekt und kein Subjekt ohne Objekt, soll schon Schopenhauer gesagt haben. Das heißt, die Semantik eines Prädikats liegt im Bereich der Wahrheit, Richtigkeit oder Korrektheit einer Aussage – oder eben nicht. Dies wird dann aber nicht erst durch eine besondere Funktion erreicht, die einem reinen Symbol eine reine Bedeutung gibt. Es ist immer so; dafür braucht man nicht ausgerechnet hier eine besondere Funktion. Aber, was viel schwerer wiegt: Dies kann eine einfache mathematische Funktion absolut nicht leisten.

Es wird nicht ein Element aus der Menge der Prädikatbezeichnungen auf ein anderes aus der Menge der auf wundersame Weise zu Zeichen gewonnenen Bedeutungen ({w, f} oder auch ({0, 1}) oder sonst einer „Semantik-Menge"), mithin ein Objekt auf das andere, abgebildet, um dem Prädikat eine Bedeutung zu geben. Die hat es bereits, wenn auch nur eine potentielle. Statt dessen wird ein Objekt, das potentiell wahr oder auch falsch bedeuten kann, auf ein Wort oder ein Symbol für „wahr" oder auf eines für „falsch" projiziert.

Logische Konsequenz

Eine Formel F heißt logische Konsequenz einer Formelmenge S, wenn jedes Modell für S auch eines für F ist. Genau dann gilt: $F_1 \& F_2 \cdots F_n \implies F$

denn in den Fällen, in denen eine Interpretation kein Modell für S ist, ist die Voraussetzung falsch und damit die Aussage richtig, unabhängig davon, ob sie auch Modell für F ist. Die Definition verlangt hierbei aber auch kein Vorhandensein einer logischen Konsequenz, so daß ihre Richtigkeit ebenfalls unangetastet bleibt. Ist sie jedoch Modell für S und nicht für F, so handelt es sich bei F auch um keine logische Konsequenz, und auch der Satz wäre falsch. Und ist schließlich eine Interpretation Modell sowohl für S als auch für F, so ist F nach Definition logisch konsequent, und auch die obige Aussage wäre richtig.

Wenn man diesen Schluß etwas umformuliert, ergibt sich:

$F_1 \& F_2 \cdots F_n \neg F \implies 0$

Obwohl uns bekannt ist, daß auf der Meta-Ebene, auf der der Modus Ponens angesiedelt zu sein scheint, sich diese Form ergeben muß, da es sich um nichts anderes handelt als um das Prinzip des indirekten Beweises, sehen wir uns nicht in der Lage, diese Umformung schrittweise nach bekannten und wohl definierten Gesetzen zu vollziehen. Es mögen gleichartige Gesetze auf Meta-Ebene gelten, nur fehlt es uns an Syntax, an den Gesetzen selbst und an einem Meta-Kalkül. Intuitiv würden wir aber folgende Schritte formulieren:

$F_1 \& F_2 \& \cdots F_n \implies F$
$gdw.\ \neg(F_1 \& F_2 \& \cdots) \vee F$
$gdw.\ \neg F_1 \vee \neg F_2 \vee \cdots \neg F_n \vee F \vee 0$
$gdw.\ \neg(F_1 \& F_2 \& \cdots F_n \& \neg F) \vee 0$
$gdw.\ F_1 \& F_2 \& \cdots F_n \& \neg F \implies 0$

wobei „gdw." „genau dann wenn" bedeutet und hier so etwas wie eine Äquivalenz symbolisieren soll.

13.2 Herbrand -Interpretation, -Universum, -Basis

Definition: Herbrand-Universum

Das Herbrand-Universum ist definiert als die Menge aller Grundterme (Terme ohne Variablen), die mit Konstanten und Funktoren gebildet werden können, die in den Formeln der betreffenden Formelmenge P vorkommen. Das heißt, daß nicht nur alle auftretenden Konstanten im Herbrand-Universum (HU) enthalten sind, sondern auch die dadurch mit den Funktoren möglichen n-stelligen Tupel $f(Konstante_1 \cdots Konstante_n)$. Dadurch wird aber das HU erweitert, denn dieser n-stellige Tupel ist nun auch Element im HU. Dadurch werden aber wiederum weitere erzeugt, denn auch die sich durch Funktoren ergebenden Elemente werden wiederum zu Argumenten, denen neue n-stellige Tupel $f(Term_1 \cdots Term_n)$ und damit neue Elemente zugeordnet werden. Sollte in P keine Konstante vorhanden sein, so nimmt man einfach eine „Dummy-Konstante" an, mit der dann alle weiteren Elemente mittels der Funktionsvorschrift gebildet werden können. Das HU ist also im Fall von vorhandenen Funktoren das (nie erreichte, aber fest umschriebene) Ergebnis einer endlosen Rekursion. Beispiel:

- P:
  $p(x) : -q(f(x), g(x))$
  $r(g) : -$
  $\mathcal{L} = \{p, q, r, f, g\}$
  $HU(P)_\mathcal{L} = \{h, f(h), g(h), f(f(h)), g(f(h)), g(g(h)), \cdots\}$

- Δ: eine Menge von Formel
  $\Delta = \{\{p(a,b)\}, \{q(b), r(c)\}\}$
  $HU(\Delta) = \{a, b, c\}$

- $\Delta = \{\{p(b)\}, \{q(f(x), g(y))\}\}$
  $HU(\Delta) = \{b, f(b), g(b), f(f(b)), f(g(b)), g(f(b)), g(g(b)), \cdots\}$

- $\Delta = \{\{p(x)\}, \{\neg p(y)\}\}$
  $HU(\Delta) = \{h\}$

Definition: Herbrand-Basis

Herbrand-Basis eines Programms P ist die Menge aller „Grundklauseln", die gebildet werden, wenn man für Variablen die Elemente des HU ersetzt. Beispiele:

- P:
  $p(x) : -q(f(x), g(x))$
  $r(y) : -$
  $\mathcal{L} = \{p, q, r, f, g\}$
  $HU = \{a, f(a), g(a), f(f(a)), g(f(a)), g(g(a)), \cdots\}$
  $HB = \{p(a), q(a,a), r(a), p(f(a)), p(g(a)), q(a, f(a)), q(f(a), a), \cdots\}$

- $\Delta = \{\{p(a,b)\}, \{q(b), r(c)\}\}$
  $HU = \{a, b, c\}$
  $HB = \{\{p(a,b)\}, \{q(b), r(c)\}\}$

- $\Delta = \{\{p(b)\}, \{q(f(x)), g(y)\}\}$
  $HU = \{b, f(b), g(b), \ldots\}$
  $HB = \{\{p(b)\}, \{q(f(b)), g(b)\}, \{q(f(g(b)), g(g(b)))\}, \ldots$

- $\Delta = \{\{p(x)\}, \{\neg p(y)\}\}$
  $HU = \{a\}$
  $HB = \{\{p(a)\}, \{\neg p(a)\}\}$

- $besitzt(besitzter(katze), katze)$.
- $glücklich(x) : -besitzt(X, katze)$.
- $HU = \{katze, besitzter(katze), besitzter(besitzt(katze)), ... \}$
- $HB = \{besitzt(X,Y) \mid X, Y \in HU\} \cup \{glücklich(X) \mid X \in HU\}$

Bemerkungen

- Δ enthält Konstanten und Funktion; dann ist HU unendlich.
- Δ enthält nur Konstanten; dann ist HU endlich.
- Δ enthält keine Konstanten; dann setze man eine Konstante „h" ein.
- Ist HU unendlich; dann ist HB unendlich.

Definition: Herbrand-Interpretation

Die Herbrand-Interpretation besteht aus dem Herbrand-Universum, einer bestimmten Funktionsordnung für Funktoren und einer beliebigen Wahrheitsbewertung für die n-stelligen Prädikate. Außerdem wird jedem Konstantensymbol eine identisch benannte Konstante aus dem Herbrand-Universum zugeordnet.

Eine Interpretation I für eine Formelmenge Δ heißt HI, wenn folgendes gilt:

- Das Universum der Interpretation ist das HU.
- Jeder Konstanten wird die gleiche Konstante HU zugeordnet.
- Jedem n-stelligen Funktionssymbol f wird eine Funktion zugeordnet, die jeweils n-Grundterme $t_1, \cdots t_n$ aus HU auf das Element $f(t_1, \cdots t_n)$ aus HU abbildet.
- Jedem Grundatom wird der Wert wahr oder falsch zugeordnet.

Die Zuordnung von Prädikaten ist offen gelassen, so daß sich unterschiedliche Herbrand-Interpretationen somit nur durch die Zuordnung der Prädikate unterscheiden. Beispiel:

$P: \quad \neg p(a)$
$\quad \quad \exists x p(x)$

$HU(P) = \{a\}$

$HB(P) = \{p(a)\}$

$HI_1 = I_1 = \{\}, HI_2 = \{p(a)\}$

HI_1 ist nicht ein Modell von $\exists x p(x)$;

HI_2 ist ein Modell von $\exists x p(x)$, aber nicht Modell von $\neg p(a)$

Nehmen wir an, das Universum ist die gesamtheit der natürlichen Zahlen; wir ordnen „0" zu a und „ungerade"- Relation (<1>, <3>, <5>,...) zu P; es gibt ein Modell, da „0 ist nicht ungerade" und „eine ungerade Zahl existiert, z.B. 1".

Definition: Herbrand-Modell

Die Herbrand-Interpretationen, die Modelle für eine Formelmenge Δ sind, sind Herbrand-Modelle. Um die Unerfüllbarkeit Δ zu prüfen, genügt es, nur die Herbrand-Interpretationen zu berücksichtigen.

- Hat Δ ein Modell, dann hat es ein HM und ist erfüllbar.
- Δ ist genau dann unerfüllbar, wenn es kein HM hat.

- Hat Δ kein HM, bedeutet dies nicht, daß Δ erfüllbar ist; Δ kann andere Modelle haben.

Beispiel:

$\Delta = \{p(a), \exists x \neg p(x)\} = \{p(a), p(x)\}$

$HU = \{a\}$

$HB = \{p(a), \neg p(a)\}$

Der Konstante a wird 0 zugeordnet;

das Prädikat p bildet 0 auf „wahr" ab.

$\{p(0) := wahr,$
$\ \ p(0) := falsch\}$

Δ hat ein Modell, aber kein HM ! Die Herbrand-Interpretationen für Δ sind:

$HI = \{\{\}, \{p(a)\}\}$

Keine von diesen Interpretationen ist ein Modell für Δ.

Definition: Grund-Programm

Unter Grund-Programm GP versteht man die Menge alle Klauselausprägungen, die sich durch die zulässigen Instanziierungen mit Elementen aus HU ergeben. Die Prädikate hierbei sind also Elemente aus HB. Beispiel:

$P1: \ mag(tom, X) : -mag(X, logik).$
$\ \ \ \ \ \ mag(hans, logik).$

$HU(P1): \ \{tom, hans, logik\}$

$GP(P1): \ mag(tom, tom) : -mag(tom, logik).$
$\ \ \ \ \ \ \ \ \ \ \ mag(tom, hans) : -mag(hans, logik).$
$\ \ \ \ \ \ \ \ \ \ \ mag(tom, logik) : -mag(logik, logik).$
$\ \ \ \ \ \ \ \ \ \ \ mag(hans, logik).$

Beispiel: $P2$ sei:

$likes(christ, X) : -likes(X, logic).$
$likes(bob, logic) : \ -$

$HU = \{christ, bob, logic\}$

G(P2):

$likes(christ, christ) : -likes(christ, logic).$
$likes(christ, bob) : -likes(bob, logic).$
$likes(christ, logic) : -likes(logic, logic).$
$likes(bob, logic).$

$HB = \{likes(christ, christ), likes(christ, logic), likes(christ, bob), likes(logic, christ),$
$likes(logic, logic), likes(logic, bob), likes(bob, christ), likes(bob, logic), likes(bob, bob)\}$

$HM :=$ falsch := falsch
$\ \ \ \ \ \ \ \ $ wahr := wahr
$\ \ \ \ \ \ \ \ $ falsch := falsch
$\ \ \ \ \ \ \ \ $ wahr.

Mit dieser Interpretation sind alle Klauseln in $G(P)$ wahr. Diese Interpretation ist ein H-Modell für P.

Definition: Herbrand-Theorem

Ist eine Menge von Klauseln unerfüllbar, dann ist auch ihre Herbrand-Basis unerfüllbar.

Gegeben: Theorie Th, Formel F und Grundprogramm GP $Th \cup \{\neg F\}$ ist unerfüllbar, gdw. $GP(Th \cup \neg F)$ unerfüllbar ist.

13.3 Semantischer Baum

Unter einem semantischen Baum wird eine grafische Darstellung aller Herbrand-Interpretationen einer Formelmenge P verstanden. Die Knoten dieses Binärbaums stellen die Wahrheitszustände der Prädikate aus P dar, genauer gesagt: aus der zugehörigen HB. Die zwei Tochter-Knoten jedes Knotens entsprechen den beiden Wahrheitszuständen eines Prädikats; der linke repräsentiert den Fall, daß dieses Prädikat „wahr" ist, der rechte den für „falsch". Beide Knoten verknüpfen aber diesen Zustand wiederum mit dem eines weiteren Prädikats aus HB. Da es für dieses ebenfalls zwei Wahrheitszustände gibt, hat auch der Tochterknoten zwei Subknoten, die diese Wahrheitswerte des neuen Prädikats repräsentieren. Und auch für die neuen Subknoten gilt das gleiche, bis keine Prädikate aus HB mehr unbesetzt sind.

Als Beispiel betrachten wir die folgende Formelmenge:

$p(a)$.
$q(b)$.
$q(X) : -p(X)$.

$HU = \{a, b\}$
$HB = \{p(a), p(b), q(a), q(b)\}$
$GP = \{p(a), q(b), \neg p(a) \vee q(a), \neg p(b) \vee q(b)\}$

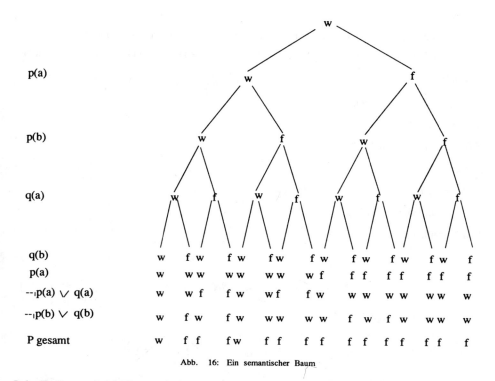

Abb. 16: Ein semantischer Baum

Jeder Endknoten jedes Blattes mit dem zu ihm führenden Pfad definiert damit den logischen Zustand aller der zu P gehörigen HB vorkommenden Prädikate. Im eventuell unendlichen Baum sind aber alle möglichen Zustandspermutationen abgebildet, so daß der semantische Baum alle möglichen Herbrand-Interpretationen einer Formelmenge P darstellt.

Mit diesen nunmehr belegten Prädikaten eines Blattes bzw. Pfades können jetzt die logischen Verknüpfungen durch Operatoren und Quantoren durchgeführt werden. Mit den so definierten Prädikaten können insbesondere alle Klauseln aus GP und so auch aus P logisch bewertet werden. Im Falle des Vorhandenseins von Variablen sind nämlich alle durch Quantoren geforderten Verknüpfungsmöglichkeiten bei der Belegung mit Elementen aus HU durchführbar. Damit ist auch die logische Bewertung der quantifizierten Klausel selbst möglich.

D.h., daß alle in GP enthaltenen Klauselausprägungen mit „wahr" oder „falsch" bewertet werden können und daß auch die all-quantifizierten Klauseln selbst einen konkreten Wahrheitswert erhalten. Konjugiert man all diese bewerteten Klauseln aus P oder gleich alle Ausprägungen, die in GP enthalten sind, so erhält man den Wahrheitsgehalt von P selbst bzw. die des logischen Programms, unter der durch den Pfad zu einem Blatt gegebenen Interpretation. Ist er „wahr", so haben wir es mit einem Herbrand-Modell zu tun; ist er „falsch", so ist das logische Programm nicht erfüllt. Gibt es kein Herbrand-Modell, d.h. ist die Bewertung des logischen Programms an allen Blättern, also unter allen Interpretationsmöglichkeiten, „falsch", so ist P unerfüllbar.

Ein Blatt, an dem sich die Formel P falsifiziert, ist ein *Fehlerknoten*. Ein Inferenzknoten ist ein Knoten, dessen Nachkommen Fehlerknoten oder aber selber Inferenzknoten sind. Ein Inferenzknoten wird mit seinem Nachkommen insgesamt auch als Fehlerbaum bezeichnet.

Definition:
- Wenn ein semantischer Baum unerfüllbar ist, ist auch sein Failure-Baum unerfüllbar.
- Wenn alle Endknoten vom Failure-Baum ein Failure-Knoten sind, dann ist der Baum unerfüllbar.

Beispiel:

$\Delta = \{p(x) \vee q(x), \neg p(a), \neg q(b)\}$

$HU = \{a, b\}$

$HB = \{p(a), q(a), p(b), q(b)\}$

$HM1 = HI = \{p(a), \neg q(a), \neg q(b), q(b)\}$

$HM2 = HI = \{\neg p(a), \neg q(a), \neg q(b), q(b)\}$

$HM1$ erfüllt nicht $\neg p(a)$ oder $\neg q(b)$

$HM2$ erfüllt nicht $p(x) \vee q(x)$

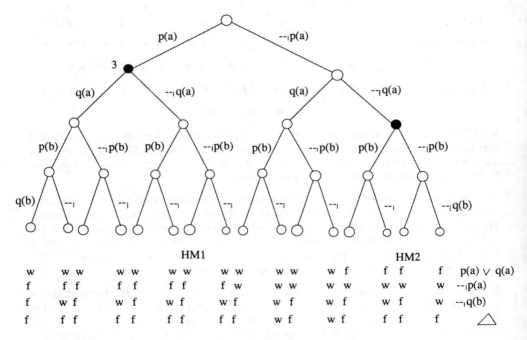

Abb. 17: Ein semantischer Baum mit Failure-Knoten

Beispiel:

$\Delta = \{\neg p(x) \vee q(x), p(f(y)), \neg q(f(y))\}$

$HU(\Delta) = \{a, f(a), f(f(a)), f(f(f(a))), \cdots\}$

$HB(\Delta) = \{p(a), q(a), p(f(a)), q(f(a)), p(f(f(a))), \cdots\}$

Wenn ein Knoten im Baum kein Failure-Knoten ist, aber die darauffolgenden beiden Knoten Failure-Knoten sind, dann ist dieser Knoten ein *Inferenz-Knoten*.

Der Inferenz-Knoten ist in der Abb. 18 mit 3 bezeichnet.

- Unterhalb der Marke 1 erfüllen alle Interpretationen die Klausel $\neg p(x) \vee q(x)$ nicht.
- Alle Interpretationen unterhalb der Marke 2 erfüllen die Klausel $\neg q(f(y))$ nicht.

Wir schließen daraus:

$\{\neg p(x) \vee q(x), \neg q(f(y))\}$ die neue Klausel $\neg p(f(y))$.

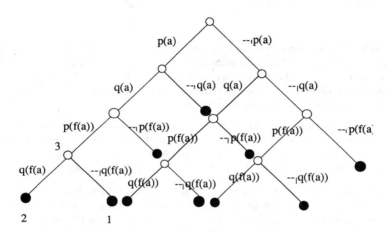

Abb. 18: Ein semantischer Baum mit Inferenz-Knoten

13.4 Beweisverfahren

Für die Beweisprozedur bedeutet das zuletzt Gesagte, daß es keine Lösung für das logische Programm in Konjunktion mit einer Anfrage geben darf. An allen Endknoten muß sich also die Falschheit der untersuchten Formelmenge zeigen; dann gibt es auch keine Herbrand-Interpretation für sie.

Dies ist speziell dann sinnvoll, wenn man erstens ein logisches Programm hat, von dem man bereits weiß, daß es erfüllbar ist, und zweitens eine Anfrage, von der man wissen möchte, ob sich das Negat aus dem Programm ableiten läßt. Dies ist natürlich immer der Fall, wenn das logische Programm selbst unerfüllbar ist, denn „aus Falschem folgt Beliebiges". Wie das nach der Schlußfolgerung nun mal so ist: wenn die Voraussetzung falsch ist, gilt sie bereits ...

Das heißt, daß sich dies auch in der Herbrand-Beweisprozedur zeigen würde, denn in Verbindung mit einer Anfrage wäre die sich dann ergebende Formelmenge natürlich immer noch unerfüllbar. In der Praxis möchte man allerdings wissen, ob sich eine Anfrage wegen dieses Trivialfalles oder wegen einer „echten Ableitbarkeit" aus dem Logik-Programm ergibt; deshalb sollte man versuchen, bei der Erstellung die Erfüllbarkeit des Programms selbst zu prüfen. Ist es unerfüllbar, so muß man zunächst seine Widersprüchlichkeit beseitigen, bevor man mit Theoremen etwas anfangen kann – obwohl oder gerade, weil sich beliebige Theoreme aus ihm ableiten ließen. Für einen solchen Erfüllbarkeitstest drängt sich die Herbrand-Beweisprozedur geradezu auf. Wenn die HB endlich ist, ist dies auch feststellbar; wenn nicht, so ist es immerhin ein kleiner Vorteil, wenn es nicht gelungen ist, die Unerfüllbarkeit nachzuweisen. Ist ein solcher Test zufriedenstellend verlaufen, so kann man darangehen, mittels der Herbrand-Prozedur weitere Konsequenzen aus den Axiomen zu ziehen – sofern man nicht geneigt ist, gleich die SLD-Resolution anzuwenden.

Allerdings möchte man gelegentlich nicht nur wissen, ob die Negation einer Anfrage die logische Konsequenz einer Formelmenge ist. Eine Anfrage hätte ja die Form:

$$\forall x_1 \forall x_2, \cdots \forall x_k \neg (A_1 \& A_2 \& \cdots A_n)$$

oder in Klauselschreibweise: $A_1, A_2, \cdots A_n \Longrightarrow$

Die Negation sähe dann etwa so aus:

$$\exists x_1 \exists x_2 \cdots \exists x_k A_1 \& A_2 \cdots A_n$$

Kann sie als logische Konsequenz bezeichnet werden, d.h. ist die Formelmenge in Verbindung mit der Anfrage unerfüllbar, so bedeutet das nichts anderes als „Es gibt Werte für die Variablen, so daß alle Teilaussagen $A_1, A_2, \cdots A_n$ zusammengenommen (also $A_1 \& A_2 \& \cdots A_n$) aus der Formelmenge folgen". Das allein reicht aber, wie gesagt, vielleicht nicht; man möchte wissen, welche Werte dies sind. Es bietet sich dafür die SLD-Resolution an.

Mit einem etwas umständlichen „Trick" läßt sich allerdings auch die Herbrand-Prozedur dazu benutzen. Man müßte dazu nur alle Kombinationen von Elementen aus HU anstelle der Variablen einsetzen und die Prozedur durchführen, so daß die Anfrage lautet: $A_1 \& A_2 \& \cdots A_n \Longrightarrow$ deren Negation als mögliches Theorem stellt sich damit so dar: $A_1 \& A_2 \& \cdots A_n$.

Durch das Verzichten auf die Quantoren ergibt sich direkt, ob diese Kombination von Werten zulässig ist oder nicht. Da es sich um ein automatisierbares Verfahren handelt, wäre dieser Trick prinzipiell möglich, doch bei großen, vielleicht durch Funktoren unendlichen HU oder bei der Kombination vieler Variablen würde sich dieser Weg von selbst verbieten, sofern es für dieses Problem keine Lösung gibt.

In diesem Zusammenhang ist die Definition einer korrekten Antwort noch ganz interessant. Eine korrekte Antwort ist eine Belegung für einige der Variablen aus der Anfrage, unter der die Aussagenverkettung eine logische Konsequenz ist. Sollten in der Aussagenkette noch Variablen vorhanden sein, so muß diese Formel für alle restlichen Variablenwerte jeweils die logische Konsequenz aus der Formelmenge sein; dann handelt es sich bei der Belegung der anderen Variablen um eine korrekte Antwort. Formal sähe sie bei einer Anfrage $A_1, A_2, \cdots A_n \Longrightarrow$ wie folgt aus:

$$\forall x_1 \forall x_2, \cdots \forall x_k \cup (A_1 \& A_2 \& A_n)$$

Wobei $\cup(A_1 \& A_2 \& A_n)$ die Formel darstellt, die sich ergibt, wenn man die Variablen aus der Anfrage, die durch die Belegung $\cup$ instanziiert werden sollen, auch entsprechend belegt und $x_1, x_2, \cdots x_k$ die restlichen Variablen sind.

Die Konsistenzprüfung einer Formel F, deren HB unendlich ist

Die letzte offene Frage ist schließlich: Wie arbeitet das Verfahren im Falle einer unendlichen HB? Denn bei endlichen Fällen, das wurde ja im Zusammenhang mit semantischen Bäumen bereits erwähnt, wird schlicht das gesamte HB untersucht, d.h. in allen Permutationen mit „wahr" oder „falsch" bewertet und jeweils entsprechend der Vorschrift in P bzw. im Grundprogramm miteinander verknüpft und ausgewertet. D.h., gibt es einen Fall, in dem die gesamte Formelmenge oder das Logik-Programm mit „wahr" bewertet wird, so ist es erfüllbar, ansonsten eben nicht.

Das kann zwar sehr lange dauern, denn es gibt $2^{(\text{Mächtigkeit (HB)})}$ Bewertungsmöglichkeiten, was bei größeren HB mit extrem hohen Rechenzeiten verbunden sein kann (obwohl der Algorithmus u.U. nach dem Entdecken des ersten Herbrand-Modells abbrechen kann, also nach der ersten erfüllbaren Bewertung der HB – sofern man nur an der Unerfüllbarkeit mit einer Anfrage interessiert ist; dennoch ist der Zeitaufwand prinzipiell begrenzt). Hier noch der Algorithmus:

1. Nehme an: $\Delta = \{\ \}$
2. Erzeuge eine Untermenge Δ' von $HB(F)$, so daß $\Delta \subseteq \Delta'$.
3. Prüfe, ob Δ' erfüllbar ist, indem alle Permutationen der wahren Zuordnung für die atomaren Formeln in Δ' untersucht werden.
4. Wird die Unerfüllbarkeit entdeckt, dann stop; $HB(F)$ ist unerfüllbar, sonst gehe auf 2.

- Wenn F unerfüllbar ist, dann finden wir nach endlicher Zeit eine Untermenge von $HB(F)$, die unerfüllbar ist.
- Wenn F erfüllbar ist, dann
  we go for ever and never are able to prove satisfiability!

Beispiel für eine unendliche HB:

$F = \forall x \exists y\, hat\_vater(x,y) \land \exists x \forall y\, \neg hat\_vater(y,x)$

1. Umbenennen der Variablen
   $\forall x \exists y\, hat\_vater(x,y) \land \exists w \forall z\, \neg hat\_vater(z,w)$
2. Eliminieren von $\exists$
   $\forall x\, hat\_vater(x, f(x)) \land \neg \forall z\, hat\_vater(z, a)$
   wobei f = Skolem-Funktion, a = Skolem-Konstante
3. Skolem-Normalform
   $hat\_vater(x, f(x)) \land \neg hat\_vater(z, a)$
4. $HU = \{a, f(a), f(f(a)), f(f(f(a))), \cdots etc\}$
5. $HB = \{hat\_vater(a, f(a)) \land \neg hat\_vater(a, a),$
   $hat\_vater(f(a), f(f(a)) \land \neg hat\_vater(a, a),$
   $hat\_vater(a, f(a)) \land \neg \{hat\_vater(f(a), a), ...\}\}$

Soweit die Unerfüllbarkeit nicht endeckt ist, keine Aussage über die Erfüllbarkeit von F!

Die Konsistenzprüfung einer Formel F, deren HB endlich ist

Eine andere, heuristische Vorgehensweise ist jedoch bei einer unendlichen HB erforderlich. Der semantische Baum wird praktisch Ebene für Ebene durchsucht. Man kann aber mehrere Ebenen gleichzeitig durchsuchen.

Zunächst nimmt man ein oder mehrere Elemente aus HB. Hat man bereits einen Teilbaum mit Zweigen, die noch keine Fehlerknoten sind oder Fehlerbäumen angehören, so verknüpft man die durch die bestehenden bisherigen Blätter und die Pfade zu ihnen bestimmten logischen Zustände mit den sich neu ergebenden. Für die neuen Elemente aus HB nimmt man wieder beide denkbaren Werte an und führt die Verknüpfung an jedem Blatt für alle Sub-Permutationen der neuen Werte durch.

Hat man noch keinen Teilbaum, hat man also gerade angefangen, so ist für die Prüfung auch nur dieses Prädikat aus HB heranzuziehen und keine Verknüpfung mit anderen möglich.

Die Verknüpfung wird entsprechend den betroffenen Klauseln aus P, in denen das neue Prädikat aus HB vorkommt, oder der instanziierten Klausel aus GP durchgeführt. Ergeben sich dabei Fehlerknoten, so vermerkt man diese und braucht sie beim nächsten Durchgang nicht mehr mitdurchzuprüfen.

Wenn es keine Zweige mehr gibt, die keine Fehlerknoten sind und auch keinen Fehlerbäumen angehören[5], so kann man aufhören; die Formel ist unerfüllbar. Ansonsten muß man diese Sequenz wiederholen.

Beispiel für eine endliche HB

$F = \forall x (beschäftig\_bei(x, ibm)) \rightarrow hat\_krawattenfarbe(x, blau)$

- Skolem-Normalform
  $beschäftigt\_bei(x, ibm) \rightarrow hat\_krawattenfarbe(x, blau)$
- $HU = \{ibm, blau\}$
- $GP(F) = \{beschäftigt\_bei(ibm, ibm) \rightarrow hat\_krawattenfarbe(ibm, blau),$
  $beschäftigt\_bei(blau, ibm) \rightarrow hat\_krawattenfarbe(blau, blau)\}$

Eine erfüllbare wahre Zuordnung von HB ist:

$\{beschäftigt\_bei(ibm, ibm) := falsch,$
$beschäftigt\_bei(blau, ibm) := falsch,$
$hat\_krawattenfarbe(ibm, blau) := falsch$
$hat\_krawattenfarbe(blau, blau) := falsch \}$

Daher ist F erfüllbar!

---

[5] Dies allerdings nur der Vollständigkeit halber, denn solche werden ja gar nicht mehr erzeugt, da ja schon ab dem Fehlerknoten selbst dieser Fehlerbaum aufgehoben und als solcher vermerkt wird

13.5 Übungen zum Thema

1. Zu einer gegebenen Menge S von Formeln definieren Sie das Herbrand-Universum, wenn S folgenden enthält:
   a. zwei Konstanten **a, b** und zwei einstellige Funktionssymbole **f, g**,
   b. eine Konstante **a** und ein zweistelliges Funktionssymbol **f**,
   c. keine Konstante, aber ein einstelliges Funktionssymbol **f**.

2. Finden Sie die Herbrand-Basis für die folgende Formel:
   $F = \forall x \exists y\, hat\_vater(x,y) \land \exists x \forall y \neg hat\_vater(y,x)$

3. Geben Sie das Herbrand-Universum und die Herbrand-Basis für die folgenden Programme an.
   a. ```
      likes(christ, Anyone)   :- buys(Anyone, this-book).
      buys(Anyone, this-book) :- sensible(Anyone).
      sensible(you).
      ```
   b. ```
      p(f(X))  :- q(X, g(X)).
      q(a, g(b)).
      q(b, g(b)).
      ```
   c. ```
      p(s(X), Y, s(Z)) :- p(X, Y, Z).
      p(0, X, X).
      ```

4. Für Herbrand-Universum $HU = \{a,b,c,d\}$ und Herbrand-Interpretation
   $HI = \{p(a), p(b), q(a), q(b), q(c), q(d)\}$. Welche der folgenden Formeln sind wahr in der Interpretation?
   a. $\forall X p(X)$
   b. $\forall X q(X)$
   c. $\exists X (q(X) \land p(X))$
   d. $\forall X (q(X) \rightarrow p(X))$
   e. $\forall X (p(X) \rightarrow q(X))$

5. Gegeben ist das Programm $P$:
   ```
   bogen(a, b).
   bogen(b, c).
   pfad(X, Z) :- bogen(X, Z).
   pfad(X, Z) :- bogen(X, Y), pfad(Y, Z).
   ```

   Mit der Klausel:     C: pfad(a, c)

   a. Schreiben Sie das Grund-Programm $GP(P \cup \neg C)$ unter der Annahme: $HU = \{a,b,c\}$
   b. Mit Hilfe der Herbrand-Prozedur zeigen Sie, daß $GP(P \cup \neg C)$ unerfüllbar ist.
   ```

A world without deduction would be a world without science, technology, law, social.

– Convention and Culture –

7 Resolutionsmethode

Es gibt unzählige Vorgehensweisen bei der Suche nach dem Beweis eines vorgegebenen prädikatenlogischen Satzes. Die naheliegendste ist wohl die, ausgehend von einer Menge von Axiomen systematisch alle aus ihnen erschließbaren Sätze abzuleiten in der Hoffnung, dabei auch den fraglichen Satz zu erhalten. Ein derartiges Vorgehen nennt man *generate and test*. Dieses Vorgehen ist zwar konstruktiv, aber blind.

Eine davon grundverschiedene Strategie ist die *reductio ad absurdum*, die von sog. **Resolutionsbeweisern** eingesetzt wird:

- Das Negat $\neg F$ der zu beweisenden Formel F wird angenommen.
- Es wird nachgewiesen, daß die Konjunktion aus den Axiomen Ax und $\neg F$ unerfüllbar ist, d.h.:

$$Ax \cup \{\neg F\} \models []$$

- Aufgrund der Annahme der Gültigkeit der Axiome wird die Unwahrheit von $\neg F$ und damit die Wahrheit von F erschlossen.

Dieses Vorgehen wird Beweis durch Widerlegung genannt. Seine Akzeptanz steht und fällt allerdings mit der Akzeptanz des *tertium non datur*, da ja lediglich nachgewiesen wird, daß das Negat der fraglichen Formel widerlegbar ist, die Formel selbst somit nicht unwahr sein kann. Für die Resolutionsmethode gilt natürlich – wie für jede andere Beweismethode –, daß sie nur eine Semi-Entscheidungsprozedur darstellt, da ja das Theorem von Church und Turing ein für allemal die Nicht-Existenz einer Entscheidungsprozedur für die Gültigkeit von prädikatenlogischen Formeln fixiert hat. Auf Fragen der Korrektheit und Vollständigkeit der Resolution werden wir jedoch später zurückkommen.

Resolution in der Aussagenlogik

Die Resolution in der Aussagenlogik nennt man auch Grundresolution. Sie ist eine eingeschränkte Form der Methode von Robinson, mit deren Hilfe eine vorgegebene, endliche Menge von Grundklauseln auf ihre Unerfüllbarkeit hin getestet werden kann.

Definition: C_1 und C_2 seien Grundklauseln. Eine Grundklausel C ist (Grund-)Resolvent von C_1 und C_2, wenn es ein Atom A der Art gibt, daß:

1. C_1 enthält $\neg A$;
2. C_2 enthält A;
3. C ist die Disjunktion der Literale von C_1 ohne $\neg A$ und der Literale von C_2 ohne A.

Ist $C_1 = \neg A$ und $C_2 = A$, so ist die leere Klausel [] eine (Grund-)Resolvente von C_1 und C_2.
Beispiel:

$C1$: {angestellte(x) , $\neg$ manager(x) }
$C2$: {manager(w) , $\neg$ seniormanager(w) }
C : {angestellte(x) , $\neg$ seniormanager(x) }

C ist der „Resolvent".

Definition: Th sei eine Menge von Grundklauseln und C eine Grundklausel. C ist dann vermöge der Grundresolution aus Th ableitbar, geschrieben:

$$Th \vdash_g C$$

wenn es eine Folge $C_1, \cdots C_n = C$ gibt, derart daß:

- C_i eine Grundklausel ($i \in \{1, \cdots n\}$) ist;
- für jedes C_i mit $i \in \{1, \cdots n\}$ gilt entweder

$$C_i \in Th,$$

oder es gilt $k, l \in \{1, \cdots i-1\}$ derart, daß C_i (Grund-)Resolvente von C_k und C_l ist.

Offensichtlich gilt: Ist C (Grund-)Resolvente zweier Grundklauseln C_1 und C_2, dann gilt für eine beliebige Herbrand-Interpretation I:

$$\text{falls } I \models C_1 \text{ und } I \models C_2 \text{ dann } I \models C.$$

Ableitungen vermöge der Grundresolution haben dementsprechend die wichtige Eigenschaft, daß sie wahrheitserhaltend – spricht *korrekt* – sind. Wie die folgende Resolution zeigt, ist die Grundresolution außerdem *vollständig* bezüglich der Gesamtheit unerfüllbarer, endlicher Klauselmengen.

Eine endliche Menge Th von Grundklauseln ist unerfüllbar, gdw. es eine Ableitung der leeren Klausel [] aus Th vermöge der Grundresolution gibt:

$$\not\models Th \quad gdw. \quad Th \vdash_g []$$

Offen ist jedoch immer noch die Frage, „welche" Grundinstanzen einer zu widerlegenden Formel in Skolem-Normalform „wann" zu dieser Prüfung herangezogen werden sollen. Erst die Resolution mit Unifikation gibt hierauf eine Antwort.

Resolution in der Prädikatenlogik

Im Fall der Grundresolution sind bei jedem Resolutionsschritt je ein positives und negatives Literal (zum gleichen Relationssymbol) zweier Grundklauseln auf ihre Passung zu untersuchen. Die entsprechenden Klauseln werden dazu von einem Generator (mehr oder weniger willkürlich) zur Verfügung gestellt. Die entscheidende Idee von Robinsons – das Vermeiden der Instanziierung von für den Beweisversuch irrelevanten Grundinstanzen einer Hypothese $\neg F$ – besteht nun darin, diesen Passungstest selbst zur Unterstützung der Auswahl interessanter Grundinstanzen heranzuziehen.

Grob vereinfacht, besteht die Verallgemeinerung der Grundresolution zur allgemeinen Resolution darin,

- ausgehend von der Hypothese $\neg F$ beliebige, d.h. auch variablenbehaftete Klauseln miteinander zu resolvieren und
- den Prozeß zur Passung komplementärer Literale (Unifikation genannt) für die Einschränkung der Menge von Grundinstanzen-Kandidaten zu $\neg F$ einzusetzen.

Der einzelne Resolutionsschritt wird dadurch zu teuer; da aber insgesamt weniger Resolutionsschritte durchzuführen sind, werden die Gesamtableitungen trotzdem entschieden schneller – schließlich wird jetzt bei jedem Resolutions- schritt eine ganze Klasse von Grundinstanzen auf ihre Unerfüllbarkeit hin getestet. Im Gegensatz zum *„generate and test"*-Ansatz der Grundresolution handelt es sich danach hier eher um eine Art *„specialize to resolution"*-Ansatz.

Da alle Varianten der Resolutionsmethode nur auf unquantifizierten Formeln arbeiten können, sind diese Formeln – mit dem geschilderten Verfahren – vor ihrer Verarbeitung in Skolem-Normalform zu transformieren, wie im folgenden Abschnitt gezeigt wird. In den dort behandelten Themen führen wir die Begriffe zur Beschreibung der Resolutionsmethode ein.

Thema 14

Substitution

Eine Substitution θ ist eine Abbildung, die einer endlichen Anzahl Variablen $v_1, v_2, \cdots v_n$ (evtl. variablenbehaftete) Terme $t_1, t_2, \cdots t_n$ zuordnet. Wir schreiben dies:

$$\theta = \{v_1/t_1, v_2/t_2, \cdots v_n/t_n\}$$

Die Anwendung einer Substitution θ auf eine prädikatenlogische Formel F wird in postfix notiert: $F\theta$. Beispiel:

$$F = p(x, x, y, v); \quad \theta = \{x/A, y/f(B), z/w\}; \quad F\theta = p(A, A, f(B), v)$$

Gilt $t_1, \cdots t_n \in HU$, so heißt θ eine *Grundsubstitution*:
$$F = mag(x, y); \quad \theta = \{x/christ, y/logik\}; \quad F\theta = mag(christ, logik)$$

Wir verlangen eine *idempotente* Substitution: $F\theta = (F\theta)\theta$; d.h. für jede Substitution $\{v_1/t_1, v_2/t_2, \cdots v_n/t_n\}$ darf keine Variable v_i in t_i vorkommen. Beispiel:

$F = mag(x, y); \theta = \{x/y, y/logik\}$
$F\theta = mag(y, logik)$
$(F\theta)\theta = mag(logik, logik)$ nicht erlaubt!

Eine nicht-idempotente Substitution kann zu einer idempotenten Substitution transfomiert werden, indem man die Substitution auf sich selbst anwendet.

$\theta^1 = \{$ x/f(a, **y**), y/f(b, **z**), z/c $\}$ ist nicht idempotent

$\theta^2 = \{$ x/f(a, f(b, **z**)) , y/f(b, c), z/c$\}$ ist nicht idempotent[6]

$\theta^3 = \{$ x/f(a, f(b, c)), y/f(b, c), z/c $\}$ ist idempotent

Die jeweils fettgedruckten Variablen sind unzulässig und müssen ersetzt werden. Schrittweise kommen wir durch Transformation zu der idempotenten Klausel θ^3. Es ist nicht bei jeder Substitution möglich, sie idempotent zu machen.

Komposition

Die Zusammensetzung zweier Substitutionen θ und λ ,geschrieben $\theta \circ \lambda$, ist diejenige Substitution, die man durch die Anwendung von λ auf die Terme von θ und das Hinzufügen der Bindungen von λ zu denen von θ erhält.

Es sei:

$\theta = \{$ x$_1$/t$_1$, ... x$_n$/ t$_n$ $\}$

$\lambda = \{$ y$_1$/ u$_1$, ... y$_m$ / u$_m$ $\}$

$\theta \circ \lambda = \{$ x$_1$/ t$_1\lambda$, ... x$_n$/t$_n\lambda$, y$_1$/ u$_1$, ... y$_m$/ u$_m$ $\}$

Auf jeden Term t_i von θ wird λ angewendet, dann die Substitution von λ in der Liste hinzugefügt. Schließlich werden alle Ersetzungen x_i/t_i, für $x_i/t_i\lambda$, für die $x_i = t_i\lambda$ gilt, und jene Ersetzungen y_i/u_i, für die y_i in $\{x_1, x_2, \cdots xn\}$ enthalten sind, aus der Liste entfernt. Beispiel:

- $\theta = \{x/f(y), y/z\}$

---

[6] $\theta^2 = \theta \circ \theta$

$\lambda = \{\ x/John, y/Bill, z/y\ \}$

$\theta \circ \lambda = \{x/f(Bill), y/y, x/John, y/Bill, z/y\}$

$= \{\ x/f(Bill), z/y\ \}$

- $\theta = \{\ w/G(x,y)\ \}$

$\lambda = \{\ x/A, y/B, z/C\ \}$

$\theta \circ \lambda = \{w/G(A,B), x/A, y/B, z/C\}$

Offensichtlich ist es nicht egal, in welcher Reihenfolge zwei Substitutionen *komponiert* werden.

Die Komposition hat die Eigenschaften:

- $\theta \circ \lambda$ ist funktional
- $F(\theta \circ \lambda) = (F\theta) \circ \lambda$
- $(\theta \circ \lambda) \circ \sigma = \theta \circ (\lambda \circ \sigma)$
- Die Komposition ist im allgemeinen nicht kommutativ. Beispiel:

$F = p(x, g(y), z)$

$\theta = \{x/f(y)\}; \lambda = \{y/a, z/b, x/c\}$

$F\theta = p(f(y), g(y), z)$

$F\theta\lambda = p(f(a), g(a), b)$

$F\lambda = p(c, g(a), b)$

$F\lambda\theta = p(c, g(a), b)$

14.1 Übungen zum Thema

1. Wende die folgenden Substitutionen an den Formeln an:
   a. $\theta = \{x/mutti(y), y/christ\}; F = mag(x, vati(y))$
   b. $\theta = \{x/mutti(christ), y/christ\}; F = mag(x, vati(y))$
   c. $\theta = \{x/t(u,u), y/u\}; F = g(t(x, t(y,y)))$
   d. $\theta = \{x/elizabeth\}; F = \exists x ehefrau(x,y) \leftarrow mann(y) \& verheiratet(y,x)$

2. Sind die folgenden Substitutionen erlaubt?
   a. $\{x/mutti(y), y/chris\}$
   b. $\{x/x\}$
   c. $\{\ \}$
   d. $\{x/2, x/3\}$
   e. $\{x/2, x/2\}$
   f. $\{x/y, y/x\}$
   g. $\{x/2, y/2, y/x\}$
   h. $\{f(x)/f(y)\}$

3. Berechne die Komposition $\sigma^* = \sigma_1 \circ \sigma_2$, wobei:
    a. $\sigma_1 = \{\ w/f(x,y)\ \}$, $\sigma_2 = \{\ x/a, y/b, z/c\ \}$
    b. $\sigma_1 = \{\ x/f(y), y/z\ \}$, $\sigma_2 = \{\ x/a, y/b, z/y\ \}$
    c. $\sigma_1 = \{x/f(a,y), w/f(u,z)\ \}$, $\sigma_2 = \{\ x/f(a,a), y/b, v/c\ \}$
       Prüfe, daß $F\sigma^* = (F\sigma^1)\sigma^2$, wobei $F = p(v,x,y,w)$

4. Welche der folgenden Sätze sind richtig?
    a. $\sigma\theta = \delta\theta$ impliziert $\sigma = \delta$
    b. $\theta\sigma = \theta\delta$ impliziert $\sigma = \delta$
    c. $\sigma = \delta$ impliziert $\sigma\theta = \delta\theta$

Thema 15

Unifikation

Für die Resolution ist es notwendig, daß bei jedem Resolutionsschritt je ein positives Literal P und ein negatives Literal $\neg P$ (zum gleichen Relationssymbol) syntaktisch gleich sind.

p(x, Berndt) , p(Anton, y)
θ = { x/Anton, y/Berndt }
pθ = p(Anton, Berndt)

Im allgemeinen sind zwei Terme gegeben; die Frage lautet nun: Sind sie unifizierbar? Was ist der Unifikator?

Definition: *Unifikator*

Eine Substitution γ ist ein Unifikator für eine endliche Menge einfacher Ausdrücke: $\Phi := \{ \phi_1, \phi_2, ... \phi_k \}$, falls gilt:

$$\phi_1\gamma = \phi_2\gamma = ... = \phi_k\gamma$$

Die Menge Φ heißt dann *unifizierbar*.

ϕ_1 = p(a , y , z); ϕ_1 = p(x, b, c)

γ = { x/a , y/b , z/c }

$\phi\gamma$ = p(a, b , c).

Ist z.B. $\phi_1 \equiv p(t_1, ... , t_n)$, $\phi_2 \equiv p(u_1, ... , u_n)$

so ist ein Unifikator eine Lösung des Gleichungssystems:

$t_1 = u_1$, $t_2 = u_2$, ... $t_n = u_n$

Probleme *bei der Unifikation*

Es ist nicht immer möglich, einen Unifikator für zwei Ausdrücke zu finden. Dies kann folgende Ursachen haben:

- Argumente können nicht unifiziert werden, wenn keine Variable vorhanden ist:
  Φ = { p(f(x) , a) , p(y , f(w)) };
  nicht unifizierbar, da zweites Argument nicht unifiziert werden kann.
- Die Variablen können verschachtelt sein, daher wird die Unifikation in zwei Schritten erfolgen:
  - Φ = { p(f(x) , z) , p(y, b) }
    σ = { y/f(a) , x/a , z/b }
  - Φ = { mensch(x) , mensch(onkel(y)) }
    σ = { x/onkel(w) , w/hans , y/hans }
  - Eine Variable kann nur mit einer Konstanten belegt werden.
    Φ = { p(x, x) , p(anton, berndt) }

Beispiel *für Unifikation*

- Φ = { f(x , y) , f(g(a) , b) }
  σ = { x/g(a) , y/b }

- $\Phi = \{\ f(x, a)\ ,\ f(a, y)\ \}$
  $\sigma = \{\ x/a\ ,\ y/a\ \}$
- $\Phi = \{\ f(g(a)\ ,\ b)\ ,\ f(h(a)\ ,\ b)\ \}$
  nicht unifizierbar
- $\Phi = \{\ f(b\ ,\ g(a\ ,\ y))\ ,\ f(x, z)\ \}$
  $\sigma = \{\ x\ /\ b\ ,\ z/g(a,\ c)\ ,\ y/c\ \}$

Definition: *Varianten*

Zwei Ausdrücke ϕ_1 und ϕ_2 sind voneinander variant, falls es Substitution θ und σ gibt mit

$$\phi_1 = \phi_2\theta \quad und \quad \phi_2 = \phi_1\sigma.$$

Sind zwei Ausdrücke voneinander Varianten, so gibt es immer auch eine entsprechende Substitution θ' und σ', die lediglich *Variablen-Umbenennungen* darstellen.

Ein Unifikator γ für $\Phi := \{\ \phi_1,\ ....\ \phi_n\}$ ist Variante *eines zweiten* Unifikators θ für Φ, falls es eine Substitution λ gibt, nach der gilt:

$$\gamma = \theta \circ \lambda$$

Definition: *Allgemeinster Unifikator* (engl. *most general unifier*, mgu)

Ein allgemeinster Unifikator für θ einer Menge $\Phi := \{\phi_1,\ ....\ \phi_n\}$ ist ein Unifikator, von dem jeder andere Unifikator für $\{\phi_1,\ ....\ \phi_n\}$ eine Variante ist. Das heißt, jeder Unifikator läßt sich durch Spezialisierung aus θ gewinnen. Beispiel:

- $\Phi = \{\ \phi_1\ ,\ \phi_2\ \} = \{\ p(A, y, z), p(x, y, z)\ \}$
  $\theta = \{\ x/A\ \}$ allgemeinster Unifikator
  $\lambda = \{\ y/B, z/C\ \}$
  $\gamma = \theta \circ \lambda = \{\ x/A, y/B, z/C\ \}$ Spezialisierung von θ
- $\Phi = \{\ \phi_1\ ,\ \phi_2\ \} = \{p(f(x), z), p(y, a)\ \}$
  $\theta = \{\ y/f(x), z/a\ \}$
  $\gamma = \theta \circ \lambda = \theta\{\ x/a\ \}$

Folgendes Beispiel veranschaulicht diesen Begriff im Zusammenhang mit dem Herbrand-Universum:

$mag(christ, y); mag(x, mutti)$ und
$HU = \{christ, mutti, vati\}$
mögliche Substitution $= HU \times HU$

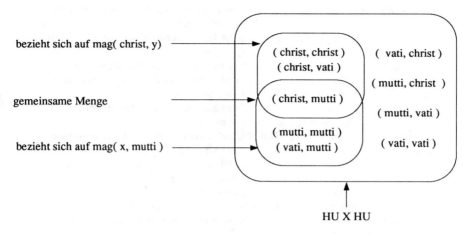

Abb. 19: Allgemeinster Unifikator und das Herbrand-Universum

Ein allgemeinster Unifikator θ läßt sich (sofern dieser unifizierbar ist) effektiv auffinden. Das dazugehörige Verfahren kann bequem mit Hilfe folgender Begriffe formuliert werden.

Definition: *Komplementäres Paar*
Zwei Literale sind komplementär, wenn sie ein gleiches Prädikat-Symbol haben und eines positiv und das andere negativ ist.

elefant(w) und ¬elefant(w)

Definition: *Abweichungs-Paar*
Ein Paar nicht identischer Terme an gleicher Position in einem Prädikat. Beispiel:

$p(x, y, z)$
$p(u, v, f(w))$
Abweichungs-Paare $:= < x, u >; < y, v >; < z, f(w) >$

Die Ausdrücke werden von links nach rechts durchsucht und die Abweichungs-Paare in eine Liste eingetragen:
$$Dis(\Phi) := \{x, u; y, v; z, f(w)\}$$

Unifikations-Prozedur

Stellen wir uns zwei Stacks S und θ vor. Am Anfang enthält Stack S die Term-Paare, von denen ein Unifikator gesucht wird. Stack θ ist leer.

```
Beginn: Schleife
 ist Stack S  leer ?
 dann: fertig; θ ist ein allgemeinster Unifikator
 sonst: Beginn: vergleich;
        Es wird jeweils das oberste Term-Paar aus
        dem Stack S geholt und ein Paar
        <e1, e2> = <S1 θ , S2θ> gebildet.
        ist e1 gleich e2 ?
```

	dann:	muß an dieser Stelle nicht substituiert werden; Beispiel: <e1, e2> = <x, x> man spricht von Identitätssubstitution; go to Beginn.
	sonst:	sind e1 und e2 unterschiedliche Konstanten ?
	dann:	Fehlschlag; die Terme sind nicht unifizierbar. Beispiel: <e1, e2> = <a, b>
	sonst:	ist entweder e1 oder e2 Funktionsterm und der andere eine Konstante ?
	dann:	Fehlschlag; die Terme sind nicht unifizierbar. Beispiel: <e1, e2> = <g(x), a>
	sonst:	sind e1 und e2 Funktionsterme mit unterschiedlichen Funktionszeichen?
	dann:	Fehlschlag; die Terme sind nicht unifizierbar. Beispiel: <e1, e2> = <g(x), f(x)>
	sonst:	sind e1 und e2 Funktionsterme mit gleichen Funktionszeichen?
	dann:	die Argumentspaare Paar werden wieder in Stack S geschrieben, wobei die Funktionszeichen wegfallen. Beispiel: <e1, e2> = <g(x), g(y)>
	sonst:	sind e1 und e2 beide Variablen?
	dann:	Setze die Bindung e1/e2 in Stack θ die Reihenfolge <e1, e2> muß eingehalten werden. Beispiel: <e1, e2> = <x, y>
	sonst:	ist e1 oder e2 eine Variable, die innerhalb des anderen Terms erscheint (occur check) ?
	dann:	Fehlschlag; die Terme sind nicht unizierbar. Beispiel: <e1, e2> = <x, f(x)>
	sonst:	ist e1 eine Variable?
	dann:	setze die Bindung e1/e2 in Stack θ Beispiel: <e1, e2> = <x, a>
	sonst:	ist e2 eine Variable?
	dann:	setze die Bindung e2/e1 in Stack θ
		Beispiel: <e1, e2> = <a, x>
	sonst:	go to beginn.
	Ende:	Vergleich

Ende: Schleife.

Der Algorithmus wird anhand eines Beispiels veranschaulicht:

$p(a, w, x, f(f(x)))$
$p(z, g(y), g(z), f(y))$

Am Anfang enthält Stack S die Term-Paare $< e_1, e_2 >$:

a. $< a, z >$
b. $< w, g(y) >$
c. $< x, g(z) >$
d. $< f(f(x)), f(y) >$

und Stack θ ist leer. Die Terme werden aus Stack S herausgeholt und verglichen.

Term-Paar a. a Konstante und z Variable; das Paar wird in Stack θ in der Form z/a gespeichert.

Term-Paar b. w Variable und $g(y)$ Funktion; das Paar wird in Stack θ in der Form $w/g(y)$ geschrieben.

Term-Paar c. x Variable und $g(z)$ Funktion;
θ wird angewendet $<e_1\theta, e_2\theta>=<x, g(x)>$;
$x/(g(a)$ wird in Stack θ geschrieben.

Term-Paar d. Beide Terme sind Funktionen mit gleichen Funktionszeichen;
θ wird angewandt $<e_1\theta, e_2\theta>=<f(f(g(a))), f(y)>$.
Im Stack S wird Term-Paare $<f(g(a)), y>$ geschrieben. Beim nächsten Durchlauf gibt es nur noch $f(g(a))$ eine Funktion und y eine Variable. Sie werden in der Form $y/f(g(a))$ in Stack θ geschrieben.

Im Endzustand ist Stack S leer, und Stack θ repräsentiert den allgemeinsten Unifikator:

$$\theta = \{z/a, w/g(y), x/g(a), y/f(g(a))\}$$

Der Algorithmus garantiert nicht eine idempotente Substitution. In dem Beispiel ist y nicht substituiert worden. Durch nochmalige Anwendung θ auf sich selbst erhalten wir eine idempotente Form des allgemeinsten Unifikators:

$$\theta^2 = \{z/a, w/g(f(g(a))), x/g(a), y/f(g(a))\}$$

15.1 Der Vorkommens-Test *(engl. occur check)*

Der Test, ob die Variable v in t vorkommt, heißt üblicherweise Occur-Check. Wird auf ihn aus Effizienzgründen verzichtet, könnte er allein dafür verantwortlich sein, daß obiger Algorithmus schlimmstenfalls exponentielles Verhalten aufweist. Dies kann die Korrektheit der nutzenden Resolutionsmethode nicht mehr garantieren. Das hindert jedoch die wenigsten Konstrukteure von Prolog-Interpretern daran, ihn auszulassen. Beispiel:

$S = \{p(x,x), p(y, f(y))\}$

1. $\theta_0 = \{\}$
2. $D_0 =<e_1, e_2>=<x, y>$
   $\theta_1 = \{x/y\}; S\theta = \{p(y,y), p(y, f(y))\}$
   $D_1 =<e_1, e_2>=<y, f(y)>$
   $\theta =<y, f(y)>$

y kommt in $f(y)$ vor; daher ist S nicht unifizierbar.

Probleme beim Auslassen von Occur-Check

Fehlender Occur-Check zerstört die Korrektheit von SLD-Resolution:

a. ```
   test :- p(x, x).
   p(x , f(x)).
   :- test.
   ```
   Antwort: yes;     Antwort ist falsch!

b. ```
   test :- p(x , x).
   p(x , f(x) ) :- p(x , x).
   :-test.
   ```
   Antwort: Prolog geht in eine unendliche Schleife

c. test :- contact(u-u, v-v, a-(w-w)).
   contact(x-y, y-z,x-z).
   :- test.
   Antwort: yes; d.h., das Zusammenhängen von zwei leeren Listen ist { a }!

15.2 Übungen zum Thema

1. Bestimmen Sie für die folgenden Paare von Atomen, ob sie unifizierbar sind. Wenn ja, geben Sie die beiden (idempotente Form) ihrer mgu. an. Wenn möglich, geben Sie den weniger allgemeinen Unifikator (lgu.) an.

   a. $p(a,x)$ und $p(y,b)$
   b. $p(x,x)$ und $p(y,z)$
   c. $p(x,y)$ und $p(y,x)$
   d. $p(t(x,t(x,b)))$ und $p(t(a,z))$
   e. $p(t(x,t(x,b)))$ und $p(t(a,t(z,z)))$
   f. $p(x,f(y))$ und $p(f(y),x)$
   g. $p(x,f(x))$ und $p(f(z),f(z))$
   h. $p(f(a),x)$ und $p(x,a)$

2. Finden Sie für die folgenden Sätze den allgemeinsten Unifikator, falls es einen gibt.

   a. $S = \{p(f(y),w,g(z)),p(u,u,v)\}$
   b. $S = \{p(f(y)),w,g(z)),p(u,v,v)\}$
   c. $S = \{p(a,x,f(g(y))),p(z,h(z,w),f(w))\}$
   d. $S = \{p(a,x,f(g(y))),p(z,f(z),f(a))\}$
   e. $S = \{p(john,x,f(g(y))),p(z,f(z),f(w))\}$
   f. $S = \{p(f(a),g(x)),p(y,y)\}$
   g. $S = \{p(a,x,h(g(z))),p(z,h(y),h(y))\}$

Thema 16

Konsistenzprüfung mittels Resolution

Es steht nun das vollständige Instrumentarium zur Beschreibung der allgemeinen Resolutionsmethode zur Verfügung:

Robinson-Theorem: Eine Klauselmenge S ist unerfüllbar, gdw. die leere Klausel [] aus S ableitbar ist:
$$\not\models S \quad gdw. \quad \vdash []$$

Gegeben ist eine Menge von Formeln F:

1. Transformiere F in eine Klauselmenge S.
2. Finde eine neue Resolvente von Klausel-Paaren in S und füge sie in S ein.
3. Wenn [ ] erzeugt wird, dann Stop; F ist unerfüllbar.
4. Wenn keine weitere Resolvente erzeugt werden kann, dann Stop; F ist erfüllbar, sonst Goto 2.

Unerfüllbarkeit kann nach endlicher Zeit erreicht werden.

Erfüllbarkeit kann erreicht werden, wenn es eine endliche Anzahl von Resolventen in S gibt.

Das Beweisen eines Theorems mit der Resolution

Beweise, daß F ein Theorem der Theorie Th ist.

1. Transformiere Th in die Klauselmenge S.
2. Transformiere $\neg F$ in die Klauselmenge C.
3. Bilde $R = S \cup C$.
4. Finde die Resolventen in R.
    a. [ ] wird erzeugt; daraus folgt: $Th \vdash F$
    b. Wir finden keinen weiteren Resolventen; daraus folgt: $Th \not\vdash F$
    c. Wir finden weitere Resolventen; daraus folgt: $Th \not\vdash F$

Anmerkung: Obwohl in der Prädikatenlogik das Prüfen von $Th \vdash F$ semi-entscheidbar ist, ist es entscheidbar für eine endliche Anzahl von Resolventen.

16.1 Anfrage durch die Resolution

Anhand eines Beispiels demonstrieren wir, wie eine Anfrage mit Hilfe der Resolution beantwortet wird.

Beispiel: Eine Familiendatenbank

$M(x)$ bedeutet, x ist ein Mann

$G(x,y)$ bedeutet, x,y sind Geschwister

$B(x,y)$ bedeutet, x ist Bruder von y

$F(x,y)$ bedeutet, x ist Vater von y

$\forall xy F(x,y) \to M(x)$

$(\forall xyw) F(x,y) \land F(x,w) \to G(y,w)$

$(\forall xy) G(x,y) \land M(x) \to B(x,y)$

$F(georg, hans)$

$F(georg, sigi)$

$F(sigi, lizi)$

Frage: Wer ist der Bruder von Hans?

$\exists z B(z, hans)$?

Konvertierung der Axiome in Normalform:

1. $\neg F(x,y) \lor M(x)$
2. $\neg F(x,y) \lor \neg F(x,w) \lor G(y,w)$
3. $\neg G(x,y) \lor \neg M(x) \lor B(x,y)$
4. $F(georg, hans)$
5. $F(georg, sigi)$
6. $F(sigi, lizi)$
7. $\neg B(z, hans)$

Um die Resolution durchzuführen, müssen wir die Substitution vornehmen. Wir ersetzen in 2. x durch georg und y durch sigi.

$\neg F(georg, sigi) \lor \neg F(georg, w) \lor G(sigi, w)$

Die Resolution mit 5 ergibt:

8. $\neg F(georg, w) \lor G(sigi, w)$ von 5. & 2. $\{x/georg/, y/sigi\}$
9. $G(sigi, hans)$ von 4. & 8. $\{w/hans\}$
10. $M(sigi)$ von 6. & 1. $\{x/sigi, y/lizi\}$
11. $\neg G(sigi, y) \lor B(sigi, y)$ von 10. & 3. $\{x/sigi\}$
12. $B(sigi, hans)$ von 9. & 11. $\{y/hans\}$

13. [ ]   von 12 & 7

Aus 12. ist zu ersehen, daß Sigi der Bruder von Hans ist.

Beispiel: Gegeben sei die Formel:

$Th = \neg p(a) \land \forall x(p(x) \lor q(f(x)))$

$F = \exists z q(z)$

Beweise: $Th \vdash F$

Wir negieren F: $\forall z \neg q(z)$, wir setzen zur Theorie Th und leiten die leere Menge ab.

1. $\neg p(a)$
2. $p(x) \lor q(f(x))$
3. $\neg q(z)$
4. $q(f(a))$ Resolvent 1 und 2, Subst. x/a
5. []   Resolvent 3 und 4, Subst.: $z/f(a)$

16.2 Übungen zum Thema

1. Negieren Sie die folgende prädikatenlogische Klausel, und benutzen Sie das Resolutionsprinzip, um den Widerspruch zu zeigen.

    a. $\forall x(p(x) \rightarrow p(x))$
    b. $(\neg(\forall x p(x))) \rightarrow \exists x \neg p(x)$
    c. $(\forall x(p(x) \land q(x))) \rightarrow \forall x p(x) \land \forall y q(y)$
    d. $\exists x \forall y p(x,y) \rightarrow \forall y \exists x p(x,y)$

2. Gegeben ist die folgende Axiommenge Ax und Theorem $t(z)$. Zeigen Sie $Ax \vdash t(z)$. Führen Sie mit Hilfe des Resolutionsprinzips den Beweis durch, und geben Sie den Wert für z an.

    a. $p(x) \& q(x,y) \rightarrow t(x)$
    b. $r(y) \& q(y,x) \rightarrow t(x)$
    c. $p(a)$
    d. $q(b,c)$
    e. $t(a)$
    f. $r(b)$

3. Gegeben sei die Theorie:

    a. $p(x,y) \leftrightarrow (q(y) \leftarrow q(x))$
    b. $q(c) \leftarrow q(b)$
    c. $q(b) \leftarrow q(a)$

    Beweisen Sie mit Hilfe der Resolution, ob $p(a,c)$ eine logische Konsequenz der Theorie ist.

> *Nicht die Größe der Aufgabe
> entscheidet, sondern das Wie, mit dem
> wir die kleinste zu lösen verstehen.*
>
> *– Theodor Fontane –*

8 Resolutionsstrategien

Nachteile des Resolutionsprinzips

- Eine Klausel kann während der Resolution mehrmals erzeugt werden.
- Es können Klauseln erzeugt werden, die logisch schwächer sind als die vorhandenen.
- Es können Klauseln erzeugt werden, die keine spätere Verwendung haben und damit die Anzahl der Klauseln erhöhen.
- Mehrere Klauseln können gleichzeitig erzeugt werden, weil das Programm gleichzeitig mehrere Möglichkeiten ausprobiert.

Viele Wissenschaftler versuchen, Lösungen für dieses Problem zu finden, jedoch bis jetzt ohne großen Erfolg! Es gibt zahlreiche Vereinfachungen des Resolutionsprinzips. Die Kunst des Konstruierens automatischer Beweiser auf der Basis der Resolutionsmethode besteht wohl in erster Linie darin, geeignete Strategien zur Auswahl von miteinander zu resolvierenden Klauseln zu finden. Diese Strategien erhalten allerdings im allgemeinen nicht die Vollständigkeit der allgemeinen Resolutionsregel.

Im folgenden sollen die wichtigsten Resolutionsstrategien[7] zur Einschränkung des Suchraums für kombinierbare Klauseln grob skizziert werden. Wir werden eine Resolutionsstrategie genauer studieren, die speziell für ein effizientes Arbeiten in der Hornklausel-Untermenge der Klausellogik ausgelegt ist, nämlich die *SLD-Resolution*.

Eliminierung von Tautologien

Jede Klausel, die sowohl ein Literal als auch dessen Negat enthält, wird eliminiert. Solche Klauseln würden lediglich die Durchführung irrelevanter Resolutionen bewirken – sie sind schließlich allgemein gültig und können demnach nicht zur Ungültigkeit von Klauseln beitragen.

„Set-of-support"-Resolution

Wird die Resolution von der „Set-of-support"-Regel gesteuert, so ist zuerst die Gesamtheit der Klauseln in zwei disjunkte Mengen T und $S-T$ zu zerlegen, so daß $S-T$ eine erfüllbare Menge

---

[7] Die Aufzählung ist selbstverständlich unvollständig.

von Klauseln ist (üblicherweise die Theorie Th selbst). T wird dann Set-of-support genannt. Zwei Klauseln dürfen nur dann miteinander resolviert werden, wenn mindestens eine der beiden Klauseln von T unterstützt wird – wenn sie also entweder in T liegt oder eine Elternklausel hat, die in T liegt.

Diese Strategie erhält die Vollständigkeit (vorausgesetzt, die Theorie Th ist wirklich erfüllbar). Sie ist außerdem bemerkenswert, weil sie sich auch in dem (manchmal unbeabsichtigt eintretenden) Fall einer widersprüchlichen Theorie gutartig verhält, da sie verhindert, daß aus der Zugehörigkeit von P und $\neg P$ zur Theorie beliebiges gefordert werden kann.

P_1- und N_1-Resolution

Bei der P_1-Resolution handelt es sich um eine Einschränkung der allgemeinen Resolution, bei der zwei Klauseln nur dann miteinander resolviert werden dürfen, wenn eine der beiden eine positive Klausel ist. Sie kann demnach als eine Erweiterung der „Set-of-support"-Resolution angesehen werden (man nehme die Menge aller positiven Klauseln als Set-of-support – die „Set-of-support"-Resolution läßt sich dann nicht nur auf die Menge der Startklauseln, sondern schon dann anwenden, wenn mindestens eine Elternklausel positiv ist) und ist somit vollständig.

Für die N_1-Resolution gilt entsprechend, daß zwei Klauseln nur dann miteinander resolvierbar sein sollen, wenn eine der beiden negativ ist. Für sie gilt ähnliches wie für die P_1-Resolution.

Sowohl P_1- als auch N_1-Resolution haben ihre eigentliche Bedeutung durch ihre Beziehung zur Hyperresolution.

Hyperresolution

Für das Verfahren der Hyperresolution wird im wesentlichen wie folgt vorgegangen:

1. Es werden eine einzelne gemischte oder negative Klausel, der sogenannte *Nukleus*, und genau so viele positive Klauseln, sogenannte *Elektronen*, ausgewählt, wie negative Literale im Nukleus vorkommen.
2. Diese Klauseln werden in einem einzigen Schritt (deswegen auch der Name Hyperresolution) zu einer positiven Klausel verschmolzen, indem jedes negative Literal des Nukleus mit einem der Literale in einem der Elektronen resolviert wird.
3. Die *Hyperresolvente* besteht dann aus den positiven Literalen des Nukleus, zusammen mit den Literalen der Elektronen, über die nicht resolviert wurde.

Bei der Hyperresolution handelt es sich mithin lediglich um eine effiziente Variante der P_1-Resolution (entsprechendes gilt für die sogenannte *negative Hyperresolution*, die im gleichen Verhältnis zur N_1-Resolution steht). Die Hyperresolution ist demzufolge ebenfalls ein vollständiges Verfahren.

Input-Resolution

Für die Input-Resolution gilt die Restriktion, daß mindestens eine der zu resolvierenden Klauseln eine nicht abgeleitete Klausel (sogenannte *Inputklausel*) sein muß.

Wie das folgende Beispiel zeigt, ist die Input-Resolution unvollständig:

$$\{P \vee Q, P \vee \neg Q, \neg P \vee Q, \neg P \vee \neg Q\}$$

Es kann nicht vermöge der Input-Resolution entschieden werden (lediglich P und $\neg P$ oder Q und $\neg Q$ sind ableitbar, aber nicht diese zusammen, da keine von ihnen eine Inputklausel ist). Die Input-Resolution ist aber vollständig für Mengen von Hornklauseln.

Die Input-Resolution ist mit der Set-of-support-Regel verträglich, d.h., eine Kombination aus Set-of-support und Input-Resolution bedeutet keine weitere Verstärkung der Unvollständigkeit.

Unter geordneter Input-Resolution wird eine weitere Einschränkung des Suchraums verstanden, bei der Disjunktionen in einer vorgegebenen Reihenfolge (z.B. von links nach rechts) zur Resolution herangezogen werden.

Lineare Resolution

Bei der linearen Resolution handelt es sich um eine Erweiterung der Input-Resolution, bei der zwei Klauseln nur dann miteinander resolviert werden dürfen, wenn mindestens eine von ihnen eine Inputklausel ist oder bereits für die Ableitung der anderen herangezogen wurde.

Die lineare Resolution ist vollständig und mit der Set-off-support-Regel verträglich (auch wenn zusätzliche Ordnungskriterien eingeführt werden).

Einheits-Resolution

Bei der Einheits-Resolution dürfen zwei Klauseln nur dann miteinander resolviert werden, wenn mindestens eine von ihnen eine Einheitsklausel ist (eine Resolvente hat damit immer weniger Literale als die längere ihrer Elternklauseln – jeder Resolutionsschritt scheint damit dem Ziel der Ableitung der leeren Klausel näherzukommen).

Diese Einschränkung bedeutet offensichtlich den Verlust der Vollständigkeit, ist jedoch bemerkenswerterweise für Mengen von Hornklauseln vollständig.

Eine Abschwächung der Einheits-Resolution besteht darin, nicht ausschließlich, sondern lediglich bevorzugt Einheits-Resolutionen auszuführen.

Subsumtions-Resolution

Jede von einer Klausel C_1 subsumierte Klausel C_2 wird aus der Menge der für Resolutionen in Betracht kommenden Klauseln herausgenommen. Dabei gilt folgende Definition für den Begriff Subsumtion:

Definition: Eine Klausel C_1 subsumiert eine Klausel C_2, wenn es eine Substitution θ gibt, derart, daß:

$$C_1\theta \subseteq C_2$$

Ist die leere Klausel mit Hilfe von C_2 ableitbar, so kann sie folglich auch – mit nicht mehr als gleich großem Aufwand – über C_1 gewonnen werden.

Es werden üblicherweise zwei Formen von Subsumtion unterschieden:

- *Vorwärts-Subsumtion:* Dabei werden neu abgeleitete Klauseln eliminiert, die von bereits präsenten Klauseln (d.h. Inputklauseln oder abgeleiteten Klauseln) subsumiert werden.

- *Rückwärts-Subsumtion:* Hierbei werden alle bereits vorhandenen Klauseln eliminiert, die von einer neu abgeleiteten Klausel subsumiert werden.

Zur Vermeidung von wiederholten Eliminierungen der gleichen Klausel sollte für eine neu abgeleitete Klausel zuerst geprüft werden, ob sie vermöge der Vorwärts-Subsumtion eliminierbar ist, bevor irgendwelche anderen Klauseln vermöge der Rückwärts-Subsumtion eliminiert werden.

Thema 17

SLD-Resolution

SLD-Ableitung

Für die Einführung der SLD-Ableitung[8] erweitern wir nochmals unseren Begriffsapparat.

Definition: *Berechnungsregel BR*

Eine Berechnungsregel bestimmt, welches Literal in einer Abfrage ausgewählt wird.

G_i sei eine Goalklausel: $\leftarrow A_1, \cdots A_m, \cdots A_k$ und C_{i+1} eine Hornklausel: $A \leftarrow B_i, \cdots B_n$ und weiter sei BR eine Berechnungsregel. Das Goal G_{i+1} wird aus G_i und C_{i+1} über den Unifikator θ_{i+1} abgeleitet; wenn gilt:

1. Ein Subgoal A_m wurde von BR aus G_i selektiert.
2. Wenn A_m und A gleich sind (matching), resultiert ein allgemeiner Unifikator θ_{i+1} für A_m und A.
3. G_{i+1} ist das neue Goal:
   $\leftarrow (A_1, \cdots A_{m-1}, B_1, \cdots B_n, A_{m+1}, \cdots A_k)\theta_{i+1}$

Offensichtlich gilt für ein solches Tripel (G_{i+1}, G_i, C_{i+1}):

$$G_{i+1} \text{ ist Resolvent von } G_i \text{ und } C_{i+1}.$$

Definition: *SLD-Ableitung*

P sei ein Programm, G ein Goal und BR eine Berechnungsregel. Eine SLD-Ableitung von $P \cup G$ bzgl. BR besteht aus einer (endlichen oder unendlichen) Folge:
$< G_0; C_0 >, < G_1; C_1 >, \cdots < G_{n-1}; C_{n-1} >, < G_n; Cn >$

wobei G_{i+1} eine Resolvente aus G_i und einer Klausel C_{i+1} aus P mit θ_{i+1} via BR ist.

---

[8] Das Akronym SLD steht für Linear Resolution with Selection Function for Definite Clauses.

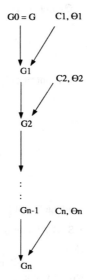

Abb. 20: Die SLD-Ableitung

Die SLD-Ableitung ist endlich, falls die zugehörige Goalfolge endlich ist, und sonst unendlich. Ist eine SLD-Ableitung von $P \cup \{G\}$ via BR endlich und endet sie in G_n, so schreiben wir:

$$P \cup \{G\} \vdash_R G_n$$

Beispiel: Gegeben sei das logische Programm

A_1 p(a) :-

A_2 p(b) :-

A_3 p(a) :- q(a).

A_4 q(X) :- p(X).

die Anfrage

G_0 :- q(a), p(b).

und die Berechnungsregel

BR :   wähle das linke Literal im Goal

Die SLD-Ableitung aus dem vorgegebenen Programm, der Anfrage und der Auswahlregel ist dann:

G_0 :- q(a), p(b).
C_0 q(X) :- p(X).   ;mit A_4
θ_0 { x/a }

G_1 ist die Resolvente aus G_0 und der Klausel C_0 mit θ_0 als Unifikator.

G_1 :- p(a), p(b).
C_1 p(a).   ;mit A_1
θ_1 { }

G_2 ist die Resolvente aus G_1 und Klausel C_1 mit θ_1 als Unifikator.

G_2 :- p(b).
C_2 p(b).   ;mit A_2
θ_2 { }

G_3 ist die leere Klausel. Die Resolvente aus der Anfrage G_2 und der Klausel C_2 mit θ_2 als Unifikator

G_3 []

Die Folge

G_0 :- q(a), p(b).
G_1 :- p(a), p(b).
G_2 :- p(b).
G_3 []

ist somit die SLD-Ableitung bezüglich der vorgegebenen Fakten, der Auswahlregel und der Abfrage.

Drei Möglichkeiten ergeben sich bei der SLD-Ableitung:

1. SLD-Widerlegung *(engl. SLD-refutation)*
   Eine SLD-Widerlegung von $P \cup \{G\}$ bezüglich BR ist eine <u>endliche</u> SLD-Ableitung, die in der leeren Klausel endet oder deren letzte Anfrage die leere Klausel ist:

   $$P \cup \{G\} \vdash_R []$$

   Die SLD-Widerlegung wird auch als *erfolgreiche SLD-Ableitung* bezeichnet.

2. Fehlgeschlagene SLD-Ableitung
   Eine SLD-Ableitung, deren letztes Goal G_n nicht eine leere Klausel ist und die nicht mit einer Klausel aus P resolviert werden kann.

3. Unendliche SLD-Ableitung
   Ableitungen, die nicht in der leeren Klausel enden und nicht enden. Beispiel:

p(a) :-

p(b) :-

p(a) :- q(a).

q(x) :- p(x).

1. G_0:   :- q(a) , p(b).   ; führt zum Erfolg
2. G_0:   :- p(c).   ; führt nicht zum Erfolg
3. G_0:   :- q(a).   ; führt zu einer unendlichen Ableitung (ohne p(a)).

Anmerkung:

- Bei der SLD-Resolution werden die Variablen der Programmklausel C_i umbenannt, um sie von den Variablen der Anfrage G_i untersuchen lassen zu können.
- Die Erfolgsmenge (engl. *success set*) SP von einem Programm P ist folgendermaßen definiert:

  $$SP := \{A \in HB(P) \mid P \cup \{\leftarrow A \vdash_{BR} [], BR \; beliebige \; Berechnungsregel\}$$

- Bei der endlichen SLD-Resolution

  $$G = G_0, G_1, \cdots G_n$$

die Komposition θ_i der ersten i Einzelunifikatoren $\theta_i := \theta_1\theta_2 \cdots \theta_n$ $1 \leq i \leq n$,
die für das Goal G_i aktuelle Substitution wird als *BR-berechnete Substitution* bezeichnet.

- Die auf die Variablen von G eingeschränkte Substitution $\sigma = \theta_n$ heißt *BR-berechnete Antwort-Substitution* für $P \cup \{G\}$.

Zum Beispiel P sei ein slowsort-Programm mit der Anfrage
:- sort(7.5.11.10.nil, y).
und BR sei eine gegebene Berechnungsregel, so ist $\theta = \{y/5.7.10.11.nil\}$ eine BR-Antwort-Substitution.

Beispiel: P sei ein Logik-Programm:

p(X, Y) :- q(X, Z), r(Z, Y).

q(X, Y) :- r(Y, X).

r(a, b).

Eine mögliche SLD-Ableitung vom Goal :- p(b, X).

G_0:	:- p(b, X).
C_0:	p(X_0, Y_0) :- q(X_0, Z_0), r(Z_0, Y_0)
θ_0:	{ X_0/b , X/Y_0 }
G_1:	:- q(b, Z_0), r(Z_0, Y_0).
C_1:	q(X_1, Y_1) :- r(Y_1, X_1).
θ_1:	{ X_1/b , Z_0/Y_1 }
G_2:	:- r(Y_1, b), r(Y_1, Y_0).
C_2:	r(a, b).
θ_2:	{ Y_1/a }
G_3:	:- r(a, Y_0).
C_3:	r(a, b).
θ_3:	{ Y_0/b }
G_4:	[]

Die Komposition des allgemeinsten Unifikators oder die berechnete Substitution ist nach dieser SLD-Ableitung dann:

$\theta_0\theta_1\theta_2\theta_3 = \{ X_0/b, X/b, X_1/b, Z_0/a, Y_1/a, Y_0/b \}$

17.1 SLD-Unerfüllbarkeit

Mit Hilfe des Begriffs der SLD-Widerlegung können wir nun das prozedurale Gegenstück zum kleinsten Herbrand-Modell eines Logik-Programms formulieren.

Die SLD-Resolution ist also als ein Spezialfall der (allgemeinen) Resolution selbstverständlich korrekt und als eine speziell auf Hornklausel-Logik zurechtgeschnittene Variante (Linear-Input-Resolution) sogar vollständig.

Es gilt somit folgender Satz:

Theorem: Gegeben sei ein Programm P, ein Goal G und eine Berechnungsregel BR.

$P \cup \{G\}$ unerfüllbar, gdw. eine SLD-Widerlegung existiert (vgl. mit Herbrand-Widerlegung).

Dieses Theorem besagt auch: Ist $P \cup \{G\}$ unerfüllbar, dann gibt es eine Berechnungsregel BR mit:

$$P \cup \{G\} \vdash_R []$$

Aufgrund dieses Resultats folgt auch unmittelbar die Übereinstimmung des kleinsten Herbrand-Modells $HM(P)$ mit der Erfolgsmenge SP für ein gegebenes Programm P:

$$HM(P) = SP$$

Beispiel:

A_1:   p(X , Z) :- p(Y , Z) , q(X , Y)
A_2:   p(X , X) :-
A_3:   q(a , b) :-
G_0:   :- p(S , b)

BR: „Wähle das rechte Literal im Goal"

1. Versuch

G_1:	:- p(Y , b), q(S , Y)	G_0 und A_1 mit θ_1 = { X/S, Z/b }
G_2:	:- p(b , b)	G_1 und A_3 mit θ_2 = { S/a, Y/b }
G_3:	:- p(Y , b), q(b , Y)	G_2 und A_1 mit θ_3 = { X/b, Z/b }
G_4:	:- q(b , Y)	Fehlschlag !

2. Versuch

G_1:	:- p(Y , b), q(S , Y)	G_0 und A_1 mit θ_1 = { X/S , Z/b }
G_2:	:- p(b , b)	G_1 und A_3 mit θ_2 = { S/a, Y/b }
G_3:	:- [ ]	G_2 und A_2 mit Antwort S = a

Theorem: *Korrektheit von SLD-Resolutionen*

Sei P ein Programm, θ eine Antwortsubstitution für ein Goal G: $:- A_1, \cdots A_m$ via einer Berechnungsregel BR. Dann:

1. Ist jede BR-berechnete Antwort-Substitution eine *korrekte* Antwort-Substitution.
2. Gibt es zu jeder korrekten Antwort-Substitution θ eine Berechnungsregel BR.
3. Ist $\forall (A_1, \cdots A_m)\theta$ eine logische Konsequenz des Programms

$$P \models \forall (A_1, \cdots A_m)\theta$$

Dieses Theorem gilt nicht, wenn der Unifikations-Algorithmus den Occur-Check nicht prüft.

Beispiel:

f-konstruiert(f(T, Y), T).

bizarr(X) :- f-konstruiert(X, X).

crazy(X) :- bizarr(f(Y, X)).

G_0:   :- crazy(X)
C_0:   crazy(X_0) :- bizarr(f(Y_0, X_0)).
θ_0 { X_0/X }

G_1:	:- bizarr(f(Y_0, X)).
C_1:	bizarr(X_1) :- f-konstruiert(X_1, X_1).
θ_1:	{ X_1/f(Y_0, X) }

G_2:	:- f-konstruiert(f(Y_0, X), f(Y_0, X))
C_2:	f-konstruiert(f(T_1, Y_2), T_1).
θ_2:	{ f(T_1, Y_2)/f(Y_0, X), T_1/f(Y_0, X) }

Unifikations-Algorithmus mit Occur-Check meldet sich mit einem Fehler.

Unifikations-Algorithmus ohne Occur-Check meldet sich mit „yes".

G_3:	[]

Die Antwort-Substitution:

$\theta = \theta_0 \theta_1 \theta_2$

θ = { X_0/X }{ X_1/f(Y_0, X) }{ f(T_1, Y_2)/f(Y_0, X), T_1/f(Y_0, X) }

θ = { X/Y_2 }

d.h. jeder Term ist crazy, sofern nicht in diesem Modell wahr und daher nicht logische Konsequenz des Programms.

Theorem: *Vollständigkeit von SLD-Resolution*

Sei P ein Programm, G ein Goal, und BR sowie BR' seien Berechnungsregeln. Dann gilt:

1. Falls $P \cup \{G\} \vdash_{BR} []$, dann $P \cup \{G\} \vdash_{BR'} []$.
2. Sind σ bzw σ' die zugehörigen BR- bzw. BR'-berechneten Antwort-Substitutionen, dann ist $G\sigma$ eine Variante $G\sigma'$.

Dieses Ergebnis leuchtet auch sofort intuitiv ein, da es ja logisch unerheblich sein sollte, in welcher Reihenfolge die (mit der kommutativen logischen Konjunktion verknüpften) Teilziele eines zusammengesetzten Ziels erneut zu Teilzielen reduziert werden. Es zählt nur, daß sie sich schließlich unter einem Unifikator zum Gesamtziel kombinieren lassen. Daher läßt sich statt

$$P \cup \{G\} \vdash_{BR} G_0$$

einfach

$$P \cup \{G\} \vdash G_0$$

schreiben, falls die Berechnungsregel BR entweder irrelevant oder aus dem auftretenden Kontext der Aussage ersichtlich ist.

Mit dieser Vereinfachung läßt sich das zuletzt erwähnte Vollständigkeitsergebnis noch verschärfen:

$$SP = \{A \in HB(P) \mid P \cup \{\leftarrow A\} \vdash_{BR} []\}$$

Obwohl alle korrekten Antworten nicht abgeleitet werden können, kann jedoch jede korrekte Antwort aus dem allgemeinsten Unifikator ermittelt werden. Beispiel:

:- p(X).

p(f(y)).

q(a).

{ X/f(a) } ist eine Antwort, die nicht abgeleitet werden kann, obwohl sie logische Konsequenz des Programms ist.

{ p(f(y)), q(a) } $\models$ p(f(a))

Jedoch kann eine Antwort { x/f(a) } aus mgu ermittelt werden:

$\sigma = \theta\ \gamma$ = { X/f(Y_0) } { Y_0/a } = { X/f(a) }

17.2 SLD-Baum

Der SLD-Baum ist eine Struktur für ein Programm P, eine Anfrage G und eine Berechnungsregel BR; er ermöglicht es, alle SLD-Ableitungen zu untersuchen. Der SLD-Baum ist folgendermaßen induktiv definiert:

- Der Wurzelknoten dieses Baumes ist G.
- Jeder Knoten des SLD-Baumes ist ein (möglicherweise leeres) Goal.
- Wenn K ein Knoten des Baumes ist, der die Anfrage G_0 zeigt, und $G_1, \cdots G_n$ die möglichen Resolventen der Anfrage G_0 mit den Programmklauseln von P sind, dann hat der Knoten K genau n-Nachfolger, die mit $G_1, \cdots G_n$ bezeichnet sind.
- Knoten mit dem leeren Ziel [] haben keine Nachfolger.
- An den Kanten des SLD-Baumes stehen die Nummern der Klauseln, die benutzt werden, um die Resolution zu erhalten.

Jeder (Wurzel-) Pfad des SLD-Baumes entspricht demnach einer Ableitung aus $P \cup G$. Wir teilen diese Pfade in drei mögliche SLD-Ableitungen ein:

Als erfolgreicher Pfad wird der Zweig bezeichnet, den man von der Wurzel bis zum Erreichen eines Blattes, das durch eine leere Klausel bezeichnet ist, durchlaufen muß. Diese Erfolgszweige sind SLD-Widerlegungen. Ist $P \cup \{G\}$ unerfüllbar, so gibt es im zugehörigen SLD-Baum mindestens einen Erfolgszweig.

Der Pfad, der nicht in einer leeren Klausel endet, heißt fehlgeschlagener Pfad. Als unendlicher Pfad wird der Pfad bezeichnet, der von der Wurzel aus bis in die Tiefe reicht, ohne jeweils auf ein Blatt zu stoßen.

Obwohl die von unterschiedlichen Berechnungsregeln induzierten SLD-Bäume für $P \cup \{G\}$ im allgemeinen völlig verschiedene Gestalt aufweisen werden, müssen sie aufgrund von Theoremen über die Vollständigkeit der SLD-Resolution in bezug auf ihre erfolgreichen Pfade übereinstimmen.

Beispiel: Ein SLD-Baum

A_1:   p(X , Z) :- p(Y , Z) , q(X , Y).
A_2:   p(X , X) :-
A_3:   q(a , b) :-
G_0:   :- p(S , b)

BR: Wähle das rechte Literal

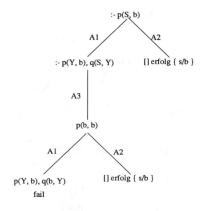

Abb. 21: Ein SLD-Baum mit BR: Wähle das linke Literal

17.3 Suchregel SR

Für die Suche nach erfolgreichen Pfaden in einem SLD-Baum wird sich eine SLD-Widerlegungsprozedur nur einer bestimmten *Suchstrategie* bedienen. In der Suchregel ist die Reihenfolge der Ausführung der Klauseln eindeutig festgelegt. Eine konkrete SLD-Widerlegungsprozedur ist also durch zwei Parameter bestimmt: eine Berechnungsregel BR und eine Suchstrategie für die von BR induzierten SLD-Bäume.

Beispiel: Gegeben seien die Klauseln:

A_1:   p(X, Z) :- q(X, Z).
A_2:   p(X, Z) :- q(X, Y), p(Y, Z).
A_3:   q(a, b).
A_4:   q(b, c).

die Anfrage:

G_0:   :- p(a, Z).

die Auswahlregel BR: „Wähle das linke Literal";

und die Suchregel SR: „Wähle die Klausel wie die Reihenfolge im Text".

Der SLD-Baum wird folgende Struktur haben:

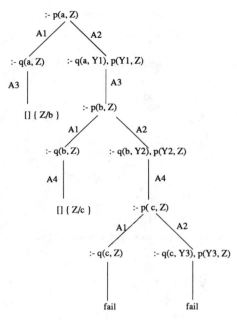

Abb. 22: Ein SLD-Baum mit BR: Wähle das linke Literal

Wird für das obige Programm nun anstelle der Berechnungsregel „Wähle das linke Literal" die Regel „Wähle das rechte Literal" gewählt, so unterscheidet sich der entsprechende SLD-Baum erheblich von dem vorherigen Baum:

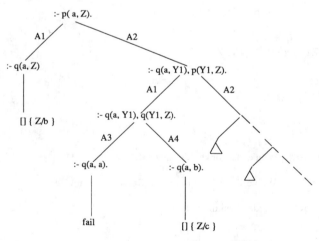

Abb. 23: Ein SLD-Baum mit BR: Wähle das rechte Literal

Werden für das obige Programm die Klauseln A_1 und A_2 vertauscht, so daß durch die gegebene Suchregel die Auswahl der Klauseln vom ersten Beispiel abweicht, erhält man den SLD-Baum:

A_1:   p(X, Z) :- q(X, Y), p(Y, Z)
A_2:   p(X, Z) :- q(X, Z).
A_3:   q(a, b)
A_4:   q(b, c).
G_0:   p(a, Z).

BR: Wähle das linke Literal
SR: Wähle die Klausel wie die Reihenfolge im Text

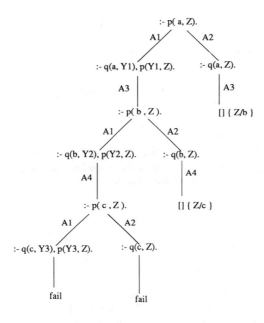

Abb. 24: Ein SLD-Baum mit vorgegebenem SR

Theorem: P sei ein Programm, G eine Abfrage

- Ist $P \cup \{G\}$ unerfüllbar, dann enthält der SLD-Baum mindestens einen Erfolgszweig.
- Entweder enthält jeder SLD-Baum für $P \cup \{G\}$ unendlich viele Erfolgszweige, oder jeder SLD-Baum enthält die gleiche Anzahl von Erfolgszweigen, **unabhängig** von BR.

Die Frage ist nun: Wie findet man die Erfolgszweige? Dazu befassen wir uns mit Suchstrategien im folgenden Thema.

17.4 Übungen zum Thema

1. Gegeben sei das Programm:
   A1:   p(a, b).
   A2:   p(b, a) :- q(a, b).
   A3:   q(Y, X) :- p(X, Y).
   und die Auswahlregel „Wähle das letzte Literal".
   Geben Sie die SLD-Ableitungen mit Resolventen und Unifikatoren jedes Schritts für die folgenden Anfragen an:
   a. :- p(a, b), q(b, a).
   b. :-q(a, b).
   c. :- q(b, b).

2. Gegeben sei das Programm:
   A1:   p(a, b).
   A2:   p(c, b).
   A3:   p(X, Z):- p(X, Y), p(Y, Z).
   A4:   p(X, Y):- p(Y, X).
   die Anfrage:
   G   :- p(a, c).
   a. Geben Sie für $P \cup \{G\}$ eine SLD-Widerlegung an.
   b. Geben Sie die Komposition der allgemeinsten Unifikatoren (mgu's) bzw. die berechnete Substitution nach dieser SLD-Widerlegung an.

3. Gegeben sei das folgende Programm:
   ein-und-nullen(X) :- eins(X), nullen(X).
   eins(nil).
   eins(1.u.Y) :- eins(Y).
   nullen(nil).
   nullen(U.O.Y) :- nullen(Y).
   a. Zeigen Sie den SLD-Beweis für die Anfrage G:
      :- ein-und-nullen(1.0.1.0.nil) und die Berechnungregel „Wähle das linke Literal im Goal". Wäre der Beweis für die Auswahlregel „Wähle das rechte Literal" effizienter ?
   b. Welche von den Auswahlregeln ist für die Anfrage
      ein-und-nullen(1.2.1.0.nil) effizienter?
   c. Ein Interpreter kann die Elemente der Argumente in einer Anfrage untersuchen. Welche Berechnungsregel würden Sie vorschlagen, damit die beiden Anfragen effizient bearbeitet werden?

4. Ein einfaches Programm für die Umkehrung der Reihenfolge einer Liste ist :
   reverse(nil, nil).
   reverse(U.X, Y) :- reverse(X, W), append(W, U.nil, Y).
   append(nil, Z, Z).
   append(V.X, Y, V.Z) :- append(X, Y, Z).
   Bestimmen Sie für die folgende Anfrage, welche Berechnungsregel besser ist: „Wähle das linke Literal im Goal" oder „Wähle das rechte Literal im Goal".
   a. :- reverse(a.b.c.nil, Y).
   b. :- reverse(X, c.b.a.nil).

c. :- reverse(a.b.c.nil, c.b.a.nil).

5. Für die folgenden Programme sei:
   BR: „Wähle das rechte Literal im Goal"
   SR: „Wähle die Klausel nach der Reihenfolge im Text"
   Zeichnen Sie den SLD-Baum für:
   a. :- p(a, Z).
      p(X, Z) :- q(X, Y), p(Y, Z).
      p(X, Z) :- q(X, Z).
      q(a, b).
      q(b, c).
   b. :- p(X).
      p(X) :- q(X), r(X). q(a).
      r(X) :- r1(X).
      r1(a).

6. Gegeben sei das folgende Programm:
   p(X, Z) :- q(X, Y), p(Y, Z).
   p(X, X).
   q(a, b).
   :- p(X, b).
   Zeigen Sie den SLD-Baum für die Berechnungs-Regel:
   a. „Wähle das 1. linke Literal im Goal"
   b. „Wähle das 1. rechte Literal im Goal"
   SR: „Wähle die Klausel nach der Reihenfolge im Text"

7. Gegeben sei das folgende Programm mit:
   BR: „Wähle das linke Literal im Goal"
   SR: „Wähle die Klausel nach der Reihenfolge im Text"
   p(Y) :- q(X, Y), r(Y).
   p(X) :- q(X, X).
   q(X, X) :- s(X).
   r(b).
   s(b).
   :- p(X).
   Zeichnen Sie den SLD-Baum.

8. Geben Sie ein Programm, ein Goal und zwei Berechnungsregeln an. Für eine Berechnungsregel soll der SLD-Baum unendlich werden und für die andere endlich.

9. P sei das folgende Programm:
   p(a, b).
   p(c, b).
   p(X, Z) :- p(X, Y), p(Y, Z).
   p(X, Y) :- p(Y, X).
   und das Goal :- p(a, c).
   Zeigen Sie, daß $P \cup \{G\}$ keine SLD-Widerlegung hat, falls eine Klausel weggelassen wird, egal was die Berechnungsregel ist.

To be or not to be,
that is the question.

– William Shakespeare –

9 Negation in der Logik-Programmierung

Definition: *Definite Klausel und definites Programm*

Eine definite Klausel ist eine Klausel mit genau einem positiven Literal und null oder mehr negativen Literalen.

$$\forall x (B \vee \neg A_1 \vee \neg A_2 \cdots \neg A_n)$$

ist z.B. eine definite Klausel. Diese Klauseln heißen auch bedingte Klauseln oder Horn-Klauseln.

Ein definites Programm ist eine endliche Menge von definiten Klauseln. Alle anderen Programme sind *nicht-definite Programme*.

$$P1 : \neg A_1 \vee \neg A_2 \cdots \neg A_n$$

ist z.B. ein nicht-definites Programm, bestehend aus einer einzigen nicht-definiten Klausel.

Definite Programme liefern nur positives Wissen. Dieser Satz kann auf technische Art erklärt werden. Das Wissen, das im Programm enthalten ist, kann als eine Menge aller atomaren logischen Konsequenzen des Programms gesehen werden. Das einfachste Beispiel eines negativen Wissens wäre eine negierte atomare Formel (negiertes Literal), z.B. „Johanna mag Heinz nicht". Aufgrund der beschränkten Syntax von definiten Programmen kann das Beispiel nicht im entsprechenden Programm ausgedrückt werden. Deshalb ist kein negatives Literal eine logische Konsequenz des definiten Programms. Der Grund dafür ist, daß die Herbrand-Basis eines definiten Programms immer eine von Programm-Modellen ist. Dieses stellt ein weniger interessantes Modell dar, weil alle Prädikate untereinander in einem Verhältnis stehen. Jedes negative Literal ist „unwahr" in diesem Modell; also kann es keine logische Konsequenz des Programms sein. (Eine logische Konsequenz des Programms ist eine Formel, die in jedem Modell des Programms wahr ist.)

Analog zu relationalen Datenbanken scheint es natürlich zu sein anzunehmen, daß die Beziehung zwischen Individuen nur halten kann, wenn sie vom Programm abgeleitet werden kann. Das ist bekannt als *Closed-World-Assumption (CWA)* [36] und kann als eine spezielle Klasse von Modellen verstanden werden. Jedoch sind nicht alle Modelle des Programms hiervon betroffen.

Mit dem Cut-Operator können negative Informationen dargestellt werden. Hier ein Beispiel:
```
if_then_else(p, q, r) :- p, !, q.
if_then_else(p, q, r) :- r.
```

Prozedural gesehen, ist die Semantik dieses Prolog-Programms die bekannte Bedingungsformel:
$if\_then\_else(p,q,r)$ gdw. $(P \wedge q) \vee (\neg p \vee r)$.

Nicht jedoch deklarativ:
$if\_then\_else(p,q,r)$ gdw. $(p \wedge q) \vee r$.

In Verbindung mit dem Fail-Operator läßt sich die Kombination zudem als eine eingeschränkte Form der Negation ausdrücken, die durch die *Negation-by-Failure-Regel* charakterisiert ist:

Die Negation *not(q)* zu einem Literal q wird als bewiesen betrachtet, wenn q nicht beweisbar ist.

Die Klausel hat dann die Form:

$$P : - \cdots, not(q), \cdots$$

Offensichtlich sind auf diese Weise nur negierte Rumpf-Literale, nicht aber negierte Kopf-Literale behandelbar. Es versteht sich außerdem von selbst, daß die durch diese Form der Negation erfolgte Festlegung auf die Closed-World-Assumption ausschließlich in ganz bestimmten Bereichen, insbesonders nicht in dem der deduktiven Datenbanken, gerechtfertigt ist.

Clark hat gezeigt, daß die Negation-by-Failure als Negation nicht die volle Power der Negation in der Standardlogik hat. Wegen der Unentscheidbarkeit der Logik kann kein Theorembeweiser alle Situationen, in denen ein Goal fehlschlägt, erkennen. Die deduktive Power der Negation-by-Failure kann durch die Programmvervollständigung verstärkt werden.

In den darauffolgenden Themen gehen wir auf diese Methoden näher ein.

Thema 18

Die not-Prozedur

Die beiden Standardprädikate `cut` und `fail` bieten dem Programmierer viele Möglichkeiten, wenn er sie in Verbindung miteinander benutzt. Die beiden Prädikate haben keine Argumente, das heißt, daß der Erfolg des Zieles von `cut` und `fail` unabhängig vom Wert irgendwelcher Variablen ist. Das Prädikat `fail` ist so definiert, daß es als Ziel nie erfüllt werden kann und somit ein Backtracking verursacht. Wenn Fail nach einem Cut auftritt, wird das Backtracking-Verfahren durch den Effekt des Cut geändert.

Mit der Cut-Fail-Kombination kann die Negation in eingeschränkter Form dargestellt werden; z.B, wenn wir sagen wollen: „Susi mag alle Tiere außer Schlangen".
```
mag(susi, X) :- schlange(X), !, fail.
mag(susi, X) :- tier(X).
```
Diese Kombination führt zur Definition der not-Prozedur:

> *not(Goal)* wird nur genau dann als erfolgreich bewiesen, wenn der Subcall *Goal* endlich fehlschlägt.

Diese Definition kann in Prolog definiert werden; in der Form:
```
not(P) :- call(P), !, fail.
not(P).
```
In dieser Definition wird das Argument P mit Hilfe des Standardprädikats call als Ziel gerufen. Das Prädikat call behandelt P als Ziel und versucht es zu beweisen. Falls das Ziel `call(P)` scheitert, findet Prolog den Fakt `not(P)`, der immer wahr ist. Somit wird das Ziel `not(P)` erfüllt, wenn P nicht beweisbar ist.

Als Beispiel betrachten wir eine Wissensbasis, in der sich lediglich der Fakt `test(a)` befindet, für zwei Anfragen. Die Arbeitsweise des not-Prädikats ist anhand eines Trace-Protokolls dargestellt.
```
not(P) :- call(P), !, fail.
not(P).
test(a).
```

a) Anfrage: :- not(test(a)).
Antwort: no
```
:- not(test(a)).
   not(test(a))         call; beweise not(test(a))
   test(a)              test(a) ist ein Fakt
   test(a)              exit; test(a) ist in Wissensbasis
   cut in not(test(a))  kein Backtracking der fail
   fail                 fail als Hauptziel gescheitert
```
b) Anfrage: :- not(test(b)).
Antwort: yes
```
:- not(b)
   not(test(b))         call; beweise not(test(b))
   test(b)              fail; test(b) ist nicht in der Wissensbasis
   not(test(b))         call, 2. Regel
   not(test(b))         Beweis erfolgreich
```

Das Susi-Beispiel kann auch in dieser Form definiert werden, indem man die Cut-Fail-Kombination durch das not-Prädikat ersetzt:
```
mag(susi, X) :- tier(X), not(schlange(X)).
```

Bemerkung zum not-Prädikat

Der Beweis von `not(P)` kann zu falschen Ergebnissen führen, wenn P Variablen enthält. Betrachten wir die folgende Wissensbasis:
```
raucher(schmidt).
raucher(mueller).
tennisspieler(schulze).
nichtraucher(X) :- not(raucher(X)).
```

und die Anfrage nach einem tennisspielenden Nichtraucher:
```
:- tennisspieler(X), nichtraucher(X).
```

dann ermittelt Prolog die wohl erwartete Antwort „yes" mit „X = schulze".

Die Anfrage nach einem nichtrauchenden Tennisspieler, also
```
:- nichtraucher(X), tennisspieler(X).
```

verblüfft Prolog zunächst mit der Antwort „no". Das Ziel scheitert, wenn versucht wird, not zuerst zu beweisen. Aber es ist erfolgreich, wenn es erst aufgerufen wird, nachdem X bereits belegt ist. Die gewünschte Semantik von `not(raucher(X))` ist $\exists X \neg raucher(X)$. Statt dessen berechnet Prolog $\exists X raucher(X)$. Prüft ob ein X existiert, das Raucher ist und negiert das Ergebnis. Daraus ergibt sich $\neg \exists X \neg raucher(X)$ oder $\neg \forall X \neg raucher(X)$.

Wenn diese Form der Negation benutzt wird, muß man sehr darauf achten, daß *not* nur aufgerufen wird, wenn die Variablen bereits ihren Wert erhalten haben.

Beachten Sie bitte, was in der Definition der not-Prozedur der Ausdruck „Goal endlich fehlschlägt" bedeutet. Es bedeutet, daß der SLD-Baum für den Beweis *Goal* muß *endliche Tiefe, endliche Bereite* haben und alle Knoten müssen mit einem Fehlschlag terminieren. Zumindest sollte der Baum wenigstens einen oder mehrere fehlgeschlagene Endknoten haben *(finite failure tree)*.

Außerdem soll, wenn die Auswertung von *Goal* weder erfolgreich ist noch fehlschlägt, das gleiche für die Auswertung von *not(Goal)* gelten. Um dies einzusehen, betrachten wir die folgenden Fakten in der Prolog-Datenbank:
```
person(chris).
person(bernd).
person(emil).
kind-von(bernd, chris).
kind-von(emil. chris).
```

Für die Anfrage: `:- person(X)., not(kind-von(X, chris))`.

Prolog führt zuerst den Aufruf `person(X)` aus und findet `X = chris`. Das reduziert die Anfrage auf:
```
:- not(kind-von(chris, chris)).
```

Der Subcall `kind-von(chris, chris)`. schlägt fehl und somit ist `not(kind-von(chris, chris))` bewiesen. Die Ausführung terminiert mit Erfolg. Nach dem Backtracking erhalten wir die zweite Lösung `X = bernd` vom Subcall `person(X)`, und die Anfrage reduziert sich zu:

```
:- not(kind-von(bernd, chris)).
```

Der Subcall `kinder-von(bernd, chris)` wird als erfolgreich bewiesen, und der Aufruf `not(kind-von(bernd, chris).` schlägt fehl. Auch die dritte Berechnung wird fehlschlagen.

Im allgemeinen verursachen die not-Call ohne Variablen (Grund-Call) keine Probleme. Nehmen wir an, wir beginnen mit dem Aufruf:

Q :   `:-not(kind-von(X, chris)).`

Wir müssen uns darüber im klaren sein, was wir fragen. Hier fragen wir, ob es ein X gibt, so daß `kind-von(X, chris)` endlich fehlschlägt. Die finite-failure-Regel formuliert zuerst den Subcall

Q' `:- kind-von(X, chris).` und sucht alle X, für die `kind-von(X, chris)` wahr sind. Diese Anfrage liefert zwei Antworten. Damit schlägt die Anfrage Q als ganze fehl, und wir erhalten keine Antwort, obwohl es ein X, nämlich `X = chris` gibt. Die finite-failure-Regel ist somit unvollständig (engl. *incomplete*), wenn sie auf Anfragen mit nicht instanziierten Variablen angewendet wird. Im folgenden Abschnitt werden wir diese Problematik ausführlicher diskutieren.

18.1 Übungen zum Thema

1. Warum können in „not" keine freien Variablen vorkommen?
2. Gegeben sei das folgende Prolog-Programm:
   ```
   mag(Wer, Was) :- not hasst(Wer, Was).
   mag(susi, katze).
   hasst(susi, schlange).
   ```
   Wie lauten die Antworten auf die folgenden Anfragen?

   a. `:- mag(susi, schlange).`
   b. `:- mag(susi, katze).`
   c. `:- mag(Wer, katze).`
   d. `:- mag(Wer, schlange).`
   e. `mag(susi, Was).`

Thema 19

Closed-World-Assumption

Ein Programm P enthält eine bestimmte Menge von Aussagen. Analog zu relationalen Datenbanken scheint es natürlich anzunehmen, daß die Beziehung zwischen Individuen nur halten kann, wenn sie vom Programm abgeleitet werden kann. Daraus folgt: Jede Feststellung q über eine solche Beziehung ist genau dann wahr, wenn p q impliziert, ansonsten ist q unwahr. Das ist bekannt als Closed-World-Assumption (im folgenden mit CWA abgekürzt), was auf deutsch bedeutet: Annahme einer geschlossenen Welt, wobei sich Welt hier natürlich auf eine Datenbasis bezieht. Unter der CWA ergeben sich einige Antworten daraus, daß das Gegenteil nicht bewiesen werden konnte. Wenn also kein positives Literal für die Anfrage ermittelt werden konnte, so wird angenommen, daß die jeweilige Negation dazu wahr ist. Die Datenbasis wird sozusagen um alle nicht aufgeführten Literale im negativen Sinn erweitert.

Die CWA-Regel kann als Inferenzregel bezeichnet werden.

$$\frac{P \not\models A}{\neg A}$$

Wenn man schließen kann, daß A nicht aus P folgt, dann gilt $\neg A$, wobei A ein Grundatom ist. Zu beachten ist, daß die CWA-Regel keine Inferenzregel im traditionellen Sinn ist und daß $P \not\models A$ keine Formel der Objekt-Sprache, sondern der Meta-Sprache ist.

Die Argumentation der Closed-World-Assumption wird auch Schlußfolgerung aufgrund von Unbekannten (engl. *Default Inference*) genannt. Sowohl im täglichen Leben als auch in speziellen Angelegenheiten gibt es viele Situationen, in denen Schlußfolgerungen aufgrund von Unbekannten notwendig sind. Sie dienen zur Ergänzung von deduktiven Schlußfolgerungen.

Im Zusammenhang mit der logischen Programmierung ist man hauptsächlich an den Atomen der Herbrand-Basis interessiert. Betrachten wir ein simples Programm, bestehend aus nur einer einzigen Klausel:

```
P1:                          A:- B.
```

Zusätzlich nehmen wir an, daß $HB(P)$ genau {A, B} ist. Durch die Closed-World-Assumption können wir schlußfolgern, daß $\neg q$ für jedes Atom $q \in HB(P)$ gilt, nicht in P enthalten ist. Das ist eine allgemeine Schlußfolgerung aufgrund vom Default-Inferenz:

Wir schlußfolgern $\neg q$, da nichts darauf schließen läßt, daß q in P enthalten ist.

Dies ist unter zwei Gesichtspunkten als zwingend zu betrachten:

1. Wir nehmen an, daß P widerspruchsfrei ist, denn sonst würde P notwendigerweise q und $\neg q$ enthalten.
2. Wir betrachten nur den Fall, daß q als Atom vorliegt, denn sonst, wenn aus P weder r noch $\neg r$ impliziert wird, müßte man aufgrund der Default-Inferenzregel wieder $\neg r$ und $\neg \neg r$ schließen, was wiederum widersprüchlich wäre.

Zurück zu dem oben aufgeführten Programm P1:. Da P eindeutig ist, muß es auch widerspruchsfrei sein und darf weder A noch B implizieren. Hierdurch kann man aufgrund der CWA auf $\neg A$ und $\neg B$ schließen. Allgemein gesagt, wird die Kombination von P mit der Default-Inferenz als *CWA(P)* bezeichnet und ist definiert als

$$CWA(P) = P \cup \{q \in HB(P) \text{ und } \textit{not } P \models q\}$$

Für das Programm P1 bedeutet das:

$$CWA(P1) = \{A : -B, \neg A, \neg B\}$$

Die folgende Abbildung zeigt, wie sich $CWA(P)$ aus seinen Komponenten P und $HB(P)$ zusammensetzt.

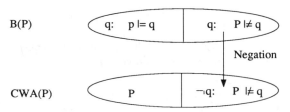

Abb. 25: Anwendung der Closed-World-Assumption

Nach der Begriffsbestimmung der Closed-World-Assumption wird im folgenden auf die Korrektheit und Vollständigkeit des Beweisverfahrens über negative Information eingegangen.

Angenommen, man möchte eine Datenbank P mit Einträgen über alle Mieter eines Hauses „h" (die bekannt sind) – „müller" und „schmidt" anlegen und abfragen. Der einfachste Weg, die Daten aufzunehmen, ist:
mieter(h1, müller).
mieter(h1, schmidt).

In der Open-World-Assumption gibt es keinen Grund, darauf zu schließen, daß z.B. „schulz" kein Mieter von h1 ist. Es wird nichts darüber gesagt, was diese Möglichkeit ausschließt. Aber in der Closed-World-Assumption wird in der Datenbank vollständig bestimmt, wer ein Mieter von wem ist, und man kann schlußfolgern, ¬mieter(h1, schulz).

Relationale Datenbanken sind begrenzt. Daher ist es immer möglich, in einer endlichen Zeit zu prüfen, ob ein gegebener Tupel in der Datenbank enthalten ist oder nicht. Im Fall von eindeutigen Programmen kann die Herbrand-Basis unendlich sein. Es kann bewiesen werden, daß das Problem, ob eine gegebene atomare Formel eine logische Konsequenz eines Programms ist, unentscheidbar ist. Mit anderen Worten: Es gibt keine generellen Algorithmen, die für ein willkürlich gegebenes eindeutiges Programm und Atom die Frage in einer begrenzten Zeit beantworten können.

Nun ist die Frage, wie man die Korrektheit (engl. *soundness*) bezüglich der logischen Konsequenz formulieren kann. Die Korrektheit für die Ableitung von positiven Schlußfolgerungen in der *Open-World-Assumption (OWA)* kann folgendermaßen formalisiert werden:

$$\forall q \in HB(P), P \models q \text{ wenn } P \vdash_{OWA} q$$

Hier wird die Korrektheit der $\vdash_{OWA}$ (abgeleitet von) bezogen auf das Programm P gezeigt. Auf welche logische Konstruktion kann nun aber die Korrektheit bei negativen Schlußfolgerungen in der Closed-World-Assumption bezogen werden? Eine Möglichkeit stellt die CWA(P) dar.

$$\forall q \in HB(P), CWA(P) \models \neg q \text{ wenn } P \vdash_{CWA} \neg q$$

Ein besonderes Problem besteht darin: Wenn P gegeben ist, kann man nicht sofort CWA(P) ermitteln, denn man kann nicht direkt entscheiden, welche speziellen negativen Fakten $\neg q$ darin enthalten sind – man muß sie alle herleiten. Ein weiteres Problem ist die Tatsache, daß CWA(P) widerspruchfrei ist, wenn P endlich ist; sonst ist es sehr wahrscheinlich widersprüchlich.

Betrachten wir ein Programm P, das nur aus der Klausel besteht:
A oder B

Dann ist CWA(P) = { A oder B, ¬A, ¬B }, was widersprüchlich ist. Deshalb ist die CWA nicht in allen Fällen anwendbar. Im folgenden werden wir die Default-Inferenz auf einem nicht-definiten Programm anwenden und das Konsistenz-Kriterium herleiten.

19.1 Übungen zum Thema CWA

1. Konstruieren Sie CWA(P) für jede der Klauselmengen P und bestimmen Sie, ob sie konsistent ist oder nicht. Nehmen Sie HB(P) = { dieter, chris } an.

    a. mag(chris, X) :- mag(dieter, X).
    b. mag(chris, X) :- ¬mag(X, chris).
    c. mag(dieter, X) :- mag(X, chris)
    d. mag(dieter, X).
        mag(X, chris).
    e. ¬mag(dieter, dieter).
        mag(X, dieter) :- mag(chris, X).
        mag(chris, X).

Thema 20

Negation by Failure

Die Closed-World-Assumption ist nicht gültig im generellen Fall. Ein Ausweg bleibt eine Abschwächung der Anwendbarkeit der CWA. In der Praxis bedeutet dies eine Beschränkung der CWA auf solche Formeln F der Herbrand-Basis $HB(P)$ eines definiten Programms, für die die Beweissuche mit der SLD-Resolution schon nach endlichen vielen Schritten als fehlgeschlagen erkannt werden kann.

Definition: P sei ein definites Programm und G ein Goal. Erfüllt der SLD-Baum $T(P,G)$ für $P \cup \{G\}$ die beiden folgenden Bedingungen:

1. $T(P,G)$ enthält nur endliche Pfade und
2. keiner der Knoten von $T(P,G)$ ist die leere Klausel [],

so nennen wir die SLD-Ableitung für $P \cup \{G\}$ „Endlich-Fehlschlag" und schreiben

$$P \cup G \not\vdash_{SLD} []$$

Die Fehlschlagsmenge (engl. *Finite Failure Set*) $FF(P)$ von P ist dann die folgende Menge von Goals:

$$FF(P) := \{A \in HB(P) \mid P \cup \{\leftarrow A\} \not\vdash_{SLD} []\}$$

Aufgrund der Vollständigkeit und Korrektheit der SLD-Resolution gilt damit selbstverständlich für ein vorgegebenes definites Programm P und jede Formel $A \in HB(P) \cap FF(P)$:

- $P \not\models A$ und
- der SLD-Baum für $P \cup \{A\}$ enthält nur endliche oder fehlgeschlagene Zweige.

Das Letzteres gilt sogar für alle SLD-Bäume zu $P \cup \{A\}$, also unabhängig von der konkreten Berechnungsregel. Die Untersuchung selbst, ob nun eine vorgelegte Formel $A \in HB(P)$ die logische Konsequenz von P ist, geschieht, indem dem SLD-Beweiser $\leftarrow A$ als Goal vorgelegt wird. Es lassen sich somit zwei Fälle unterscheiden:

1. $A \in FF(P)$, dann läßt sich am SLD-Baum zu A ablesen, daß eine endliche fehlgeschlagene SLD-Ableitung vorliegt, „no" als Antwort zurückgeben und vermöge der CWA auf die Formel $\neg A$ schließen, oder
2. jeder SLD-Baum enthält mindestens einen unendlichen Zweig, der dann vom System durchsucht wird.

Beispiel: Das liebt-Programm
```
liebt(X, Y) :- mutter(X), kind-von(Y, X).
liebt(johann, thomas).
liebt(maria, johann).
mutter(maria).
kind-von(thomas, maria).
```

Von diesem Programm kann `liebt(johann, maria)` nicht abgeleitet werden. Der SLD-Baum für die Anfrage: `:- liebt(johann, maria)` ist endlich und kein Erfolgszweig. Aus der Vollständigkeit der SLD-Resolution folgt, daß `liebt(johann, maria)` nicht eine logische Konsequenz des Programms ist. Deshalb ist das Atom nicht im Herbrand-Modell, und folglich kann man unter der CWA-Regel daraus schließen: `¬liebt(johann, maria)`.

Für die Anfrage :- ¬liebt(X, maria) wird die Antwort „yes" ergeben. In anderen Worten: „niemand liebt Maria".

Für das Goal :- ¬liebt(X, johann) führt das Goal :- liebt(X, johann) zum Erfolg, mit der Antwort X = maria. Aber das reicht nicht aus, um daraus zu schließen, daß es niemand gibt, der Johann nicht liebt; z.B. Thomas liebt nicht Johann.

Die geschilderte Vorgehensweise ist die weitläufig bekannte Negation-by-Failure-Regel (im folgenden NF-Regel abgekürzt). Sie ist eine modifizierte Form der CWA für die definiten Programme. Diese Regel führt zu Anfragen, die negative Literale enthalten. Eine solche Anfrage, wie in der Literatur über Logik-Programmierung, wird als *normales Goal* bezeichnet. Entsprechend ist ein Logik-Programm, das als Klauselprämissen negative Literale enthält, als *normales Programm* bekannt.

Die NF-Regel kann zusammengefaßt werden als Inferenzregel:

$$\frac{:-A_1,...A_{i-1},\neg A_i, A_{i+1},...A_n \qquad :-A_i \quad endlich\, scheitert\, mit\, P}{:-A_1,...A_{i-1}, A_{i+1},...A_n}$$

Wie bei der CWA-Regel ist sie eher eine Meta-Schlußfolgerungs-Regel. Für den besonderen Fall (n=1), er bewirkt ¬A von dem Programm P abzuleiten, obwohl kein negatives Literal eine logische Konsequenz eines definiten Programms ist. Dies wirft das Problem der logischen Bedeutung der NF-Regel auf.

Informal sagt die Regel folgendes aus: Wenn alle Pfade eines SLD-Baumes, die ein Grundklausel A beweisen, endlich sind und zu einem „fail" führen, dann gilt ¬A. Diese Regel formuliert die Grundlage für die Negation in der Logik-Programmierung. Man kann es beweisen: Wenn ein definites Programm P impliziert ¬A, dann kann ¬A aus einem Programm P* erzeugt werden, das die Vervollständigung von P ist. P* ist das Clark *completed program* und wird mit $comp(P)$ bezeichnet. Das $comp(P)$ wird aus P erzeugt, indem grob gesagt „Implikation →" durch die „Biimplikation ↔" ersetzt wird.

Die NF-Regel gilt nicht immer. Nehmen wir an, P bedeutet „entweder A oder B ist wahr"; d.h. $P = \{A \vee B\}$. Die Anfrage ¬A kann in P nicht bewiesen werden. Alle möglichen Zweige, A beweisen, sind endlich und enden zu einem unwahren „fail". Daher ist ¬A wahr. Ähnlich kann ¬B bewiesen werden. Aber die Menge $\{A \vee B, \neg A, \neg B\}$ ist inkonsistent. Das wirft das Problem der Korrektheit der NF-Regel auf, das später behandelt wird.

20.1 Vervollständigung definiter Programme

Mit Hilfe der NF-Regel können Negationen in normalen Programmen (Programme mit negativen Literalen in der Klauselprämisse) bearbeitet werden. So läßt sich damit immer noch lediglich über ein *Fehlen von Information* schließen, nicht jedoch über negative Information selbst. Der Grund dafür ist natürlich, daß die definiten Programme (Programme mit Hornklauseln) keine Biimplikation beinhalten. Um auch der NF-Regel logische Bedeutung zu geben, müssen die definiten Programme vervollständigt werden.

Eine alternative Möglichkeit, die CWA formal zu fassen, wurde von K. Clark [11] vorgeschlagen. Man vervollständigt das definite Programm P zu einer Theorie $P^* = comp(P)$, in der durch das definite Programm gegebene *notwendige* Bedingungen für das Erfülltsein der angesprochenen Prädikate zu *hinreichenden* Bedingungen umgewandelt werden. Die Schlußfolgerungen durch die NF-Regel sind dann die logische Konsequenz der $comp(P)$.

Im folgenden zeigen wir die Transformation in Aussage- und Prädikatenlogik.

Programmvervollständigung in der Aussagenlogik

Im Fall der Aussagenlogik ist die Konstruktion besonders einfach.

1. Gegeben ist das Programm P, bestehend aus einer Menge von Klauseln in der Form $q \leftarrow body$.
2. Für jedes q, das in $body$ vorkommt, aber nicht in P definiert ist, konstruiere $\neg q$.
3. Transformiere alle q, definiert in P, mit der Form:
$$q \leftarrow body_1$$
$$\vdots$$
$$q \leftarrow body_n$$
zu dem Satz
$$q \leftrightarrow (body_1 \vee, \cdots body_n)$$

Die so erhaltene $comp(P)$ umfaßt genau die vervollständigten Formen aller definiten Relationen in P.

Beispiel: P ist das Programm:
$A \leftarrow B$

Die $comp(P)$ besteht aus den Sätzen:
$\neg B$
$A \leftrightarrow B$

Das Programm P impliziert weder A noch B. Die $comp(P)$ impliziert jedoch beide $\neg A$ und $\neg B$, was genau das Ergebnis ist, das wir aus $CWA(P)$ bekommen würden. Bei $CWA(P)$ müssen wir jedoch $\neg A$ explizit definieren, nicht bei $comp(P)$.

In bestimmten Fällen liefern die beiden Konstruktionen unterschiedliche Ergebnisse.

Beispiel: P ist das Programm:
$A \leftarrow A$
wobei $CWA(P)$ $\neg A$ impliziert, während $comp(P)$ das nicht tut.

Beispiel: P ist das Programm:
$A \leftarrow \neg B$

Die $CWA(P)$ impliziert beide $\neg A$ und $\neg B$ und ist inkonsistent, während $comp(P)$ konsistent ist und $\neg B$ impliziert, aber nicht $\neg A$.

Beispiel: P ist das Programm:
$A \leftarrow \neg A$

Die $CWA(P)$ ist konsistent und impliziert keinen negativen Fakt, während $comp(P)$ konsistent ist und alles impliziert.

Programmvervollständigung in der Prädikatenlogik

Die Konstruktion von $comp(P)$ eines definiten Programms P ist in der Prädikatenlogik etwas schwieriger.

P sei ein n-stelliges Prädikat des normalen Programms P.

1. Zunächst sind *n neue* Variablen $x_1, \cdots x_n$ einzuführen. Mit Hilfe dieser Variablen und einer (noch näher zu spezifizierenden) Gleichheitsrelation „=" wird anschließend jede zu diesem Prädikat gehörende Klausel
$p(t_1, \cdots t_n) \leftarrow L_1, \cdots L_m$

in eine (prädikatenlogisch äquivalente) Formel
$$p(x_1, \cdots x_n) \leftarrow \exists y_1, \cdots \exists y_d((x_1 = t_1), \cdots (x_n = t_n), L_1, \cdots L_m)$$
transformiert, wobei $y_1, \cdots y_d$ die Variablen der Ursprungsklausel bezeichnen mögen.

2. Alle K-Klauseln zum Prädikat p werden auf der Form
$$p(x_1, \cdots x_n) \leftarrow B_1$$
$$\vdots$$
$$p(x_1 \cdots x_n) \leftarrow B_k$$
gebraucht, wobei B_i die Gestalt
$$\exists y_1, \cdots \exists y_d((x_1 = t_1), \cdots (x_n = t_n), L_1, \cdots L_m) \text{ hat.}$$

3. In dieser Formel wird die Implikation durch Biimplikation ersetzt und in eine einzige Formel kombiniert.
$$\forall x_1, \cdots \forall x_n(p(x_1 \cdots x_n) \leftrightarrow B_1 \vee \cdots B_l \vee \cdots B_k)$$

4. Kommt in den Klauselprämissen ein Prädikat q vor, das nicht durch eine Klausel definiert ist, so ist zusätzlich die Formel
$$\forall x_1, \cdots \forall x_n \neg q(x_1, \cdots x_n) \text{ aufzunehmen.}$$

Sind alle Prädikate von P in der gezeigten Art behandelt, so ist damit im Prinzip der Übergang zur prädikatenlogischen Theorie $comp(P)$ vollzogen, wobei noch die Relation „=" zu definieren ist.

Beispiel: P sei ein definites Programm:
$liebt(x,y) \leftarrow mutter(x), kind\_von(y,x)$
$liebt(johann, thomas)$
$liebt(maria, johann)$
$mutter(maria)$
$kind\_von(thomas, maria)$

1. Einführen neuer Variablen für das Prädikat liebt:
$liebt(x_1, x_2) \leftarrow \exists x \exists y(x_1 = x, x_2 = y, mutter(x), kind\_von(y, x))$
$liebt(x_1, x_2) \leftarrow x_1 = johann, x_2 = thomas$
$liebt(x_1, x_2) \leftarrow x_1 = maria, x_2 = johann$

2. Kombinieren in eine einzige Formel:
$liebt(x, y) \leftarrow [\exists x \exists y(x_1 = x, x_2 = y, mutter(x), kinder\_von(y, x)) \vee$
$x_1 = johann, x_2 = thomas \vee x_1 = maria, x_2 = johann]$

3. Ersetzen $\leftarrow$ durch $\leftrightarrow$:
$liebt(x, y) \leftrightarrow [\cdots]$

4. Schritte 1..3 für die anderen Prädikate:
$mutter(x_1) \leftrightarrow x_1 = maria$
$kind\_von(x_1, x_2) \leftrightarrow x_1 = maria, x_2 = thomas$

Nun ist das Prädikatensymbol „=" zu definieren und die Identitätstheorie zu formulieren. Es genügt, wenn wir uns auf das Herbrand-Universum beziehen. Das Herbrand-Universum ist in vielen Fällen unendlich und daher auch die entsprechende Definition von „=". Wir ziehen eine endliche Definition vor. Clark benutzte eine Menge von Axiomen, die mit *Clark's Equality Theory (CET)* bezeichnet und wie folgt definiert sind:

1. $c \neq c'$ für die Konstanten c, c'
2. $f(x_1, \cdots x_n) \neq g(y_1, \cdots y_m)$ für die Funktoren f, g
3. $f(x_1, \cdots x_n) \neq c$
4. $f(\cdots x \cdots) \neq x$ für die Termstruktur f, in der x frei ist
5. $f(x_1, \cdots x_n) \neq f(y_1, \cdots y_m) \rightarrow x_i \neq y_i$
6. $f(x_1, \cdots x_m) = f(y_1 \cdots y_m) \rightarrow x_1 = y_1 \land \cdots x_m = y_m$
7. $x = x$
8. $x = y \rightarrow y = x$
9. $(x = y) \land (y = z) \rightarrow (x = z)$
10. $p(x_1, \cdots x_m) \rightarrow p(y_1, \cdots y_m) \land x_1 = y_1 \land \cdots x_m = y_m$

Diese Definitionen sind folgendermaßen zu verstehen:

1. Unterschiedliche Konstanten beziehen sich auf unterschiedliche Objekte.
2. Unterschiedliche Funktionen erzeugen unterschiedliche Objekte.

3 – 4. Datenstrukturen erzeugen immmer neue Objekte.

5 – 6. Konstruierte Objekte sind dann gleich, wenn sie von (un)gleichen Komponenten konstruiert sind.

7 – 10. Standard-Axiome der Äquivalenz.

Gleichzeitig charakterisieren diese Definitionen die Gründe des Unifikations-Algorithmus. Bei den Sätzen 1–3 handelt es sich um die Nicht-Unifizierbarkeit der Konstanten und Funktionssymbole wegen des Mißmatchings. Satz 4 entspricht der Nichtunifizierbarkeit wegen des Occur-Check-Failure. Satz 5 entspricht der Nichtunifizierbarkeit der Terme, wenn einige Komponenten nicht unifizierbar sind. Die Sätze 6–10 entsprechen den Bedingungen, unter denen die Terme unifizierbar *sind*.

Die Vervollständigung eines Programms P über ein gegebenes Herbrand-Universum ist definiert als Vereinigung der vervollständigten Definition mit der assoziierten Äquivalenz-Theorie:

$$comp(P) := IFF(P) \cup Eq(HU, P)$$

so daß das definite Programm P zu einer neuen Menge von Axiomen comp(P) mit unterschiedlicher Semantik (unterschiedliche Klasse von Modellen) transformiert worden ist. Die Rechtfertigung für diese Konstruktion ist das psychologische Argument, daß der Programmierer in Wirklichkeit „genau dann wenn" (iff) meint, wenn er „if" im Programm benutzt. Sogar wenn es nicht so ist, ändert sich nichts, solange die Goals keine negativen Literale enthalten.

Die Vervollständigung eines definiten Programms P behält „positives Wissen", repräsentiert durch P, bei. Aus der Konstruktion der $IFF(P)$ und $Eq(P)$ folgt, daß $comp(P) \models P$, so daß, wenn A eine logische Konsequenz von P ist, es auch die logische Konsequenz von $comp(P)$ ist. Laut der Korrektheit der SLD-Resolution ist die berechnete Antwort θ für ein definites Goal $\leftarrow B$ auch eine logische Konsequenz $B\theta$ von $comp(P)$. Mit anderen Worten: Die berechneten Antworten bleiben auch für die iff-Version der definiten Programme korrekt.

20.2 Korrektheit der NF-Regel

Unsere allgemeinen Ausführungen zur CWA-Regel und NF-Regel lassen vemuten, daß die Anwendung dieser Regel schnell zu Inkonsistenzen führen kann. Daher ist es notwendig, sich über die Benutzung des not-Prädikats im klaren zu sein, um die Konsistenz zu vermeiden. Da ein normales Goal[9] von einem definiten Programm anders behandelt wird als von einem normalen Programm, werden wir dieses getrennt behandeln. Der Unterschied liegt darin, daß die Resolution des normalen Programms neue negative Sub-Goals erzeugen kann.

Theorem: *Korrektheit der NF-Regel*
P sei ein definites Programm, G ein definites Goal in der Form $\leftarrow A_1, A_2, \cdots A_m$ und eine Berechnungsregel BR.

- Wenn das SLD-System beim Beweisversuch von G mit BR endlich scheitert, so läßt sich das Negat von G aus $comp(P)$ deduzieren:
  $comp(P) \vdash \forall \neg (A_1, \cdots A_m)$

- Liefert das System uns einen Beweis mit der Antwort σ, so ist diese Antwort bezüglich comp(P) korrekt, d.h.:
  $comp(P) \vdash \forall (G\sigma)$

Dieses Theorem ist besonders wichtig für m=1, da es die Komposition der SLD-Resolution mit der NF-Regel ermöglicht. Das ausgewählte Sub-Goal L_k durch die Berechnungsregel BR von einem normalen Goal $\leftarrow L_1, \cdots L_k \cdots L_n$ wird folgendermaßen behandelt:

- Ist L_k ein positives Literal, dann wird die gewöhnliche SLD-Resolution benutzt.
- Ist L_k ein negatives Literal in der Form $\neg A$, und $\leftarrow A$ ist endlich gescheitert, dann ist $\neg A$ bewiesen, und das nächste Goal in der Sequenz ist $\leftarrow L_1, \cdots L_{k-1}, L_{k+1}, \cdots L_n$.

Betrachten wir das *liebt*-Programm und das Goal:
:- liebt(X, Y),¬mutter(X)

Das Prolog-System wird die Antwort X = johann, Y = thomas erzeugen. Wegen der Korrektheit der NF-Regel ist die Antwort korrekt, d.h.:
$comp(p) \models liebt(johann, thomas) \wedge \neg mutter(john)$.

Beachten Sie bitte, daß wir bis jetzt keine Methode vorgeschlagen haben, um zu prüfen, ob der SLD-Baum für ein gegebenes Goal endlich ist. Wir haben auch nichts über die Eigenschaft der Berechnungsregel ausgesagt, die uns eine korrekte Antwort gewährt. In dem obigen Beispiel ist die Selektion „erstes linkes Literal" vom Prolog-System für diesen Zweck ausreichend. Das genügt aber nicht in den Fällen, in denen der SLD-Baum für ein Goal endlich mit einer Berechnungsregel und unendlich mit einer anderen Berechnungsregel scheitert. Theoretisch läßt sich das Problem durch Einschränkung der Berechnungsregel lösen. Die meistbekannten Anforderungen an die Berechnungsregel sind *sichere Berechnungsregel* und *faire Berechnungsregel*.

Das Einbauen des endlichen Fehlschlags (engl. *finite failure*) in das SLD-Beweisverfahren unter der Annahme der sicheren und fairen Berechnungsregel nennt man *SLDNF-Inferenzsystem* (SLD erweitert mit NF-Regel).

---

[9] D.h. eine Konjunktion endlich vieler, möglicherweise negativer Literale, formuliert in von P induziertem Vokabular.

Die sichere Berechnungsregel (engl. *safe computation rule*)

Die sichere Berechnungsregel sorgt dafür, daß die NF-Regel sich korrekt verhält. Diese Anforderungen sind:

- Alle globalen Variablen von L müssen *vor* der Überprüfung von `not(L)` instanziiert sein (mit Hilfe positiver Bedingungen).
- Eine ausgewählte instanziierte `not(L)` muß vollständig ausgewertet werden, bevor eine andere Literale aus dem Goal ausgewählt wird.
- Der Nachweis von `not(L)` darf (als Nebenwirkung) keine der Variablen von L instanziieren.

Beispiel: Das Person-Programm
```
person(chris).
person(bernd).
person(emil).
kind_von(bernd, chris).
kind_von(emil, chris).
```

Die Anfrage `:- person(X),¬kind-von(X, chris)` scheitert endlich mit den Anworten: X = chris, X = bernd, X = emil

In dieser Anfrage haben wir `person(X)` vor `¬kind_von(X, chris)` gesetzt. Damit ist gesichert, daß das negative Literal von seinem Aufruf instanziiert ist.

Die Anfrage `:- ¬kind-von(X, chris)` scheitert endlich, jedoch mit keiner Antwort. Das besagt, daß das Inferenzsystem *nicht vollständig* ist. Wir können die Unvollständigkeit eliminieren, indem wir das negative Literal als Klauselprämisse dem Programm hinzufügen.

Nehmen wir an, wir fügen die Definition von `eltern_von` und `kindlos` in das Programm ein:
```
eltern_von(Y) :- ¬kindlos(Y).
kindlos(Y)    :- ¬kind-von(X, Y).
```

und starten die Anfrage `:- eltern_von(Y)`. Wir erhalten als Antwort „yes" ohne jegliche Bindung für Y; d.h., die Antwort ist falsch, und die NF-Regel ist *unkorrekt*. In der Tat ist die Antwort nicht falsch, sondern die intuitive Bedeutung oder die Interpretation der Anfrage ist nicht korrekt. Die Semantik von `not` ist offensichtlich:

- $p(x) \leftarrow \neg q(x)$ bedeutet $\forall x p(x) \leftarrow \neg q(x)$
- $p(x) \leftarrow \neg q(y)$ bedeutet $\forall x p(x) \leftarrow \neg \exists y q(y)$
  $\equiv \forall y \forall x p(x) \leftarrow \neg q(y)$
  $\equiv \forall x p(x) \leftarrow \exists y \neg q(y)$

Sehen wir, was passiert, wenn wir die Anfrage `:- kind_von(X, chris), person(X)` starten. Unter der Benutzung der sicheren Berechnungsregel ist es nur erlaubt, `person(X)` auszuwählen, was uns eine korrekte Antwort X/chris liefert. Durch Backtracking erhalten wir zwei korrekte Antworten und einen endlichen Fehlschlag. Hätten wir zuerst `kind_von(X, chris)` ausgewählt, würden wir gar keine Antwort bekommen.

Betrachten wir uns noch einmal die Anfrage `:- eltern_von(Y)`, aber dieses Mal mit einer sicheren Berechnungsregel. Die Ausführung erzeugt ein nicht-instanziiertes negatives Sub-Goal `:- ¬kindlos(Y)`; von dem kein weiteres Sub-Goal auswählbar ist. In dieser Situation sagen wir, daß die Ausführung sich *abgezappelt (engl. floundered)* hat. Die Ausführung muß abgebrochen werden, ohne irgendwelche Rechtfertigung über die Antwort. Auf jeden Fall verhindert dieses Resultat, uns eine unkorrekte Antwort zu berechnen.

Die Korrektheit wird also letztlich dadurch verletzt, daß es nur Lösungen für das negierte Literal gibt, die Variabelbindung in der Zielklausel bewirken. Da jedoch mit dem Verfahren der SLD-Resultion kein Beweis für ein Ziel gefunden werden kann, bei dem alle Variablen quantifiziert sind, gibt es auch keine logische Rechtfertigung dafür, daß kein Fehlschlag stattfindet.

Beispiel: Für das Personen-Programm und die Anfrage :- ¬kind_von(X, Y), person(Y) würde unter einer sicheren Berechnungsregel der SLDNF-Baum so aussehen:

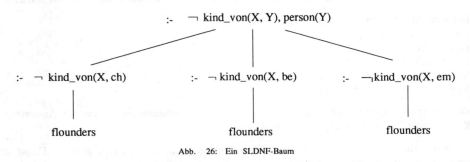

Abb. 26: Ein SLDNF-Baum

Anmerkung: Die Berechnungsregel ist hier: „sichere 1.Literale links"; d.h. nur sichere Sub-Goals werden ausgewählt, und dann von diesen die 1. Literale links. In dem Schritt springt die Regel über ¬Aufruf und wählt das person–Literal. Für die strikte Interpretation „1. Literal links" würde die Berechnung unmittelbar in flounders gehen.

Sichere Berechnungsregeln sind nicht leicht zu implementieren, weil die Variablenbindungen der Kandidaten überwacht werden müssen, um zu prüfen, ob sie ausgewählt werden dürfen. Wenige Prolog-Systeme implementieren die sichere Kondition. Statt dessen überlassen sie es dem Programmierer, die Aufrufe so zu arrangieren, daß sie geeignet für eine Standard-Berechnungsregel sind.

Die faire Berechnungsregel (engl. *fair computation rule*)

Fairness bedeutet, daß alle Literale eines Goals (oder Sub-Goals) innerhalb einer bestimmten Zeit ausgewählt werden. Hat ein Goal einen endlich-gescheiterten SLD-Baum für eine Berechnungsregel, dann hat jede faire Berechnungsregel auch einen endlich-gescheiterten SLD-Baum.

Selbstverständlich ist die Prolog-Berechnungsregel nicht fair. Das selektierte Atom wird in einer Tiefensuchen-Methode untersucht, und andere Sub-Goals werden nicht ausgewählt, bis das ausgewählte Sub-Goal vollständig bearbeitet ist. Wenn ein Sub-Goal ins Unendliche läuft, werden die anderen nie ausgewählt.

Ein einfaches Beispiel sei ein Programm aus einer einzigen Klausel:
q :- r, q.

Die Anfrage :- q unter der Standard-Prolog-Regel scheitert endlich, während sie unter der Berechnungsregel „rechtes Literal" zuerst in eine Schleife gerät und unendlich scheitert.

In der Praxis verursacht die Implementierung der fairen Berechnungsregel ernsthafte Effizienzprobleme. Andererseits entsteht durch die Benutzung der unfairen Berechnungsregel keine große Gefahr, daß inkorrekte Antworten erzeugt werden. Berechnungen mit unfairen Regeln können in manchen Fällen in eine Schleife geraten, während eine faire Regel terminiert. Eine schleifende Berechnung liefert keine Antwort. Ein Programm, das sich in einer Schleife befindet, kann in ein äquivalentes Programm umgewandelt werden, das unter der Prolog-Berechnungsregel beendet wird.

20.3 Vollständigkeit der SLDNF-Regel

Vollständigkeit bedeutet, daß jede korrekte Antwort auch gefunden werden kann. P sei ein definites Programm, :- A ein normales Goal und θ eine Substitution, so daß $A\theta$ eine logische Konsequenz vom $comp(P)$ ist. Die Frage ist, ob θ sich immer durch die SLDNF-Resolution erzeugen läßt. Die Antwort ist nein, wie in dem folgenden Beispiel illustriert wird:
lehrer(johann).
student(thomas).
belegt_vorlesung(X) :- student(X).

Die Vervollständigung dieses Programms beschreibt die Situation, wenn nur die Studenten Vorlesungen belegen. Die Frage, ob es Personen gibt, die Vorlesungen belegen, kann nicht durch die SLDNF-Resolution beantwortet werden. Betrachten wir das Goal :- ¬belegt_vorlesung(Y). Da es ein negatives Literal enthält, betrachten wir das Goal :- belegt_vorlesung(Y). Dieses Goal ist erfolgreich mit der Antwort Y = thomas, so daß :- ¬belegt_vorlesung(Y) keine Antwort liefert. Auf der anderen Seite ist die Antwort Y = johann korrekt, da :- ¬belegt_vorlesung(johann) erfolgreich ist und besagt, daß ¬belegt_vorlesung(johann) die logische Konsequenz der $comp(P)$ ist. Der Grund liegt darin, daß die NF-Regel lediglich ein Test ist. Sie ist nicht eine Resolution im klassischen Sinn. Die Regel prüft, ob ein negiertes Literal die logische Konsequenz des vervollständigten Programms ist. Da sich diese Prüfung auf ein Prädikat bezieht, können andere Prädikate nicht getestet werden.

20.4 Normales Programm mit normalem Goal

Bei der Formulierung der realen Welt kommt die Negation nicht nur in einer Abfrage vor, sondern auch in den Klauselprämissen. Die Konstruktion einer Antwort wird problematischer als bei dem Hornklausel-Programm. Der Grund liegt darin, daß die Bearbeitung eines negativen Literals neue negative Sub-Goals erzeugen kann. Das kann zu einer Verschachtelung der Negation führen, deren Semantik verloren gehen kann. Betrachten wir das folgende Programm:
p(a, b).
p(x, y) ← ¬ p(y, x)

Ein Programm mit einer solchen Regel heißt *normales Programm*. Genauer gesagt ist eine normale Klausel eine Klausel in der Form $q \leftarrow L_1, \cdots L_n$, wobei n ≥ 0, q ein Atom ist und $L_1, \cdots L_n$ positive oder negative Literale sind. Ein normales Programm ist eine endliche Menge von solchen Klauseln.

Leider kann die Vervollständigung eines normalen Programms inkonsistent sein, d.h., es ist möglich, daß die Vervollständigung kein Modell hat, wie es bei diesem Programm der Fall ist. Die Vervollständigung dieses Programms:
$a \neq b$ (unique name assumption)
$\forall u, v (p(u,v) \leftrightarrow (u = a \wedge v = b) \vee \neg p(v,u))$

ist inkonsistent, da für $u = v = a$ der Widerspruch
$p(a,a) \leftrightarrow \neg p(a,a)$ folgt.

Ein Programm, das eine Negation enthält, ist keine Konstruktion der klassischen Logik. Jedoch findet man in der Literatur einige Vorschläge, wie man dieses Problem behandeln könnte.

Das Problem taucht auf, wenn wir die Korrektheit der SLDNF untersuchen. Wir hätten gern folgendes:

$\forall q \in HB(P)$: $-q$ erfolgreich unter SLDNF, wenn $comp(P) \models q$
: $-q$ erfolgreich unter SLDNF, wenn $comp(P) \models \neg q$

In der Tat ist dieses Ergebnis richtig, wenn P ein definites Programm ist. Leider ist es im allgemeinen Fall nicht richtig, wenn P ein normales Programm ist. Auch diese idealisierte Anforderung ist aus zwei Gründen nicht ausreichend. Erstens ist es möglich, daß $comp(P)$ selbst inkonsistent ist. In diesem Fall ist es nicht relevant, was wir ableiten (alles ist ableitbar). Zweitens, um zu sagen, es sei unter SLDNF erfolgreich, müssen wir sagen, unter welcher sicherer Berechnungsregel. Wir sind nicht in der Lage, diese Regel zu spezifizieren. Auch eine faire Berechnungsregel ist nicht leicht zu erhalten. Daher ist die mathematische Behandlung der SLDNF nicht so aussagekräftig, wie dies bei der SLD der Fall ist.

Eine Methode, um die Konsistenz zu sichern, ist, darauf zu bestehen, daß P die sogenannte *call-konsistent*-Eigenschaft hat. Der einfachste Weg ist es, diese Eigenschaft in Form eines *Abhängigkeitsgraphs* von P zu definieren. Es ist ein gerichteter Graph in folgender Form:

- Die Knoten auf dem Graph sind die Prädikaten-Symbole von P.
- Für jede Klausel in P in der Form $p : - \cdots, q, \cdots$ hat der Graph eine Kante, beschriftet mit „+" vom Knoten p zum Knoten q.
- Für jede Klausel in P in der Form $p : - \cdots, \neg q, \cdots$ hat der Graph eine Kante, beschriftet mit „-" vom Knoten p zum Knoten q.

P ist call-konsistent genau dann, wenn sein Abhängigkeitsgraph keine Schleife mit ungeraden Zahlen von „-" Knoten hat. In der Tat garantiert diese Eigenschaft, daß kein Prädikatensymbol p und $\neg p$ direkt oder indirekt in P definiert ist, was wiederum die Konsistenz von $comp(P)$ gewährleistet. In der Praxis ist diese Restriktion immer angemessen.

Beispiel: Der Abhängigkeitsgraph der zwei Programme:

a) p(X) :- ¬q(X).   b)   p(X) :- q(X).
    p(X) :- q(X), r(X), p(X).   q(X) :-¬p(X).
    r(X).   q(X) :- q(X)

ist skizziert in Abb. 27. Offensichtlich ist der erste Graph call-konsistent und der zweite nicht.

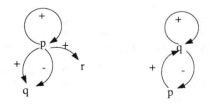

Abb. 27: Abhängigkeitsgraph

Es ist auch nützlich, die Klasse der erlaubten Anfragen zu beschränken. Wir lassen die Anfragen, die ein Prädikat $y(...)$ und $\neg y(...)$ beweisen, nicht zu. Wir formalisieren die Klasse der erlaubten Anfragen wie folgt. Angenommen, der Abhängigkeitsgraph enthält einen Pfad von Knoten x zu Knoten y. Hat dieser Pfad eine gerade Anzahl von „-", dann sagen wir: „x hängt positiv von y ab"; sonst: „x hängt negativ von y ab". Nun sei Q eine Anfrage; wir sagen: P ist *strikt* bezüglich Q genau dann, wenn

- Q keinen Aufruf für $y(...)$ und $\neg y(...)$ enthält;

- Q entweder den Aufruf für $x(...)$ oder $\neg x(...)$ enthält, dann gibt es in dem Abhängigkeitsgraphen keinen Knoten y, so daß x positiv und negativ von y abhängt.

Beispiel: P sei ein Programm:
```
p :- ¬q, t.
q :- r.
r :- p.
```
und Q die Anfrage :- r. P ist nicht strikt bezüglich Q, da r sowohl positiv als auch negativ von q abhängt.

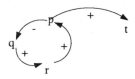

Abb. 28: Ein Programm, das nicht call-konsistent ist

Unter der Annahme der Call-Konsistenz und Striktheit können wir einige Aussagen über die Korrektheit der SLDNF für die normalen Programme machen, bei denen noch eine weitere strukturelle Einschränkung vorausgesetzt wird. Für solche strukturell beschränkten Programme haben wir:

$\forall q \quad q \in HB(P) \quad$: $-q$ erfolgreich unter SLDNF, wenn $comp(P) \models q$
$\quad\quad\quad\quad\quad\quad\quad\quad\quad\;\;$: $-q$ erfolgreich unter SLDNF, wenn $comp(P) \models \neg q$

Die am meisten bekannten strukturellen Einschränkungen sind die sogenannten *zulässigen Programme*. Ein Programm ist genau dann zulässig, wenn für jede Klausel in dem Programm alle Variablen, die in einer Klausel vorkommen, mindestens in einem nicht negativen Literal vorkommen, wodurch das Floundering unmöglich wird. Dann ist die obige Aussage gültig.

Wir fassen die Korrektheit und Vollständigkeit der SLDNF zusammen: Wenn ein Programm zulässig, call-konsistent und strikt bezüglich der :- Q ist, dann:

- ist :- Q erfolgreich mit Antwort-Substitution θ gdw. $comp(P) \models \forall Q\theta$
- :- Q scheitert endlich gdw. $comp(P) \models \neg \exists Q$

Beispiel: Betrachten wir das folgende Programm P:
```
eltern_von(Y) :- ¬kindlos(Y).
kindlos(Y)    :- hat_kind(Y).
hat_kind(Y)   :- kind(X, Y).
kind_von(bernd, chris).
kind_von(emil, chris).
```
und die Anfrage Q:
```
:- kind_von(U, V),¬eltern_von(V).
```

P ist sowohl call-konsistent als auch strikt bezüglich Q, aber nicht zulässig (da die Variablen Y in den beiden ersten Klauseln nicht in einem positiven Literal vorkommen). Obwohl die Variablen im `kind_von`-Aufruf nicht instanziiert sind, erhalten wir eine flounder-freie Ausführung unter SLDNF, wie in der Abbildung gezeigt wird. Das endliche Scheitern der Ausführung besagt über die korrekte Antwort: Keine kann Kinder haben und nicht Eltern sein.
$comp(P) \models \neg \exists U \exists V \, kind\_von(U,V), \neg eltern\_von(V)$

Im Gegensatz dazu ist die Anfrage :- kind_von(U, V), eltern_von(V) erfolgreich; mit zwei Substitutionen:
θ_1 = { U/bernd, V/chris }
θ_2 = { U/emil, V/chris}
Das bedeutet:
$comp(P) \models (kind\_von(bernd, chris), eltern\_von(chris)$

und $comp(P) \models (kind\_von(emil, chris), eltern\_von(chris))$

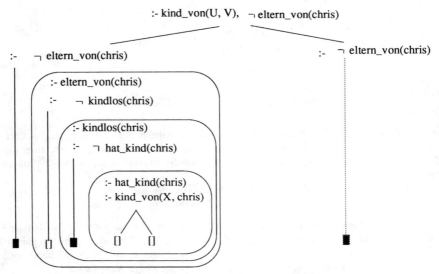

Abb. 29: SLDNF-Ausführung des normalen Programms mit normalem Goal

Nun einige Bemerkungen über die Benutzung der Negation in Prolog:

Die meisten Prolog-Systeme implementieren nicht die korrekte Version der SLDNF-Resolution. Wenn ein Prolog-System ein negatives Literal $\neg q$ in dem Goal vorfindet, versucht es, q zu beweisen. Wenn dieses Goal bewiesen werden kann, dann scheitert $\neg q$. Wie erwähnt, verursacht das kein Problem, solange es eine *leere* berechnete Antwort für q gibt. Jedoch führen die meisten Prolog-Systeme diesen Test nicht aus, da er ziemlich uneffektiv ist. Als Folge können Berechnungen von Prolog mit verschachtelten Negationen falsche Antworten erzeugen. Die Verantwortung dafür, daß diese Situation nicht vorkommt, ist dem Programmierer überlassen. Es ist eine gute Praxis, bei der Negation in Prolog dafür zu sorgen, daß negative Literale an der Stelle positioniert sind, wo mit Sicherheit instanziiert wird, wenn die Negation aufgerufen wird. Offensichtlich ist q dann erfolgreich, wenn $\neg q$ instanziiert ist; die berechnete Antwort-Substitution ist leer, und das obige Problem erscheint nicht. Die Benutzung der Negation, die zur Auswahl eines nicht instanziierten negativen Literals führt, nennt man *unsichere Benutzung der Negation*. Die unsichere Benutzung der Negation kann auch zum Mißverständnis führen; z.B. ist es gewöhnlich, daß man schreibt:
waise(X) :- ¬eltern_von(Y, X)
und interpretiert als: X ist eine Waise, wenn es keine Y gibt, so daß Y die Eltern von X sind. Jedoch erhält man die normale Bedeutung dieser Klausel, indem man die Allquantor mit berücksichtigt, nämlich:
$\forall X \forall Y (waise(X) : -\neg eltern\_von(Y, X))$

was äquivalent zu
$$\forall X(waise(X): -\exists Y \neg eltern\_von(Y,X))$$
ist und gelesen wird: X ist eine Waise, wenn Y jemand ist, der nicht Eltern von X ist. Was etwas ganz anderes ist, als man ausdrücken wollte.

20.5 Übungen zum Thema NAF

1. Konstruieren Sie $comp(P)$ für die folgenden Programme:

   a. $A \leftarrow B$
      $A \leftarrow \neg C$
      B
   b. $A \leftarrow \neg B \wedge C$
      $B \leftarrow C$
      C
   c. $A \leftarrow A \wedge C$
   d. $A \leftarrow B$
   e. $C \leftarrow \neg B$

2. a. Geben Sie ein Beispiel für ein nicht-definites Programm, dessen $comp(P)$ nur ein einziges HB hat.
   b. Geben Sie ein anderes Beispiel für ein nicht-definites Programm, dessen $comp(P)$ nicht nur ein einziges HB hat.

3. Konstruieren Sie die Vervollständigung der folgenden Programme:

   a. $num(0)$
      $num(s(x)) \leftarrow num(x)$
   b. $dup(u.x) \leftarrow u \in x$
      $dup(v.x) \leftarrow dup(x)$
   c. $weiss(frank, y) \leftarrow computer(y) \wedge aspekte\_von(x, y)$
      $weiss(chris, y) \leftarrow sagt(frank, y, chris)$
   d. $p(y) \leftarrow q(x,y), r(x)$
      $p(x) \leftarrow r(x)$
      $q(f(x), y) \leftarrow q(x, y)$
      $r(b)$

4. Skizzieren Sie für das Personen-Programm in dem Thema den SLDNF-Baum für die folgenden Anfragen unter einer sicheren Berechnungsregel, die das erste Literal von links auswählt.

   a. `:- person(Y) ,¬kind_von(X, y).`
   b. `:- person(Y),¬person(y).`
   c. `:- kind_von(X, X).`

5. Geben Sie eine Klausel in der Form
   `p :-¬q(X), sonstige ...,`
   an, wobei X die lokale Variable in ¬q(X) ist. Unter jeder sicheren Berechnungsregel wird die Bearbeitung ins Flounder gehen. Dieses Floundering kann man eliminieren, indem man diese Klausel in zwei Klauseln umwandelt.

   a. Wie lautet diese Klausel?
   b. Vergleichen Sie für das Personen-Programm die Ausführungen der Anfragen:
      `:- kindlos(bernd).`
      `:- kindlos(chris).`
      i. unter Benutzung der Klausel `kindlos(Y) :-¬kind_von(X, Y).`
      ii. unter Benutzung der Transformation

c. Wie verhält sich die Transformation für die Anfrage :- kindlos(Y) und was ist eine einfache Abhilfe ?

6. Finden Sie eine faire Berechnungsregel für das folgende Goal und Programm:
```
:- p(X), q(X, Y).
p(f(X)) :- p(X).
q(X, Y) :- p(Y), s(X< a).
s(X, X).
```

7. Prüfen Sie, ob $comp(P)$ von dem folgenden Programm P konsistent ist:
$p \leftarrow \neg q, t$
$q \leftarrow r$
$r \leftarrow p$

8. Skizzieren Sie für jedes Programm P den Abhängigkeitsgraphen und untersuchen Sie die Call-Konsistenz. Konstruieren Sie dann $comp(P)$ und untersuchen Sie die Konsistenz.

   a. $p \leftarrow \neg q$
      $q \leftarrow \neg p, r$
      $r \leftarrow q$
   b. $p \leftarrow q$
      $p \leftarrow r$
      $q \leftarrow t$
      $r \leftarrow \neg t$
   c. $p \leftarrow \neg q$
      $q \leftarrow t$
      $t \leftarrow p$
   d. $p(a) \leftarrow q$
      $q \leftarrow t$
      $t \leftarrow p(b)$

9. Geben Sie das normale Programm P und $HU(P)$ = { maria, susi, fritz, johann } an:
   C1:   mag(maria, susi).
   C2:   mag(fritz, susi).
   C3:   mag(johann, maria).
   C4:   mag(maria, X) ← ¬mag(X, maria).
   Schreiben Sie alle Grundatome $q \in HB(P)$, für welche $p \models q$.

10. Welche der folgenden Programme sind call-konsistent?

    a. $p(x) \leftarrow q(x), r(x)$
       $p(x) \leftarrow \neg r(x)$
       $q(x) \leftarrow \neg r(x), s(x)$
       $r(x) \leftarrow \neg s(x)$
    b. $p(x) \leftarrow p(x), s(x)$
       $s(x) \leftarrow r(x)$
       $r(x) \leftarrow \neg p(x)$
       $r(a)$
    c. $p(x) \leftarrow \neg q(x), r(x)$
       $r(x) \leftarrow q(x)$
       $q(x) \leftarrow \neg s(x)$

d. $p(x) \leftarrow r(x), p(x)$
   $r(x) \leftarrow \neg p(x)$
   $r(x) \leftarrow r(x)$

11. Konstruieren Sie die Vervollständigung des normalen Programms:
    $p(a) \leftrightarrow \neg q(b)$
    und zeigen Sie, daß { $p(a), a = a, b = b$ } ein Herbrand-Modell der Vervollständigung ist. Zeigen Sie, daß das Modell minimal ist.

Das Beste ist die tiefe Stille, in der ich gegen die Welt lebe und wachse und gewinne...

– Johann Wolfgang von Goethe –

10 Suchen

Logik-Programme sind nicht-deterministisch, d.h., nach jedem Rechenschritt kann es mehr als eine Möglichkeit geben, das Suchen fortzusetzen. Dies erschwert die Suche nach der richtigen Lösung.

Damit nicht-deterministische Probleme von einem Computer gelöst werden können, muß man möglichst effiziente Suchstrategien entwickeln. Die Suchstrategien legen fest, in welcher Reihenfolge die nicht-deterministischen Rechenschritte auszuführen sind.

Bevor wir die Herleitung von Suchstrategien und deren Anwendungen studieren, wollen wir zuerst den Beweis-Algorithmus und die Suchmethode von Prolog unter Benutzung der eingeführten Terminologien rekapitulieren.

Zur Ausführung eines Goals wird nach der ersten Klausel gesucht, deren Kopf mit dem Goal unifizierbar ist. Der Unifikationsprozeß (hoffentlich mit Occur-Check, um die Korrektheit von Ableitungen zu gewährleisten) liefert dann die allgemeinste gemeinsame Instanz der beiden Prolog-Terme. Sind Klauselköpfe und Goal unifizierbar, so wird die betreffende Klausel aktiviert, das heißt der Reihe nach jedes der in ihrem Rumpf spezifizierten Sub-Goals aktiviert – und zwar in der Reihenfolge ihres Auftretens.

Sollte dabei das System für eines der Sub-Goals keine passende Klausel finden, löst es Backtracking aus; dazu wird die zuletzt aktivierte verworfen, indem alle von dem Mustervergleich mit ihr stammenden Substitutionen rückgängig gemacht werden.

Anschließend wird dasjenige Goal erneut betrachtet, das die zurückgewiesene Klausel aktiviert, und nach einer alternativen Folgeklausel gesucht, die ebenfalls mit dem (Sub-)Goal zur Passung gebracht werden kann.

Die Ausführung wird als beendet betrachtet, sobald kein Sub-Goal mehr zur Ausführung ansteht.

Am Ende des Beweisprozesses konstatiert das System entweder die Unbeweisbarkeit (relativ zum gegebenen Prolog-Programm und zur benutzten Prolog-Implementierung) des vorgelegten Goals, oder es liefert eine bezüglich der deklarativen Semantik des Programms wahre Instanz des ursprünglichen Goals. Über das vom Benutzer ausgelöste Backtracking können ausschließlich weitere Beweisversuche des fraglichen Goals angestoßen werden.

Versuchen wir nun, Prolog mit dem Begriffsapparat der SLD-Resolution zu erfassen, so erkennen wir folgendes:
- Die prozedurale Semantik von Prolog ist im wesentlichen die SLD-Resolution.
- Die Prolog-typische Berechnungsregel BR lautet:

$$BR(\leftarrow A_1, \cdots A_n) := A_1$$

- Die Suchstrategie von Prolog für einen gegebenen SLD-Baum ist *Tiefe-Zuerst* von links nach rechts.

Hieraus ergibt sich eine vereinfachte Darstellung der Implementierung der Widerlegungsprozedur mit Hilfe eines Stackes, auf dem der augenblicklich betrachtete Wurzelpfad des SLD-Baumes abgewickelt wird:

- Beim Anstieg des SLD-Baumes wird jedes angetroffene Goal auf dem Stack hinterlegt.
- Sobald bei einem Blatt G angelangt wird, gibt es zwei Möglichkeiten:
  a. G ist das leere Goal []. In diesem Fall wird ein Erfolg gemeldet und allenfalls nach einer anschließenden Benutzeranforderung ein Backtracking ausgelöst, um die nächste Lösung zu finden.
  b. G ist nicht die leere Klausel; dann entspricht der auf dem Stack liegende Wurzelpfad einer fehlgeschlagenen Ableitung, und es wird in jedem Fall Backtracking veranlaßt, um nach Lösungen im nachfolgenden Pfad zu suchen.
  c. Der Stack verwaltet jeweils genau einen Wurzelpfad des SLD-Baumes.

Diese Form, eine Widerlegungsprozedur zu implementieren, hat zwar einerseits einen sparsamen Umgang mit Speicher-Ressourcen zur Folge, zementiert andererseits jedoch Backtracking und erfordert die immer neue Berechnung von Sub-Goals, die in einem komplexen Beweis mehrmals benötigt werden.

Unsere Diskussion beweist die Wichtigkeit des Suchverfahrens bei der Implementierung des Prolog-Systems. Darüber hinaus läßt sich die Lösung der vielen Probleme der realen Welt auf das Suchen zurückführen. Es gibt zwei Standard-Suchstrategien: die Breitensuche und die Tiefensuche. Im folgenden studieren wir diese Methoden und wenden sie bei einem Beispiel an.

Thema 21

Suchstrategien

21.1 Breitensuche (engl. *Breadth first search*)

Bei der Breitensuche werden zunächst alle Knoten einer Ebene abgearbeitet, bevor die Knoten der nächsten Ebene abgebildet werden. Es ist klar, daß hierbei jede erfolgreiche Rechnung nach endlich vielen Suchschritten gefunden wird. Mit anderen Worten: Die Breitensuche-Auswertungsstrategie ist vollständig. Der Nachteil bei dieser Auswertungsstrategie ist der große Bedarf an Speicherplatz und Rechenzeit: Um bis zu den Knoten auf der Tiefe t des Baumes vorzudringen, benötigt die Breitensuche-Strategie exponentiell (in t) viele Rechenschritte (vorausgesetzt, der Berechnungsbaum besteht nicht nur aus einem einzigem Pfad). So wird z.B. der folgende Baum bei der Breitensuche-Strategie in der Reihefolge 1, 2, 3, 4, 5, 6, 7, 8, 9 durchlaufen. Ein weiterer Nachteil der Breitensuche führt zur Unvollständigkeit des SLD-Baumes, wenn der Baum unendlich ist.

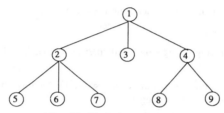

Abb. 30: Die Breitensuche-Strategie

21.2 Tiefensuche (engl. *depth first search*)

Hierbei werden, von der Wurzel des Baumes ausgehend, die Teilbäume in einer festen Reihenfolge (von links nach rechts) rekursiv durchsucht. Es wird im Unterschied zur Breitensuche zunächst in die Tiefe des Baumes gegangen. Liegt ein Fehlschlag vor, und kann die Suche nicht fortgesetzt werden, kehrt die Suche an den Elternknoten zurück (backtracking). Von dort aus wird versucht, mit einer anderen Folgekonfiguration fortzufahren.

Der Tiefendurchlauf-Algorithmus

1. Jeder Knoten im Baum ist
   entweder eine leere Anfrage [ ];
   oder eine nicht-leere Anfrage mit nicht unmittelbarer Nachfolge;
   oder eine Abfrage mit einer oder mehreren Nachfolgen.
   Die ersten beiden Fälle heißen Endknoten,
   der dritte Fall heißt Nicht-Endknoten.

2. Für jeden Nicht-Endknoten wird den unmittelbaren Nachfolgen eine Priorität zugeordnet.

3. Die Suche beginnt beim Erzeugen von Wurzel-Knoten.

4. Ein **Suchschritt** an einem Nicht-Endknoten: Der Nachfolgeknoten mit der höheren Priorität wird gefunden. Der nächste Suchschritt geht vom Nachfolgeknoten aus.

5. Ein Suchschritt an einem Endknoten: Der unmittelbare Vorfahre wird identifiziert. Der nächste Suchschritt ist vom Vorfahrenknoten. Wenn es keinen Vorfahren gibt, dann wurde der gesamte Baum erzeugt.

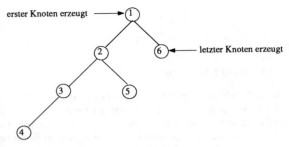

Abb. 31: Die Tiefensuche-Strategie

Als Vorteil dieses Verfahrens kann aufgelistet werden:

- Jede mögliche Lösung wird nach endlicher Zeit gefunden. Das führt zur Realisierung der SLD-Vollständigkeit.
- Optimale Speicherausnutzung, wenn der Baum endlich ist.

Nachteile des Verfahrens sind:

- Wenn links von einem Erfolgszweig ein unendlicher Zweig existiert, dann wird der Erfolgszweig nicht gefunden.
- Befindet sich die Lösung ganz rechts im Baum, so ist die Tiefensuche-Strategie mindestens so ineffizient wie die Breitensuche-Strategie.

Wegen der Effizienzvorteile, die die Tiefensuche-Strategie bringen kann, halten die meisten Prolog-Implementierungen an dieser unvollständigen Auswertungsstrategie fest. Das Problem wird sozusagen dem Prolog-Programmierer überlassen. Er muß sich über den Prolog-Auswertungsmechanismus im klaren sein und daher sorgfältig die Reihenfolge seiner Programmklauseln planen. Dies steht jedoch der Idealvorstellung der logischen Programmierung als lediglich formales Spezifizieren der Problemstellung entgegen. Im Idealfall sollte der Programmierer dem System nur mitteilen: „Was ist das Problem?", nicht jedoch: „Wie ist das Problem zu lösen?".

Kowalski [37] führte die Gleichung

$$Algorith = Logik + Control$$

ein, in dem Sinn, daß Algorithmen immer zwei Komponenten impliziert enthalten: eine Logik-Komponente, die das Wissen über das zu lösende Problem spezifiziert, und eine Kontrollkomponente, die die Lösungsstrategie für das Problem darstellt. Während beide Komponenten stark vermischt und kaum zu trennen sind, sollten Logik-Programme – zumindest im Idealfall – nur die Logik-Komponente verkörpern, während die Kontroll-Komponente dem System überlassen bleibt, also dem Auswertungsmechanismus für das Logik-Programm.

Dieser Idealfall ist bei den existierenden Prolog-Systemen mit der Tiefensuche-Strategie sicher nicht erreicht. Die Breitensuche-Strategie dagegen ist zwar vollständig, jedoch ineffizient. Man muß also einen Kompromiß zwischen dem Erreichen des Idealfalls der Logik-Programmierung (vollständige Trennung von Logik- und Kontroll-Komponente) und der Effizienz schließen.

21.3 Herleitung der Breitensuche-Strategie

Für viele Probleme der realen Welt kann man in Prolog folgende Relation schreiben:

```
               aktion(gegenwaertig, Naechster).
```

Diese Relation spezifiziert alle möglichen Aktionen von einem gegenwärtigen Zustand zu einem Zustand, der nach der Aktion erreicht wird, also dem nächstem Zustand. Die Suchprozedur benutzt diese Relation, um eine Folge von Aktionen zu finden, die ausgeführt werden müssen, um von einem gegenwärtigen Zustand zu einem erwünschten Zustand zu gelangen. Bei den gerichteten Graphen entspricht diese Sammlung von Aktionen dem Lösungspfad. Ideal wäre es, wenn die Suchprozedur dabei so wenig wie möglich an Rechenleistung und Speicherplatz benötigt.

Wir definieren die Relation
```
      depth_first(Ziel, Bearbeitet, Antwort)
```
als eine rekursive Prozedur mit zwei Eingaben, `Ziel` und `Bearbeitet`, und einer Ausgabe, `Antwort`. Die Variable `Antwort` enthält den Lösungspfad, d.h., `Antwort` ist eine Liste von Knoten, die durchlaufen werden müssen, um von einer Ausgangssituation (Startknoten) zu einer Zielsituation (Zielknoten) zu gelangen. Die Variable `Ziel` bezeichnet einen Zustand; dieser Zustand soll durch entsprechende Aktionen erreicht werden. In der Variablen `Bearbeitet` werden die Knoten gespeichert, die bereits durchlaufen wurden. Dies hat den Vorteil, daß man überprüfen kann, ob ein Knoten bereits durchlaufen wurde. Durch diese Vorgehensweise kann man verhindern, daß man in eine Endlosschleife gerät. Die Variable `Bearbeitet` besitzt als Listenkopf den gegenwärtigen Zustand oder Startknoten, und die Variable `Antwort` besitzt beim Programmstart den erwünschten Zustand oder Zielknoten. Die Suchprozedur kann in zwei Regeln definiert werden:

```
depth_first(Ziel, Ziel.*, Ziel.nil).
depth_first(Ziel, Gegenwaertig.Vorher, Gegenwaertig.Nachher) :-
    aktion(Gegenwaertig, Naechster),¬element(Naechster, Vorher),
    depth_first(Ziel, Naechster.Gegenwaertig.Vorher, Nachher).
```

Die erste Regel sagt aus: Wenn der Zielzustand identisch mit dem gegenwärtigen Zustand ist (der Listenkopf der Liste `Bearbeitet`), ist das Problem gelöst. Die Liste `Antwort` besteht dann nur aus einem Element, dem Zielzustand. Die erste Regel entspricht der Abbruchbedingung einer Rekursion. Die zweite Regel benutzt den Funktor „.", um die Liste `Bearbeitet` in den Listenkopf `Gegenwaertig` und die Restliste `Vorher` aufzuspalten. Die Restliste `Vorher` besteht aus den Vorgängern des Knotens `Gegenwaertig`. Der dritte Parameter ist der Ausgabe-Parameter `Gegenwaertig.Nachher`. Er besteht aus den aktuellen und den Knoten, die noch zu durchlaufen sind. Der Rumpf der Regel besteht aus drei Relationen. Die erste Relation heißt `aktion`, sie bewirkt die Operation von einem Zustand zum nächsten. Der Test ¬element stellt fest, ob der Knoten `naechstes` Element der Liste `Vorher` ist. Wenn dies der Fall ist, wird der Knoten `Naechster` nicht erneut durchlaufen. Die letzte Relation `depth_first` ist der rekursive Aufruf der Suchprozedur mit dem Knoten `Naechster` als Listenkopf der Liste `Bearbeitet`.

21.4 Das Farmer-Problem

Im folgenden Beispiel wird das Farmer-Problem in Prolog implementiert. Der Farmer möchte mit seinem Fuchs, seiner Gans und seinem Getreide einen Fluß überqueren. Das Boot, das er benutzen will, kann nur ein Objekt und ihn selbst tragen. Wie kann der Farmer den Fluß überqueren, ohne den Fuchs mit der Gans oder die Gans mit dem Getreide allein zu lassen?

Bevor man in Prolog die Regeln aufstellt, muß man zuerst eine geeignete Datenstruktur finden. Bei dem Farmer-Problem stellen die Standorte der einzelnen Objekte die Situation oder Knoten dar. Dabei können wir den Standort des Bootes vernachlässigen, da dieser immer identisch mit dem Standort des Farmers ist. Die Standorte kann man in folgender Datenstruktur speichern:
```
standort(Farmer, Fuchs, Gans, Getreide).
```

Die Variablen `Farmer`, `Fuchs`, `Gans`, `Getreide` repräsentieren den Standort der einzelnen Objekte. Die Prolog-Datenstruktur hat also einen Funktionsnamen mit vier Variablen.

Als nächstes soll ein Prädikat `aktion(Gegenwaertig, Naechster)`, d.h. in unserem Fall `bewegen(Gegenwaertig, Naechster)`, erstellt werden. Diese Relation soll die möglichen Aktionen bzw. Bewegungen von einem gegenwärtigen Zustand `Gegenwaertig` in den nächsten Zustand `Naechster` repräsentieren. Die erste Regel für die Definition von bewegen sagt, daß man den Farmer von einem Standort zum anderen Standort bewegen kann, wenn die beiden Standorte verschieden sind und weder die Gans mit dem Fuchs noch das Getreide mit der Gans allein gelassen wird.

```
bewegen(standort(Farmer,  Fuchs, Gans, Getreide),
        standort(Farmer2, Fuchs, Gans, Getreide)) :-
            verschieden(Farmer, Farmer2),
            sicher(standort(Farmer2, Fuchs, Gans, Getreide).
```

In der Relation bewegen kommen zwei weitere Prädikate vor, `verschieden` und `sicher`. Die Relation `verschieden` prüft, ob die Standorte `Farmer` und `Farmer2` verschieden sind. Das Prädikat `sicher` stellt fest, ob die Gans oder das Getreide sicher ist.

Außer der ersten Bewegung existieren noch drei weitere Bewegungen:

- Der Farmer überquert mit dem Fuchs den Fluß,
- der Farmer überquert mit der Gans den Fluß, und
- der Farmer überquert mit dem Getreide den Fluß.

Diese können wir in Prolog in folgender Form darstellen:
```
bewegen(standort(Farmer,  Farmer,  Gans, Getreide),
        standort(Farmer2, Farmer2, Gans, Getreide)) :-
            verschieden(Farmer, Farmer2),
            sicher(standort(Farmer2, Farmer2, Gans, Getreide)).

bewegen(standort(Farmer,  Fuchs, Farmer,  Getreide),
        standort(Farmer2, Fuchs, Farmer2, Getreide)) :-
            verschieden(Farmer, Farmer2),
            sicher(standort(Farmer2, Fuchs, Farmer2, Getreide)).

bewegen(standort(Farmer,  Fuchs, Gans, Farmer),
        standort(Farmer2, Fuchs, Gans, Farmer2)) :-
            verschieden(Farmer, Farmer2),
            sicher(standort(Farmer2, Fuchs, Gans, Farmer2)).
```

Das Prädikat verschieden kann mit zwei Fakten definiert werden:
```
verschieden(ost, west).
verschieden(west, ost).
```

Ob eine Situation sicher ist, hängt von dem kritischen Objekt „Gans" ab. Die Gans kann entweder das Getreide fressen oder vom Fuchs gefressen werden. Die nächsten zwei Regeln definieren, daß eine Situation sicher ist, wenn entweder der Farmer und die Gans auf der gleichen Seite sind oder die Gans allein auf einer Seite ist:
```
sicher(standort(Farmer, Fuchs,  Farmer, Getreide)).
sicher(standort(Farmer, Farmer, Gans,   Farmer)) :-
                            verschieden(Farmer, Gans).
```

Mit diesen Regeln ist das Farmer-Problem komplett definiert. Was wir jetzt benötigen, ist eine Suchprozedur, die den Lösungspfad von einer gegebenen Ausgangssituation bzw. einem Startknoten zu der gesuchten Zielsituation bzw. einen Zielknoten findet.

Startknoten: standort(west, west, west, west).

Zielknoten: standort(ost, ost, ost, ost).

Die Suchprozedur wird nach den obigen Regeln definiert:
depth_first(Ziel, Ziel.*, Ziel.nil).
depth_first(Ziel, Gegenwaertig.Vorher, Gegenwaertig.Nachher) :-
    aktion(Gegenwaertig, Naechster),¬Element(Naechster, Vorher),
depth_first(Ziel, Naechster.Gegenwaertig.Vorher, Nachher).

Wenn der Farmer von der westlichen Seite auf die östliche Seite des Flusses gelangen möchte, ist die Zielsituation:
Standort(ost, ost, ost, ost).
und die Liste Bearbeitet wird mit der Ausgangssituation
standort(west, west, west, west).
initialisiert. Der Aufruf des Programms heißt somit:
depth_first(standort(ost, ost, ost, ost),
    standort(west, west, west, west).nil, Antwort).

Für dieses Goal würde die Breitensuche-Strategie folgende Liste als Antwort generieren:

standort(west, west, west, west).standort(ost, west, ost, west).
standort(west, west, ost, west).standort(ost, ost, ost, west).
standort(west, ost, west, west).standort(ost, ost, west, ost).
standort(west, ost, west, ost).standort(ost, ost, ost, ost).
nil.

Bei der Liste ist die erste Situation die Ausgangssituation und die letzte Situation die Zielsituation. Im Anhang ist das Farmer-Problem in Prolog implementiert.

21.5 Übungen zum Thema

1. Definieren Sie ein Schema für die sequentielle Breitensuche, die nacheinander jede Ebene des Baums erzeugt.

Anhang A

Es gibt nichts Gutes, außer: Man tut es.

– Erich Kästner –

Lösungen zu den Übungen

Lösungen zum Thema 2

1. Familien-Problem

    a. i. NO
        ii. Person = otto
            Person = frieda
        iii. NO
        iv. Person_1 = susi
            Person_2 = gabi

    b. i. `?- elternteil(Person, peter).`
        ii. `?- elternteil(anne, Kind).`
        iii. `?- elternteil(P_1, thomas), elternteil(P_2, P_1).`

    c. i. `gluecklich(Person) :- elternteil(Person, Kind).`
        ii. `zwei_kinder(Person) :- elternteil(Person, Kind_1),`
            `                        elternteil(Person, Kind_2),`
            `                        weibl(Kind_2).`

    d. i. `enkelkind(Enkel, Pers_1) :- elternteil(Pers_2, Enkel),`
           `                            elternteil(Pers_1, Pers_2).`
        ii. `tante(Pers_1, Pers_2) :- elternteil(Pers_3, Pers_2),`
            `                         schwester(Pers_1, Pers_3).`

2. Verein-Problem

    a. /* Fakten */
        /* vorstand(A, Z1, Z2, F) bedeutet : A war von Z1 bis Z2 */
        /* im Vorstand und hatte die Funktion F */

```
        Vorstand(hans, 1990, 1992, abteilungsleiter).
        vorstand(otto, 1988, 1990, abteilungleiter).
        vorstand(willi, 1992, 1993, abteilungsleiter).
        vorstand(hans, 1990, 1992, jugendwart).
        vorstand(frieda, 1988, 1990, jugendwart).
        vorstand(heinz, 1990, 1992, kassenwart).
        vorstand(heinz, 1990, 1992, festausschuss).
   b.   nachwuchsfoerderung(P) :-
             vorstand(P,Von,Bis,abteilungsleiter),
             vorstand(P, Von, Bis, jugendwart).
   c. i.  ?- vorstand(hans, Von, Bis, jugendwart).
      ii. ?- vorstand(hans, Von, Bis, _ ),
             vorstand(otto, Von, Bis, _ ).
```

3. **Flugnetz-Problem**

```
   a.  /* flug(A, B) bedeutet Flug von A nach B */
       flug(hamburg, bremerhaven).
       flug(bremerhaven, newyork).
       flug(bremerhaven, paris).
       flug(hamburg, frankfurt).
       flug(frankfurt, paris).
       flug(paris, london).
       flug(newyork, london).
   b.  ?- flug(hamburg, paris).
   c.  ?- flug(Stadt_1, Stadt_2), flug(Stadt_2, Stadt_3).
       /* Anflug ueber mehrere Staedte */
       /* flug_verbindung(A, B) bedeutet: */
       /* eine Flugverbindung von A nach B */
       flug_verbindung(Stadt_1, Stadt_2) :-flug(Stadt_1, Stadt_2).
       flug_verbindung(Stadt_1, Stadt_2) :-flug(Stadt_1, Stadt),
                              flug_verbindung(Stadt,Stadt_2).

   d.  ?- flug(Stadt_1, paris), flug(Stadt_2, paris),
       Stadt_1 \== Stadt_2.
       /* Stadt wird von mehreren Staedten angeflogen */
       mehrfach_anflug(Stadt) :- flug(Stadt_1, Stadt),
                                 flug(Stadt_2, Stadt),
                                 Stadt_1 \== Stadt_2.
```

Lösungen zum Thema 3

1. a. Variablen
   b. Atom
   c. Atom
   d. Variable
   e. Atom
   f. Struktur
   g. Nummer

    h. syntaktisch falsch
    i. Struktur
    j. Struktur

2. a. yes
    b. no
    c. no
    d. D = 2, E = 2
    e. P1 = punkt(-1, 0), P2 = punkt(1, 0). P3 = punkt(0, Y)

3. a. segment(punkt(5, Y1), punkt(5, Y2)).
    b. regular(rechteck(punkt(X1, Y1), punkt(X2, Y1), punkt(X1, Y2), punkt(X2, Y2))).

4.
```
onkel(X,Y) :- bruder(X,Z), eltern(Z,Y);
              ehefrau(W, X), schwester(W,Z), eltern(Z,X).
eltern(X,Y) :- kind(Y,X).
ehefrau(X,a):- verheiratet(X,a), männlich(a).
ehemann(X,b):- verheiratet(X,b), weiblich(b).
tante(X,Y)   :- eltern(Z,Y), schwester(X,Z).
```

Lösungen zum Thema 4

1.
```
fib(0, 1).
fib(1,1).
fib(N, Ergebnis) :- N > 1,
                    Nminus1 is N - 1,
                    fib(Nminus1, E1),
                    Nminus2 is N - 2,
                    fib(Nminus2, E2),
                    Ergebnis is E1 + E2.
?- fib(7, X).
X = 21

?- fib(7, 21).
yes
```

2.
```
nat(0).
nat(N) :- nat(M), N is M+1.
?- nat(0).
yes

nat(2).
yes
```

3. Aufgabe für Leser.

Lösungen zum Thema 5

1. a. .(a, .(b, []))
    b. .(a, b)
    c. .(a, .(b, .(c, [])), .(d, [])))
    d. .(a, .(b, X))
    e. .(a, .(b, .(c, [])))

f. .(a, .(b, []))
   g. .([], [])
   h. .(a, .(c, []))

2. a. X = a, Y = [b]
   b. X = a, Y = b, Z = [[c, d]]
   c. nicht möglich
   d. X = 1
   e. X = [2, 3]

3. a. _1 = a, X = b, _2 = c
   b. Y = a
   c. Y = c
   d. Y = [b,c] , Y = [] , ...
   e. yes

4. a. no
   b. X = a
      X = b
      X = c
      no
      Durch Backtracking können alle Elemente der Liste ausgegeben werden.

5. Aufgabe für Leser.

6. ```
   summe([], 0).
   summe([Kopf|Rumpf], Rest) :-
             summe(Rumpf, Rest1),
             Rest is Kopf+Rest1.
   lies :- write(' Eingabe Liste :'), nl,
           read(Liste),
           summe(Liste, Resultat),
           write('Summe der Elemente :'),
           write(Resultat).
   ```

7. ```
   letzt(Element, [Element]).
   letzt(Element, [_|Rumpf] ) :-
           letzt(Element, Rumpf).
   lies :- write('Eingabe Liste :'), nl,
           read(Liste),
           letzt(Element, Liste),
           write('Letztes Element:'),
           write(Element).
   ```

8. ```
   benachbart(Element1, Element2, [Element1, Element2|_]).
   benachbart(Element1, Element2, [_|Rumpf]) :-
           benachbart(Element1, Element2, Rumpf).
   lies :- write('Eingabe Liste :'), nl,
           read( Liste),
           write('Eingabe des 1. Elementes:'), nl,
           read(Element1),
   ```
   ```

```
           write('Eingabe des 2. Elementes:'), nl,
           read(Element2),
           benachbart(Element1, Element2, Liste),
           write('Die Elemente sind benachbart'), nl.
    lies :- write('Die Elemente sind nicht benachbart'), nl.
```

9. ```
   differenz([], Menge, []).
   differenz([Wert|Rumpf], Menge, Differenz ):-
            element(Wert, Menge), !,
            differenz(Rumpf, Menge, Differenz).
   differenz([Wert|Rumpf], Menge, [Wert|Differenz]) :-
            differenz(Rumpf, Menge, Differenz).
   element(Wert, [Wert|_]).
   element(Wert, [_|Rumpf]) :- element(Wert,Rumpf).
   ```

10. a. ```
    letztes(Element, Liste) :-
                     append(_, [Element], Liste).
    ```
    b. ```
    letztes(Element, [Element]).
    letztes(Element, [Erstes|Rest]) :-
             letztes(Element, Rest).
    ```

11. ```
    laenge([], 0).
    laenge([X|Y], N) :- laenge(Y, M), N is M+1.
    ```

12. ```
    gerader_Laenge([]).
    gerader_Laenge([Erstes|Rest]) :-
                ungerade_Laenge(Rest).
    ungerade_Laenge([_]).
    ungerade_Laenge([Erstes|Rest]) :-
                gerade_Laenge(Rest).
    ```

13. ```
    kehre_um([ ], [ ]).
    kehre_um([Erstes | Rest], Umgekehrt) :-
             kehre_um(Rest, Umgekehrter_Rest),
             append(Umgekehrter_Rest, [Erstes], Umgekehrt).
    ```

14. ```
    palindrom(Liste) :-
             kehre_um(Liste, Liste).
    kehre_um([], []).
    kehre_um([Erstes | Rest], Umgekehrt) :-
             kehre_um(Rest, Umgekehrter_rest),
             append(umgekehrte_rest, [Erstes], Umgekehrt).
    ```

15. ```
    schiebe([Erstes|Rest], Geschoben) :-
             append(Rest, [Erstes], Geschoben).
    ```

16. ```
    teilmenge([], []).
    teilmenge([Erstes|Rest], [Erstes|Teil]) :-
             teilmenge(Rest, Teil).
    teilmenge([Erstes|Rest], Teil) :-
             teilmenge(Rest, Teil).
    ```

17. ```
    teile_liste([], [], []).
    ```

```
      teile_liste([X], [X], [ ] ).
      teile_liste([X, Y|Liste], [X|Liste1], [Y|Liste2]) :-
               teile_liste(Liste, Liste1, Liste2).
18. element(X, [X|_]).
    element(X, [_|Liste]) :-
               element(X, Liste).
    teilliste([], _).
    teilliste([X|Rumpf], Liste) :-
               element(X, Liste),
               teilliste(Rumpf, Liste).
19. mischen([], Liste, Liste).
    mischen([X|Liste], [], [X|Liste]).
    mischen([X|Liste1], [Y|Liste2], [X, Y|Liste3]) :-
               mischen(Liste1, Liste2, Liste3).
20. ggt(X, X, X).
    ggt(X, Y, T) :- X < Y,
                    Y1 is Y - X,
                    ggt(X, Y1, T).
    ggt(X, Y, T) :- Y < X,
                    ggt(Y, X, T).
21. msort([], []).
    msort([X], [X]).
    msort(Liste, Sortierte_liste) :-
               teile(Liste, Liste1, Liste2),
               msort(Liste1, Sortierte1),
               msort(Liste2, Sortierte2),
               mische(Sortierte1, Sortierte2, Sortierte_liste).
    teile([], [], []).
    teile([X], [X],[]).
    teile([X, Y|Liste],[X|Liste1], [Y|Liste2]) :-
               teile(Liste, Liste1, Liste2).
22. geordnet([X]).
    geordnet([X, Y|Rumpf]):- X < Y,
               geordnet([Y|Rumpf]).
```

Lösungen zum Thema 6
```
1. aktion(1) :- !,write('Sie tippten eins').
   aktion(2) :- !,write('Sie tippten zwei').
   aktion(3) :- !,write('Sie tippten drei').
   aktion(X) :- X =\= 1, X =\= 2, X =\= 3,
               write('Ich kenne diese Nummer nicht').
   :- write('Tippen Sie eine Nummer von 1 bis 3'),
      read(Auswahl),aktion(Auswahl).
```

2. a, b.
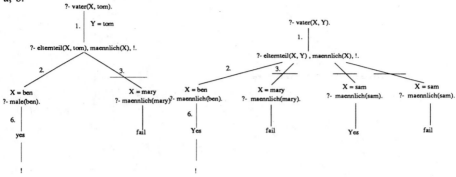

3. a, b.
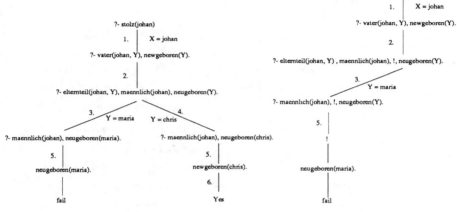

4. a, b.
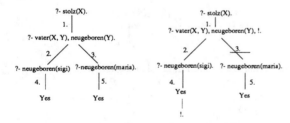

5.

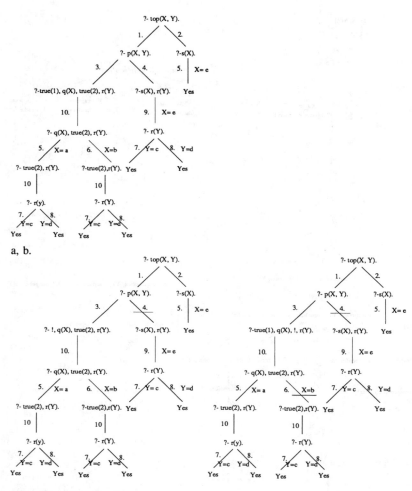

a, b.

Lösungen zum Thema 7

1. Ermittlung der Möglichkeiten einer Permutation durch die n-über-k-Berechnung.

   ```
   nuek(N, 1, N).
   nuek(Zahl1, Zahl2, Ergebnis) :-
                     Zahl2 > 0,
                     Quotient is Zahl1 / Zahl2,
                     Hilfe1 is Zahl -1,
                     Hilfe2 is Zahl2 -1,
                     neuk(Hilf1, Hilf2, Zwischenwert),
                     Ergebnis is *(Quotient, Zwischenwert).
   ```

2. Die Fibonacci-Zahlen.

   ```
   fibzahl(Nummer, Ergebnis) :- fib(Nummer, Ergebnis, 1, 0, 2, 1).
   fib(Nummer, Ergebnis, Nummer, Ergebnis,_,_).
   ```

```
fib(Nummer,Ergebnis,_,_Nummer,Ergebnis).
fib(Nummer,Ergebnis, Nhlif1,Ehilf1,Nhlif2,Ehilf2) :-
                    Nhilf11 is Nhilf1+1,
                    Nhilf22 is Nhilf2+1,
                    Ehilf11 is Ehilf2,
                    Ehilf22 is Ehilf1 + Ehilf2,
       fib(Nummer, Ergebni, Nhilf11, Ehil11, Nhilf22, Ehilf22), !.
```

Lösungen zum Thema 9

1. a. 1. $\rightarrow$ Elimination
       $\neg[P \rightarrow Q] \vee [\neg R \rightarrow [S \wedge T]]$
       $\neg[\neg P \vee Q] \vee [\neg R \rightarrow [S \wedge T]]$
       $\neg[\neg P \vee Q] \vee [\neg\neg R \vee [S \wedge T]]$
    2. $\neg$ Reduzierung
       $[\neg\neg P \wedge \neg Q] \vee [\neg\neg R \vee [S \wedge T]]$
       $[P \wedge \neg Q] \vee [R \vee [S \wedge T]]$
    3. Anwendung der Distribution
       $[P \wedge \neg Q] \vee [[R \vee S] \wedge [R \vee T]]$
       $[P \vee [(R \vee S) \wedge (R \vee T)]] \wedge [\neg Q \vee [(R \vee S) \wedge (R \vee T)]]$
       $[[P \vee (R \vee S)] \wedge [P \vee (R \vee T)]] \wedge [[\neg Q \vee (R \vee S)] \wedge [\neg Q \vee (R \vee T)]]$
       $(P \vee R \vee S) \wedge (P \vee R \vee T) \wedge (\neg Q \vee R \vee S) \wedge (\neg Q \vee R \vee T)$

   b. 1. $\rightarrow$ Elimination
       $(\neg\neg P \vee R) \vee \{[\neg(P \wedge \neg Q) \vee R] \wedge [\neg R \vee (P \wedge Q)]\}$
    2. $\neg$ Reduzierung
       $(P \vee R) \vee [(\neg P \vee Q) \vee R] \wedge [\neg R \vee (P \wedge \neg Q)]$
    3. Anwendung der Distribution
       $\{(P \vee R) \vee [(\neg P \vee Q) \vee R]\} \wedge \{(P \vee R) \vee [\neg R \vee (P \wedge \neg Q)]\}$
       $\{(P \vee R) \vee [(\neg P \vee Q) \vee R]\} \wedge \{(P \vee R) \vee [(\neg R \vee P) \wedge (\neg R \vee Q)]\}$
       $\{(P \vee R) \vee [(\neg P \vee Q) \vee R]\} \wedge \{[(P \vee R) \vee (\neg R \vee P)] \wedge [(P \vee R) \vee (\neg R \vee Q)]\}$
       $[P \vee R \vee \neg P \vee Q \vee R] \wedge [P \vee R \vee \neg R \vee P] \wedge [P \vee R \vee \neg R \vee Q]$

2. $w \rightarrow [f \wedge [[w \vee f] \rightarrow [w \leftrightarrow w]]]$
   da $w \vee f = w$ und $w \leftrightarrow w = w$
   $w \rightarrow [f \wedge [w \rightarrow w]]$
   da $w \rightarrow w = w$
   $w \rightarrow [f \wedge w]$
   da $f \wedge w = f$
   $w \rightarrow f$
   $f \Longrightarrow$ die Formel ist falsch für diese Interpretation.

3. $\{A := f; B := w; C := *\}$
   $\{A := w; C := f; B := *\}$

4. $\neg(A \rightarrow B) \wedge \neg(C \rightarrow \neg B) \rightarrow (A \rightarrow \neg C)$
   $= \neg[\neg(A \rightarrow B) \wedge (\neg C \rightarrow \neg B)] \vee (A \rightarrow \neg C)$
   $= (\neg B \rightarrow \neg A) \vee (\neg\neg B \rightarrow \neg C) \vee (A \rightarrow \neg C)$
   $= (\neg B \rightarrow \neg A) \vee (B \rightarrow \neg C) \vee (A \rightarrow \neg C)$
   $= (B \vee \neg A) \vee (\neg B \vee \neg C) \vee (\neg A \vee \neg C)$
   $= (B \vee \neg B) \vee (\neg C \vee \neg C) \vee (\neg A \vee \neg A)$

$$= \text{wahr} \lor (\neg C) \lor (\neg A)$$
$$= \text{wahr}$$

5. An der 3. Zeile sieht man: Wo $P \to Q$ und $P \lor Q$ und $\neg P$ wahr sind, ist auch Q wahr.

P	Q	$P \to Q$	$P \lor Q$	$\neg P$
w	w	w	w	f
w	f	f	w	f
f	w	w	w	w
f	f	w	f	w

Lösungen zum Thema 10

1.
A	$1 = 1 \times 1$
A → B	$[\,1 = 1 \times 1\,] \to [\,\log 1 = \log(\,1 \times 1)\,]$
B	$\log 1 = \log(\,1 \times 1\,)$
B → C	$[\log 1 = \log(\,1 \times 1\,)\,] \to [\log 1 = 2 \log 1]$
C	$\log 1 = 2 \log 1$
C → D	$[\,\log 1 = 2 \log 1\,] \to [0 = \log 1\,]$
D	$\log 1 = 0$

2. es regnet ∨ es schneit ∨ es ist trocken
$$\downarrow \neg A \to B \leftrightarrow A \lor B$$
¬ es regnet → [es schneit ∨ es ist trocken]
$$\downarrow Pa3 \text{ und Modus Ponens}$$
es schneit ∨ es ist trocken
$$\downarrow A \lor B \leftrightarrow \neg A \to B$$
¬ es schneit → es ist trocken
$$\downarrow Pa4 \text{ und Modus Ponens}$$
es ist trocken

3. $< D, C, A >$ ist der Beweis für A, und
$< D, C, B, \neg A >$ ist der Beweis für $\neg A$
daher inkonsistent

4.

P	Q	R	$P \wedge R$	$P \vee (Q \wedge R)$	$P \vee Q$	$P \vee R$	$(P \vee Q) \wedge (P \vee R)$
w	w	w	w	w	w	w	w
w	w	f	f	w	w	w	w
w	f	w	f	w	w	w	w
w	f	f	f	w	w	w	w
f	w	w	w	w	w	w	w
f	w	f	f	f	w	f	f
f	f	w	f	f	f	w	f
f	f	f	f	f	f	f	f

5.

P	Q	$\neg P$	$\neg P \to Q$	P	$\neg Q$	Modell ?
w	w	f	w	w	f	
w	f	f	w	w	w	ja
f	w	w	f	f	f	
f	f	w	w	f	w	

6.

P	Q	R	¬Q	¬R	P→¬Q	¬R→P	Q	R	Modell ?
w	w	w	f	f	f	w	w	w	
w	w	f	f	w	f	w	w	f	
w	f	w	w	f	w	w	f	w	
w	f	f	w	w	w	w	f	f	
f	w	w	f	f	w	w	w	w	ja
f	w	f	f	w	w	f	w	f	
f	f	w	w	f	w	f	f	w	
f	f	f	w	w	w	w	f	f	

7. Das Gegenteil der Behauptung wird als wahr angenommen.

¬B   log1 = 0
A → B   [log(a/a) = log a − log a] → [log 1/1 = 0]

───
¬A   log(a/a) ≠ 0

C → A   [log (a/b) = log a − log b] → [log 1/1 = 0]

───
¬C   log(a/b) ≠ log a − log b

Das ist ein Widerspruch zur Voraussetzung. Somit ist log 1 ≠ 0 falsch, d.h. log 1 = 0 ist richtig.

8. Das Gegenteil der Behauptung wird als wahr angenommen und zur Theorie hinzugesetzt. Wir erhalten:
$Th' = \{(P \to Q), \neg Q, P\}$
Wir benutzen den Modus Tollens und erhalten:
$\neg Q$
$P \to Q$
―――――
$\neg P$
$\neg P$ ist ein Widerspruch zur Voraussetzung, d.h. $\neg P$ ist ein Theorem der Theorie.

9. Angenommen, die erste Klausel hat m positive Literale und die zweite Klausel n positive Literale. Dann muß der Resolvent (m + n − 1) positive Literale haben, weil ein positives Literal eliminiert worden ist.
Sind beide Klauseln Hornklauseln, so haben wir m ≤ 1 und n ≤ 1, in diesem Fall ist (m + n − 1) ≤ 1 ; daraus folgt, daß der Resolvent eine Hornklausel ist.

10. Aus a) und b) folgt der Resolvent:
maennlich(X) :- eltern(X) , nicht mutter(X).

11. Pa1: $\quad P \leftrightarrow Q \equiv \neg P \vee Q \wedge \neg Q \vee P$
Pa12 $\quad Q$
Wir setzen die Negation der Axiome $\neg P$ zur Theorie und transformieren die Theorie in Klauselform
$S = \{[\neg P, Q], [\neg Q, P], [Q], [\neg P]\}$
$[\neg Q]$ ist ein Resolvent von $[\neg Q, P]$ und $[\neg P]$, setze es zu S
$S' = \{[\neg P, Q], [\neg Q, P], [Q], [\neg P], [\neg Q]\}$
Der Resolvent von $[Q]$ und $[\neg Q]$ ist [ ]. setze es zu S'
$S'' = S' \cup []$
S'' ist unerfüllbar ; P muß ein Theorem der Theorie sein.

12. Aufgabe für Leser.

Lösungen zum Thema 11

1. a. $A \vee \neg A$; wobei A: es regnet
   b. $\forall x((student(x) \wedge belegen(x, info) \to \exists y(wahlgebiet(y) \wedge (studiert(x,y) \wedge \neg equal(y, sport))))$
   c. $\forall x(zahl(x) \wedge \neg equal(x,0) \to \exists y equal(x, succ(y)))$
   d. $\forall x(\exists y elternteil(x,y) \leftarrow vater(x), \vee mutter(x))$
   e. $\forall x \exists y mutter(x,y) \leftarrow elternteil(x), \wedge weiblich(x)$
   f. $\exists y kind(y) \leftarrow \forall x elternteil(x)$

2. a. $\neg \forall x glaenzt(x) \to gold(x)$
   b. $endegut(x) \to allesgut(x)$
   c. $zweck(x) \wedge mittel(y,x) \to heiligt(x,y)$
   d. $mag(hans, hans)$
      $\neg(x = hans) \to \neg mag(hans, x)$ oder $\neg mag(hans, y) \wedge y = \neg hans$
   e. $\forall x \exists y(nat(x) \wedge \neg equal(x,0) \to kleiner(y,x))$

3. a. $p(X) \leftarrow q(X).$

    b. $p(X) \leftarrow q(X,Y), r(X)$.
    c. $r(X) \leftarrow p(X), q(X)$.
    d. $p(X) \leftarrow q(X), r(X)$.

4.   a. $\forall x (F(x) \rightarrow G) \equiv \forall x (\neg F(x) \vee G)$
$$\equiv \forall x \neg F(x) \vee G$$
$$\equiv \neg \exists x F(x) \vee G$$
$$\equiv \exists x F(x) \rightarrow G$$
    b. $\exists x (F(x) \rightarrow G(x)) \equiv \exists x (\neg (F(x) \vee G(x)))$
$$\equiv \exists x \neg F(x) \vee \exists x G(x)$$
$$\equiv \neg \forall x F(x) \vee \exists x G(x)$$
$$\equiv \forall x F(x) \rightarrow \exists x G(x)$$
$$\equiv \forall y F(y) \rightarrow \exists x G(x)$$
    c. $(F \vee G) \wedge (\neg F \vee H) \models (\neg \neg G \vee F) \wedge (\neg F \vee H)$
$$\models (\neg G \rightarrow F) \wedge (F \rightarrow H)$$
$$\models (\neg G \rightarrow H)$$
$$\models (G \vee H)$$
    d. $F \rightarrow (G \leftrightarrow H) \models F \rightarrow ((H \rightarrow G) \wedge (G \rightarrow H))$
$$\models F \rightarrow ((G \rightarrow H) \wedge (H \rightarrow G))$$
$$\models (F \rightarrow (G \rightarrow H)) \wedge (F \rightarrow (H \rightarrow G))$$
$$\models F \rightarrow (G \rightarrow H)$$
$$\models (F \wedge G) \rightarrow H$$

5.

1. $\forall x (a \wedge b) \rightarrow a \wedge b$	Axiom
2. $a \wedge b \rightarrow a$	Axiom
3. $\forall x (a \wedge b) \rightarrow a$	1., 2., Transitivität
4. $\forall x (a \wedge b) \rightarrow \forall x a$	3., Einführungsregel für Allquantoren
5. $a \wedge b \rightarrow b$	Axiom
6. $\forall x (a \wedge b) \rightarrow b$	1., 5. Transitivität
7. $\forall x (a \wedge b) \rightarrow \forall x b$	6., Einführungsregel für Allquantoren
8. $\forall x (a \wedge b) \rightarrow \forall x (a) \wedge \forall x (b)$	4., 7., Konjunktionsregel

Lösungen zum Thema 12

1.   a. Es gibt ein x, das nicht Sekretär ist.
       Skolemform: $\neg sekretär(skolem)$
   b. Für alle x, wenn x eine Person ist; dann es gibt ein Entity y, so daß y Vater von x ist.
       Skolemform: $person(x) \rightarrow hat\_vater(x, vater\_von(x))$
   c. Für alle x, wenn x ein Lehrer ist; dann es gibt ein Entity y, so daß x lehrt y und y ein Student ist.
       Skolemform: $lehrer(x) \rightarrow [lehrt(x, student\_von(x))] \wedge student(student\_von(x))]$

2. a. $mag(hans, y)$
   b. $mag(hans, skolem)$
   c. $mag(x, y)$
   d. $mag(x, skolem(x))$
   e. $mag(skolem, y)$
   f. $mag(skolem1, skolem2)$
   g. $\neg mag(skolem(x), hans)$
   h. $\neg mag(x, skolem(x))$
   i. $\neg mag(x, skolem(x))$
   j. $\neg mag(x, y)$

3. a. Initial: $\forall x[p(x) \rightarrow [\forall y p(y) \rightarrow p(f(x,y)) \land \neg \forall y[q(x,y) \rightarrow p(y)]]]$

   Schritt1: $\forall x[\neg p(x) \lor [\neg \forall y p(y) \lor p(f(x,y))) \land \neg \forall y[\neg q(x,y) \lor p(y)]]]$

   Schritt2: $\forall x[\neg p(x) \lor [\exists y \neg p(y) \lor p(f(x,y)) \land \exists y[q(x,y) \land \neg p(y)]]]$

   Schritt3: $\forall x[\neg p(x) \lor [\exists y[\neg p(y) \lor p(f(x,y))] \land \exists y[q(x,y) \land \neg p(x,y)]]]$

   Schritt4: $\forall x[\neg p(x) \lor [\exists y[\neg p(y) \lor p(f(x,y))] \land \exists z[q(x,z) \land \neg p(z)]]]$

   Schritt5: $\forall x[\neg p(x) \lor [[\neg(g(x)) \lor p(f(x,g(x)))] \land [q(x,h(x)) \land \neg p(h(x))]]]$

   Schritt6: $[\neg p(x) \lor [[\neg(g(x)) \lor p(f(x,g(x)))] \land [q(x,h(x)) \land \neg p(h(x))]]]$

   Schritt7: $[[\neg p(x) \lor [\neg p(g(x)) \lor p(f(x,g(x)) \lor p(f(x,g(x))]] \land$
   $[\neg p(x) \lor [q(x,h(x)) \land \neg p(h(x))]]]$

   $[[\neg p(x) \lor \neg p(g(x)) \lor p(f(x,g(x))] \land$
   $[[\neg p(x) \lor q(x,h(x))] \land [\neg p(x) \lor \neg p(h(x))]]]$

   Schritt8: $\{\{\neg p(x), \neg p(g(x)), p(f(x,g(x)))\} \land$
   $\{\neg p(x), q(x,h(x))\} \land \{\neg p(x), \neg p(h(x))\}\}$

   Schritt9: $\{\{\neg p(x1), \neg p(g(x1)), p(f(x1,g(x1)))\} \land$
   $\{\neg p(x2), q(x2,h(x2))\} \land \{\neg p(x3), \neg p(h(x3))\}\}$

   b. Initial: $\forall x \forall y[q(x,y) \leftrightarrow \forall u(p(g,u) \lor \neg p(x,u))]$

   Schritt1: $\forall x \forall y[[q(x,y) \lor \neg \forall u(p(y,u) \lor \neg p(x,u) \lor \neg p(x,u))] \land$
   $[\neg q(x,y) \lor \forall u(p(y,u \lor \neg p(x,u))]]]$

   Schritt2: $\forall x \forall y[[q(x,y) \lor \exists u(\neg p(y,u) \land p(x,u))] \land$
   $[\neg q(x,y) \lor \forall u(p(g,u) \lor \neg p(x))]]$

   Schritt3: $\forall x \forall y[[\exists u(q(x,y) \lor (\neg p(y,u) \land p(y,u)))] \land$
   $[\forall u(\neg q(x,u) \lor (p(y,u) \lor \neg p(x,u))]]$

   $\forall x \forall y[\exists u(q(x,y) \lor (\neg p(y,u) \land p(x,u)))] \land$
   $\forall x \forall y \forall u[\neg q(x,y) \lor p(y,u) \lor \neg p(x,u)]$

   Schritt4: $\forall x_1 \forall y_1[\exists u(x_1,y_1) \lor (\neg p(y_1,u) \land p(x_1,u)))] \land$
   $\forall x_2 \forall y_2 \forall u[\neg q(x_2,y_2) \lor p(y_2,u) \lor p(x_2,u)]$

   Schritt5 $\forall x_1 \forall y_1[q(x_1,y_1) \lor (\neg p(y_1,f(x_1,y_1)) \land p(x_1,f(x_1,y_1)))] \land$
   $\forall x_2 \forall y_2 \forall u[\neg q(x_2,y_2) \lor p(y_2,u) \lor \neg p(x_2,u)]$

Schritt6: $[q(x_1,y_1) \vee (\neg p(y_1, f(x_1,y_1)) \wedge p(x_1, f(x_1,y_1)))] \wedge$
$[\neg q(x_2,y_2) \vee p(y_2,u) \vee \neg p(x_2,u)]$

Schritt7: $[(q(x_1,y_1) \vee \neg p(y_1, f(x_1,y_1)) \wedge (q(x_1,y_1 \vee p(x_1, f(x_1,y_1)))] \wedge$
$[\neg q(x_2,y_2) \vee p(y_2,u) \vee \neg p(x_2,u)]$

Schritt8: $\{\{q(x_1,y_1 \vee \neg p(y_1, f(x_1,y_1))\},$
$\{q(x_1,y_1 \vee p(x_1, f(x_1,y_1))\},$
$\{\neg q(x_2,y_2) \vee p(y_2,u) \vee \neg p(x_2,u)\}\}$

c. $p(x,y) \leftarrow (g(y) \leftarrow g(x))$
$p(x,y) \rightarrow (g(y) \leftarrow g(x))$

$p(x,y) \leftarrow g(y) \vee \neg g(x)$
$p(x,y) \rightarrow g(y) \vee \neg g(x)$

$p(x,y) \vee) \neg g(y) \wedge g(x)$
$\neg p(x,y) \vee g(y) \vee \neg g(x)$

$(p(x,y) \vee (\neg g(y) \wedge (p(x,y) \vee g(x)))$
$\neg p(x,y) \vee g(y) \vee \neg g(x)$

d. $(p(x,y) \vee \neg g(y)) \wedge (p(x,y) \vee g(x))$
$\neg p(x,y) \vee g(y) \vee \neg g(x)$

$p(x,y) \vee \neg g(y)$
$p(x,y) \vee g(x)$
$\neg p(x,y) \vee g(y) \vee \neg g(x)$

e. Aufgabe für Leser
f. " "
g. " "

Lösungen zum Thema 13

1. a. $HU = \{a, f(a), g(a), f(f(a)), f(g(a)), g(f(a)), g(g(a)), \cdots$
   $b, f(b), g(b), f(f(b)), f(g(b)), g(g(b)), \cdots\}$
   b. $HU = \{a, f(a,a), f(f(a,a),a), f(a, f(a,a)), f(f(a,a), f(a,a)), \cdots\}$
   c. $HU = \{a, f(a), f(f(a)), f(f(f(a))), \cdots\}$

2. Initial: $\forall x \exists y \, hat\_vater(x,y) \wedge \exists x \forall y \neg hat\_vater(y,x)$

   1. Umbenennen der Variablen
      $\forall x \exists y \, hat\_vater(x,y) \wedge \exists w \forall z \neg hat\_vater(z,w)$
   2. Eliminieren von $\exists$
      $\forall x \, hat\_vater(x, f(x)) \wedge \forall z \neg hat\_vater(z,a)$
      wobei: f = Skolemfunktion; a = Skolemkonstante
   3. Skolem-Normalform
      $hat\_vater(x, f(x)) \wedge \neg hat\_vater(z,a)$
   4. $HU = \{a, f(a), f(f(a)), f(f(f(a))), \cdots etc\}$
   5. $HB = \{hat\_vater(a, f(a)) \wedge \neg hat\_vater(a,a),$
      $hat\_vater(f(a), f(f(a))) \wedge \neg hat\_vater(a,a),$
      $hat\_vater(a, f(a)) \wedge \neg \{hat\_vater(f(a),a),...\} \}$

3. a. $HU = \{chris, this-book, you\}$
   $HB = \{$
   $likes(chris, chris), buys(chris, chris)$
   $likes(chris, you), buys(chris, you)$
   $likes(chris, this-book), buys(chris, this-book)$

   $likes(you, chris), buys(you, chris)$
   $likes(you, you), buys(you, you)$
   $likes(you, this-book), buys(you, this-book)$

   $likes(this-book, chris), buys(this-book, chris)$
   $likes(this-book, you), buys(this-book, you)$
   $likes(this-book, this-book), buys(this-book, this-book)$

   $sensible(christ)$
   $sensible(you)$
   $sensible(this-book)\}$

   b. $HU_0 = \{a, b\}$
   $HU_{i+1} = \{f(x) \mid x \in U_i\} \cup \{g(x) \mid x \in U_i\}$
   $HU(P) = \bigcup_{i=0}^{\infty} U_i$
   $HB(P) = \{q(x,y) \mid x,y \in U_P\} \bigcup \{p(x) \mid x \in U_P\}$

   c. $HU(P) = \{0, s(0), s(s(0)), \cdots\}$
   $HB(P) = \{p(x,y,z) \mid x,y,z \in U_P\}$

4. Formel b, c und e

5. a. Es sind 39 Grundklauseln in GP(P ∪¬ C), die wie folgt gelistet werden:
   g_1:   ¬pfad(a, c)
   g_2:   bogen(a, b)
   g_3:   bogen(b, c)
   g_4:   pfad(a, a) :- bogen(a, a).
   g_5:   pfad(a, b) :- bogen(a, b).
   g_6:   pfad(a, c) :- bogen(a, c).
   g_7:   pfad(b, a) :- bogen(b, a).
   g_8:   pfad(b, b) :- bogen(b, b).
   g_9:   pfad(b, c) :- bogen(b, c).
   ⋮

   g_{13}:   pfad(a, a) :- bogen(a, a), pfad(a, a).
   ⋮

   g_{20}:   pfad(a, c) :- bogen(a, b), pfad(b, c).
   ⋮

   g_{39}:   pfad(c, c) :- bogen(c, c), pfad(c, c).

   b. Für k = 1, 2, ... wir testen ob {g_1, ... g_k } unerfüllbar ist. Der Test wird bis k= 20 nicht erfolgreich, danach unerfüllbar. Das ist an Klausel g_1, g_2, g_3, g_9, g_{20} zu erkennen.

Lösungen zum Thema 14

1.
   a. $F\theta = mag(mutti(y), vati(christ))$
   b. $F\theta = mag(mutti(christ), vati(christ))$
   c. $F\theta = g(t(t(u,u), t(u,u)))$
   d. $F\theta = \exists x ehefrau(x,y) \leftarrow mann(y) \& verheiratet(y, elizabeth)$
      x ist $ehefrau(x,y)$ ist nicht ersetzt worden, weil es gebunden ist.

2.
   a. legal, aber nicht idempotent
   b. legal, und sie heißt Identität-Substitution
   c. legal, und sie heißt Null-Substitution
   d. nicht legal
   e. eine Variable in der Liste darf nur einmal vorkommen
   f. legal, aber nicht idempotent
   g. nicht legal
   h. nicht legal; nur Variablen können ersetzt werden

3.
   a. $\sigma^* = \{\ w/f(a,b), x/a, y/b, z/c\ \}$
   b. $\sigma^* = \{\ x/f(b), y/b, z/y\ \}$
   c. $\sigma^* = \{\ x/f(a,b), w/f(u,z), y/b, v/c\ \}$
      $p(v,x,y,w)\sigma^* = p(c, f(a,b), b, f(u,z))$
      $p(v,x,y,w)\sigma_1 = p(v, f(a,y), y, f(u,z))$
      $(p(v,x,y,w)\sigma_1)\sigma_2 = p(c, f(a,b), b, f(u,z))$

4. nur c.

Lösungen zum Thema 15

1. a. m.g.u. = $\{\ y/a, x/b\ \}$; keine l.g.u
   b. m.g.u. = $\{\ x/y, z/x\ \}$; l.g.u = $\{x/a, y/a, z/a\}$
   c. m.g.u. = $\{\ x/y_1, y/x_1\ \}$; l.g.u. = $\{\ x/a, y_1/a, y/b, x_1/b\ \}$
      Merke : Variablen sind umbenannt worden, so daß keines von zwei Atomen gemeinsame Variablen hat.
   d. m.g.u. = $\{\ x/a, z/t(a,b)\ \}$; kein l.g.u
   e. kein m.g.u.
   f. m.g.u = $\{\ x/f(y_1), x_1/f(y)\ \}$; l.g.u. = $\{\ x/f(a), x_1/f(b), y_1/a, y/b\ \}$
      Merke: Variablen sind umbenannt worden, so daß keines von zwei Atomen gemeinsame Variablen hat.
   g. kein m.g.u.
   h. nicht unifizierbar. Warum?

2. a. $S = \{p(f(y), w, g(z)), p(u, u, v)\}$
   $D_0 = <f(y), u> \sigma_0$
   $\sigma_1 = \{\ u/f(y)\ \}$
   $D_1 = <w, f(y)> \sigma_1 = <w, f(y)>$
   $\sigma_2 = \{\ u/f(y), w/f(y)\ \}$
   $D_2 = <g(z), v> \sigma_2 = <g(z), v>$
   $\sigma_3 = \{u/f(y), w/f(y), v/g(z)\}$ = m.g.u.

b. $S = \{p(f(y), w, g(z)), p(u, v, v)\}$
   $D_0 = <f(y), u> \sigma_0$
   $\sigma_1 = \{u/f(y)\}$
   $D_1 = <w, v> \sigma_1$
   $\sigma_2 = \{u/f(y), w/v\}$
   $D_2 = <g(z), v> \sigma_2$
   $\sigma_3 = \{u/f(y), w/v, v/g(z)\}$ = m.g.u.

c. $S = \{p(a, x, f(g(y))), p(z, h(z, w), f(w))\}$
   $D_0 = <a, z>$
   $\sigma_1 = \{z/a\}$
   $D_1 = <x, h(z, w)> \sigma_1 = <x, h(a, w)>$
   $\sigma_2 = \{z/a, x/h(a, w)\}$
   $D_2 = <f(g(y)), f(w)> \sigma_2 = <f(g(y)), f(w)>$
   $\sigma_3 = \{z/a, x/h(a, g(y)), w/g(y)\}$ = m.g.u.

d. $S = \{p(a, x, f(g(y))), p(z, f(z), f(a))\}$
   $\sigma_0 = \{\ \}$
   $D_0 = <a, z>$
   $\sigma_1 = \{a, z\}$
   $D_1 = <x, f(a)> \sigma_1 = <x, f(a)>$
   $\sigma_2 = \{z/a, x/f(a)\}$
   $D_2 = <f(g(y)), f(a)>$ nicht unifizierbar!

e. $S = \{p(john, x, f(g(y))), p(z, f(z), f(w))\}$
   $D_0 = <john, z>$
   $\sigma_1 = \{z/john\}$
   $D_1 = <x, f(z)> \sigma_1 = <x, f(john)>$
   $\sigma_2 = \{z/john, x/f(john)\}$
   $D_2 = <f(g(y)), f(w)> \sigma_2 = <f(g(y)), f(w)>$
   $\sigma_3 = \{z/john, x/f(john), w/(g(y)\}$ = m.g.u.

f. $S = \{p(f(a), g(x), p(y, y)\}$
   $D_0 = <f(a), y>$
   $\sigma_1 = \{y/f(a)\}$
   $D_1 = <g(x), f(a)> \sigma_1$ nicht unifizierbar

g. $S = \{p(a, x, h(g(z))), p(z, h(y), h(y))\}$
   $D_0 = <a, z>$
   $\sigma_1 = \{z/a\}$
   $D_1 = <x, h(y)> \sigma_1 = <x, h(y)>$
   $\sigma_2 = \{z/a, x/h(y)\}$
   $D_2 = <y, g(z)> \sigma_2 = <y, g(a)>$
   $\sigma_3 = \{z/a, x/h(g(a)), y/g(a)\}$ = m.g.u.

Lösungen zum Thema 16

1. a. $\neg \forall x(p(x) \to p(x))$
      $\neg \exists x(\neg p(x) \land p(x)) = falsch$
   b. Hinweis: Transformiere in die Klauselform!

2. Umwandeln der 1. und 2. Anwendung der Resolutionsmethode:
   1. $\neg p(x) \lor \neg q(y) \lor t(x)$
   2. $\neg r(y) \lor \neg q(y, x) \lor t(x)$
   3. $p(a)$

4. $q(b,c)$
5. $t(a)$
6. $r(b)$
7. $\neg t(z)$ Negation von Theorem
8. $\neg\, q(b,x) \lor t(x)$ $\{y/b\}$ von 2 und 6
9. $t(c)$ $\{x/c\}$ von 8 und 4
10. [] $\{z/c\}$ von 9 und 7

3. Transformiere 1. in die Klauselform.

$p(x,y) \leftarrow (q(y) \leftarrow q(x))$
$p(x,y) \rightarrow (q(y) \leftarrow q(x))$

$p(x,y) \leftarrow q(y) \lor \neg q(x))$
$p(x,y) \rightarrow (q(y) \lor \neg q(x))$

$p(x,y) \lor (\neg q(y) \& q(x))$
$\neg p(x,y) \lor q(y) \lor \neg q(x)$

$(p(x,y) \lor (\neg q(y))) \& (p(x,y) \lor q(x))$
$\neg p(x,y) \lor q(y) \lor \neg q(x)$

1. $p(x,y) \lor \neg q(y)$
2. $p(x,y) \lor q(x)$
3. $\neg p(x,y) \lor q(y) \lor \neg q(x)$
4. $q(c) \lor \neg q(b)$
5. $q(b) \lor \neg q(a)$
6. $\neg p(a,c)$
7. $\neg q(c)$ von 1. und 6.
8. $\neg q(b)$ von 4. und 7.
9. $\neg q(a)$ von 5. und 8.
10. $p(a,c)$ von 2. und 9.
11. []   von 6. und 10.

Lösungen zum Thema 17

1. a. G_0:   :- p(a, b), q(b, a).
    C_0:   q(Y, X) :-p(X, Y).   mit A_3
    θ_0:   {Y/b, X/a}

    G_1:   :- p(a, b), q(a, b).
    C_1:   q(a, b).   mit A_1
    θ_1:   { }

    G_2:   :- p(a, b).
    C_2:   p(a, b).   mit A_1
    θ_2:   { }

    G_3:   { }

  b. G_0:   :- q(a, b).
    C_0:   q(Y, X) :- p(X, Y).   mit A_3
    θ_0:   {Y/a, X/b}

G_1: :- p(b, a).
C_1: p(b, a) :- q(a, b)..   mit A_2
θ_1: { }

G_2: :- q(a, b).
usw., unendliche SLD-Resolution.

c. G_0: :- q(b ,b).
C_0: q(Y, X) :- p(X, Y).   mit A_3
θ_0: {Y/a, X/b}

G_1: :- p(b, b).
fehlgeschlagene SLD-Resolution; es existiert keine Klausel für p(b, b).

2. a. G_0: :- p(a, c).
C_0: p(X, Z) :- p(X, Y), p(Y, Z).   mit A_3
θ_0: {X/a, Z/c}

G_1: :- p(a, Y), p(Y, c)..
C_1: p(a, b).   mit A_1
θ_1: {Y/b}

G_2: :- p(b, c).
C_2: p(X2, Y2) :- p(Y2, X2).   mit A_4
θ_2: {X2/b, Y/c}

G_3: :- p(c, b).
C_3: p(c, b)..   mit A_2
θ_3: { }

G_4: { }

b. Die Komposition der allgemeinsten Unifikatoren (mgu's) oder die berechnete Substitution ist nach dieser SLD-Widerlegung dann:
$\theta_0 \circ \theta_1 \circ \theta_2 \circ \theta_3 = \{X/a, Z/c, Y/b, X_2/b, Y_2/c\}$

3. a. G_0: :- ein-und-nullen(1.0.1.0.nil)
C_0: ein-und-nullen(X_0) :- eins(X_0), nullen(X_0).
θ_0: { X_0/1.0.1.nil }

G_1: :- eins(1.0.1.0.nil), nullen(1.0.1.0.nil).
C_1: eins(1.U.1.Y_1) :- eins(Y_1).
θ_1: { $U_1.Y_1$/0.1.0..nil }

G_2: :- eins(1.0..nil), nullen(1.0.1.0.nil).
C_2: eins(1.$U_2.Y_2$) :- eins(Y_2).
θ_2: { $U_2.Y_2$/0.nil }

G_3: :- eins(nil), nullen(1.0.1.0.nil).
C_3: eins(nil).

θ_3: { }

G_4: :- nullen(1.0.1.0.nil)
C_4: nullen(U_4.0.Y_4) :- nullen(Y_4).
θ_4: { U_4.0.Y_4/1.0.1.0.nil }

G_5: :- nullen(1.0.nil)
C_5: nullen($U_5$0.Y_5) :- nullen(Y_5).
θ_5: { U_5.0.Y_5/1.0.nil }

G_6: :- nullen(nil).
C_6: nullen(nil).
θ_6: { }

G_7: []

b. G_0: ein-und-null(1.2.1.0.nil).
   BR: „wähle das rechte Literal"
   G_1: :- eins(1.2.1.0.nil), nullen(1.2.1.0.nil).
   G_2: fail
   Die Ausführung beendet, ohne weitere Goals prüfen zu müßen.
c. Berechnungsregel ist: Wähle das linke Literal im Goal, falls zweites Element in der Liste 0 ist, sonst wähle das rechte Literal im Goal.

4. a. „wähle das linke Literal", sonst wird der Baum unendlich.
   b. „wähle das rechte Literal" sonst wird der Baum unendlich.
   c. Kein Unterschied. Für beide Fälle ergibt sich eine Antwort nach 10 Schritten, die Auswahl des rechten Literals ist im allgemeinen kürzer und bringt bessere Speicherausnutzung.

5.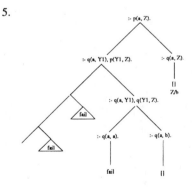

6. a, b.

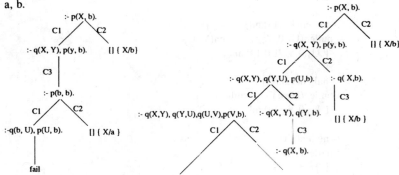

7. { X/b } wird zweimal erzeugt und { X/b } einmal.
8. :- p(a).
   p(X) :- p(X), q(X).
   BR: 1. linkes Literal führt zu einem endlichem Baum.
   BR: 1. rechtes Literal führt zu einem unendlichem Baum.
9. Aufgabe für Leser.

Lösungen zum Thema 18

1. „not" ist immer dann erfüllbar, wenn sein Argument (als Goal scheitert) den Wert FALSE liefert. Das ist dann der Fall, wenn Variablen des Goals von Anfang an gebunden sind.

2.
   a. no
   b. yes
   c. Wer = susi
   d. Wer = no
   e. Was = katze

Lösungen zum Thema 19

1. Unter der Benutzung der Abkürzung CD, DC, ... etc.

   a. $P \cup \{\neg CD, \neg CC, \neg DC, \neg DD\}$ konsistent
   b. $P \cup \{\neg CD, \neg DC, \neg DD\}$ inkonsistent
   c. $P \cup \{\neg CD, \neg CC, \neg DC, \neg DD\}$ inkonsistent
   d. $P \cup \{\neg CD\}$ konsistent
   e. $P \cup \{\neg DC\}$ inkonsistent

Lösungen zum Thema 20

1.
   a. $A \leftrightarrow (B \vee C)$
      $\neg C$
      B
   b. $A \leftrightarrow (\neg B \wedge C)$
      $B \leftrightarrow C$
      C
   c. $A \leftrightarrow ((A \wedge C) \vee B)$
      $C \leftrightarrow \neg B$
      $\neg B$

2.
   a. $A \leftarrow \neg B$
      $comp(P)$ hat nur ein Modell $\{A\}$
   b. $A \leftarrow \neg B$
      $B \leftarrow B$
      $comp(P)$ hat zwei Modelle $\{A\}$ und $\{B\}$

3.
   a. $num(y) \leftrightarrow y = 0 \vee \exists x(y = s(x) \wedge num(x))$
   b. $dup(y) \leftrightarrow \exists u \exists x(y = u.x \wedge u \in x) \vee$
      $\exists v \exists x(y = v.x \wedge dup(x))$
   c. $weist(w,y) \leftrightarrow (w = frank \wedge \exists x computer(x) \wedge aspekte(x,y))) \vee$
      $(w = christ \wedge sagt(frank, y, christ))$
      Informal, Frank weiß alles über Computer, Christ weiß alles, was Frank ihm sagt, keiner von ihnen weiß sonst etwas, und niemand sonst weiß überhaupt etwas.
   d. $p(x_1) \leftrightarrow \exists x,y(x_1 = y, q(x,y), r(x)) \vee \exists x(x_1 = x, r(x))$
      $q(x_1, x_2) \leftrightarrow \exists x,y(X_1 = f(x), x_2 = y, q(x,y))$
      $r(x_1 \leftrightarrow x_1 = b$
      und entsprechende Teile der Eq

4. a.

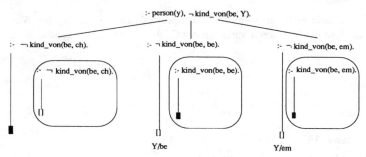

b.

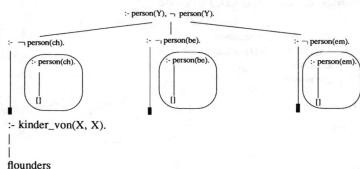

c. :- kinder_von(X, X).
   |
   |
   flounders

5. a. p :- ¬r. , sonstige
      r :- q(X).
      Einführung eines Atoms r, das instanziiert sein muß, wenn ¬r aufgerufen wird.

   b.
   i)
   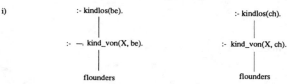

   ii) Die Transformation der Klausel ist:
       kindlos(Y) :- ¬₁ r(Y).
       r(Y) :- kind_von(X, Y).

   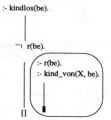   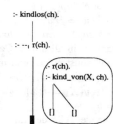

c. kindlos(Y)
   |
   |
   :- ¬ r(Y).
   |
   |
   flounders

   Die einfachste Abhilfe für *dieses spezielle Beispiel* ist die erste Klausel der Transformation zu :
   kindlos(Y) :- person(Y), ¬r(Y). modifizieren.

6. Eine Berechnungsregel, die nacheinander zwischen dem ersten Literal links und dem ersten Literal rechts wechselt.

7. Eine Menge von Sätze ist konsistent genau dann, wenn sie ein Modell hat. Hier ist die Vervollständigung konsistent wegen Modell 0.
   p ↔ ¬q, t
   q ↔ r
   r ↔ p
   ¬t

8. a. Dieses Programm ist nicht call-konsistent, da die Schleife q→r→ eine „-" Kante hat.

   Die Vervollständigung ist konsistent wegen Modell {p, r}.
   $p \leftrightarrow \neg q$
   $q \leftrightarrow \neg p, r$
   $r \leftrightarrow \neg q$

   b. Dieses Programm ist call-konsistent, da es keine Schleife in dem Graph gibt.

   Die Vervollständigung des Programms ist konsistent wegen des Modells $\{p, q, t\}$.

   c. Dieses Programm ist nicht call-konsistent, da es eine Schleife $p \to q \to t \to p$ gibt, die drei „-" hat.

   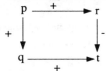

   Die Vervollständigung ist konsistent. Sie impliziert $p \leftrightarrow \neg p$, was unwahr ist und daher kein Modell.
   $p \leftrightarrow \neg q$
   $q \leftrightarrow \neg t$
   $t \leftrightarrow \neg p$

   d. Dieses Programm ist nicht call-konsistent, da der Graph identisch mit c. ist. Jedoch hat die Vervollständigung ein Modell $\{p(a), t, a = a, b = b\}$.

$$p(x) \leftrightarrow X = a, \neg q$$
$$q \leftrightarrow \neg t$$
$$t \leftrightarrow \neg p(b)$$
Zusammen mit $Eq(HB, P)$, wobei $HB = a, b$.

9. Benutzen wir die Abkürzungen für die Grundatome; z.B : ms für maria mag susi. P impliziert ms, fs und jm; wie aus der Klausel $C_1 - C_3$ zu ersehen ist. Das Instanziieren der Klausel C_4 mit Elementen der HU ergibt:
$mm \vee mm$
$ms \vee sm$
$mf \vee fm$
$mj \vee jm$
Von diesen Klauseln impliziert nur $mm \vee mm$ ein Grundatom, nämlich mm. Daher die Atome q, für die $p \models q$ sind: ms, fs, jm, mm.

10. Nur a. und c.

11. Die $comp(P)$ besteht aus:
$$p(x_1) \leftrightarrow x_1 = a, \neg q(b)$$
$$q(x_1) \leftrightarrow []$$
und einigen Äquivalenzen inklusive $a = a, b = b$.

Lösung zum Thema 21

1. Jeder Knoten im Baum ist
entweder eine leere Anfrage []
oder eine nicht-leere Anfrage mit nicht unmittelbarer Nachfolge
oder eine Anfrage mit einer oder mehreren Nachfolgen.
Erster und zweiter Fall heißen End-Knoten;
dritter Fall Nicht-Endknoten.

2. Die Suche beginnt mit dem Erzeugen des *Wurzelknotens*, der die erste Ebene des Baumes darstellt.

3. Ein *Suchschritt* an einem Nicht-Endknoten ergibt einen noch nicht erzeugten Nachfolgeknoten.

4. Ein *Ebenenschritt* umfaßt alle möglichen Suchschritte vom Nicht-Endknoten in der gegenwärtigen Ebene.

5. Wenn die gegenwärtige Ebene keinen weiteren Nicht-Endknoten enthält, dann ist der gesamte Baum erzeugt worden; sonst wird ein anderer Ebenenschritt ausgeführt.

Anhang B

*Zu allem Großen ist der
erste Schritt der Mut.*

– Johann Wolfgang von Goethe –

Programmcodes zu den Beispielen

Die Programme zu den Übungen sind in der Sprache von Quintus-PROLOG Version 2.4 geschrieben.

a. Das Familien-Programm

```
elternteil(karin, peter).
elternteil(hans, peter).
elternteil(otto, susi).
elternteil(frieda, susi).
elternteil(peter, ann).
elternteil(peter, gabi).
elternteil(susi, anne).
elternteil(susi, gabi).
elternteil(susi, thomas).
elternteil(peter,thomas).
elternteil(gabi, klaus).
weibl(karin).
weibl(frieda).
weibl(susi).
weibl(anne).
weibl(gabi).
maennl(hans).
maennl(otto).
maennl(peter).
maennl(thomas).
maennl(klaus).

grosselternteil(Pers_1, Pers_2) :- elternteil(Pers_1, Kind),
                                   elternteil(Kind, Pers_2).
mutter(Person, Kind) :- elternteil(Person, Kind),
```

```prolog
                        weibl(Person).
        ungleich(Person_1, Person_2) :- Person_1 \== Person_2.
        schwester(Pers_1, Pers_2) :- elternteil(Eltern, Pers_1),
                                     elternteil(Eltern, Pers_2),
                                     weibl(Pers_1),
                                     ungleich(Pers_1, Pers_2).
        nachfahr(Pers_1, Pers_2) :- elternteil(Pers_2, Pers_1).
        nachfahr(Pers_1, Pers_2) :- elternteil(Pers_2, Kind),
                                    nachfahr(Pers_1, Kind).
        vorfahr(Pers_1, Pers_2) :- elternteil(Pers_1, Pers_2).
        vorfahr(Pers_1, Pers_2) :- elternteil(Pers_1, Kind),
                                   vorfahr(Kind, Pers_2).
```

b. **Das Vereins-Programm**

```prolog
/* Vorstand(A, Z1, Z2, F) bedeutet: */
/* A war von Z1 bis Z2 im Vorstand */
/* und hatte die Funktion F        */

vorstand(hans, 1990, 1992, abteilungsleiter).
vorstand(otto, 1988, 1990, abteilungsleiter).
vorstand(willi, 1992, 1993, abteilungsleiter).
vorstand(hans, 1990, 1992, jugendwart).
vorstand(frieda, 1988, 1990, jugendwart).
vorstand(heinz, 1990, 1992, kassenwart).

nachwuchsförderung(P) :- vorstand(P,Von,Bis,abteilungsleiter),
                        vorstand(P, Von, Bis, jugendwart).
```

c. **Das Flugverbindungs-Programm**

```prolog
    /* flug(A, B) bedeutet flug von A nach B */
    flug(hamburg, bremerhaven).
    flug(bremerhaven, newyork).
    flug(bremerhaven, paris).
    flug(hamburg, frankfurt).
    flug(frankfurt, paris).
    flug(paris, london).

    /* flug_verbindung(A, B) bedeutet: */
    /* eine Flugverbindung von A nach B */
    flug_verbindung(Stadt_1,Stadt_2) :- flug(Stadt_1,Stadt_2).
    flug_verbindung(Stadt_1,Stadt_2) :- flug(Stadt_1,Stadt),
                                flug_verbindung(Stadt,Stadt_2).
    /* Stadt wird von mehreren Staedten angeflogen */
    mehrfach_anflug(Stadt) :- flug(Stadt_1,Stadt),
                              flug(Stadt_2,Stadt),
                              Stadt_1 \== Stadt_2.
```

d. **Das Farmer-Programm**

```prolog
    element(X, [X|_]).
    element(X, [_|Y]) :- element(X, Y).
    verschieden(ost, west).
```

```
verschieden(west, ost).
sicher([Farmer, _, Farmer, _]).
sicher([Farmer, Farmer, Gans, Farmer]) :-
                verschieden(Farmer, Gans).
bewegen([Farmer,  Fuchs, Gans, Getreide],
        [Farmer2, Fuchs, Gans, Getreide]) :-
            verschieden(Farmer, Farmer2),
            sicher([Farmer2, Fuchs, Gans, Getreide]).
bewegen([Farmer,  Farmer,  Gans, Getreide],
        [Farmer2, Farmer2, Gans, Getreide]) :-
            verschieden(Farmer, Farmer2),
            sicher([Farmer2, Farmer2, Gans, getreide]).
bewegen([Farmer,  Fuchs, Farmer,  Getreide],
        [Farmer2, Fuchs, Farmer2, Getreide]) :-
            verschieden(Farmer, Farmer2),
            sicher([Farmer2, Fuchs, Farmer2, Getreide]).
bewegen([Farmer, Fuchs, Gans, Farmer],
        [Farmer, Fuchs, Gans, Farmer2]) :-
            verschieden(Farmer, Farmer2),
            sicher([Farmer2, Fuchs, Gans, Farmer2]).

depth_first(Ziel, [Ziel|_], [Ziel]).
depth_first(Ziel, [Gegenwaertig|Vorher],
                  [Gegenwaertig|Nachher]) :-
            bewegen(Gegenwaertig, Naechster),
            not(element(Naechster, Vorher)),
    depth_first(Ziel,[Naechster|[Gegenwaertig|Vorher]],Nachher).
```

Aufruf:
```
depth_first([ost, ost, ost, ost],
            [[west, west, west, west]],
                Antwort).
```
Lösung:
```
Antwort = [[west, west, west, west],
           [ost, west, ost, west],
           [west, west, ost, west],
           [ost, ost, ost, west],
           [west, ost, west, west],
           [west, ost, west, ost],
           [ost, ost, ost, ost]]

Antwort = [[west, west, west, west],
           [ost, west, ost, west],
           [west, west, ost, west],
           [west, west, ost, ost],
           [ost, ost, ost, ost]]
2 Solution
```

Literatur

[1] K. Apt and R. Boll. Logic programming and negation. *Logic Programming*, 19(20):9–71, 1994.
[2] C. Beckstein. *Zur Logik der Logik-Programmierung*. Springer-Verlag, 1987.
[3] F. Belli. *Einführung in die logische Programmierung mit PROLOG*. BI-Wissenschaftsverlag, 1988.
[4] W. Bibel. *Deduktion, Automatisierung der Logik*. Oldenbourg-Verlag, 1992.
[5] B. Boehringer, C. Chiopris, and I. Futo. *Wissensbasierte Systeme mit Prolog*. Addison-Wesley Publ., 1988.
[6] F. Bogdan. *Prolog User's Handbook*. Ellis Horwood Publ., 1988.
[7] P. Bothner. *Programmierung in Prolog, eine umfassende und praxisgerechte Einführung*. Vieweg-Verlag, 1991.
[8] I. Bratko. *Prolog, Programming for Artificial Intelligence, 2nd edition*. Addison Wesley, 1990.
[9] A. Bundy. *The Computer Modelling of Mathematical Reasoning*. Academic Press, 1983.
[10] Burnham and Hall. *Prolog Programming and Applications*. Mac Millan, 1985.
[11] K.L. Clark. Negation as failure. In H. Gallaire and J. Minker, editors, *Logic and Databases*, pages 293–322. Plenum Press, 1978.
[12] K.L. Clark and F.G. McCabe. *Micro-Prolog: Programming in Logic*. Prentice-Hall, 1984.
[13] W.F. Clocksin and C.M. Mellish. *Programmieren in Prolog*. Springer-Verlag, 1989.
[14] H. Coelho and J.C. Cotta. *Prolog by Example. How to learn, teach and use it*. Springer-Verlag, 1988.
[15] A. Colmerauer. Opening the prolog iii universe. *BYTE Magazin*, pages 177–182, 1987.
[16] T. Conlon. *Strat Problem Solving with Prolog*. Addison-Wesley Publ., 1985.
[17] Cordes, Kurso, Labgendoerfer, and Rust. *Prolog eine methodische Einführung*. Vieweg-Verlag, 1987.
[18] D. Crookes. *Introduction to Programming in Logic*. Prentice-Hall, 1988.
[19] Doores, Reiblin, and Varda. *Prolog Programming for tomorrow*. Sigma Press, 1987.
[20] Dowsing. *A first course in logic with computer science application*. Blackwell Scientific, 1986.
[21] A.W. Ertl. *PROLOG verstehen und anwenden*. IWT-Verlag, 1988.
[22] N.E. Fuchs. *Kurs in logischer Programmierung*. Springer-Verlag, 1990.
[23] J.H. Gallaier. *Logic for Computer Science, Foundation of Automatic Theorem Proving*. John Wiley Publ., 1986.
[24] M.R. Genesarerth and N.J. Nillson. *Logical Foundations of Artificial Intelligence*. Morgan Kaufmann, 1989.
[25] F. Giannesini, H. Kanoui, and R. Pasero. *Prolog*. Addison-Wesley Publ., 1988.
[26] P. Gochet and E. Gregorie. *From Standard logic to logic Programming*. John Wiley Publ., 1988.
[27] S. Gregory. *Parallel Logic Programming in Prolog, The language and its implementation*. Addison-Wesley Publ., 1987.
[28] Heinemann and Weihrauch. *Logik für Informatik*. B.G. Teubner Verlag, 1991.
[29] J. Herbrand. Investigation in proof theory. In J. van Heijenoort, editor, *From Ferge to Gödel: A Survey Book in Mathematical Logic, 1879–1931*, pages 525–581. Harvard University Press, 1967.

[30] J. Jaffar and M. Mahr. Constraint logic programming. *Logic Programming*, 19(20):503–581, 1994.

[31] A. Janson. *Die Programmiersprache Turbo-Prolog*. Franzis-Verlag, 1988.

[32] A. Johansson, A. Eriksson, and A. Erdman. *Prolog versus You, An introduction to logic programming*. Springer-Verlag, 1989.

[33] H. Klein-Büning and Schmitgen. *PROLOG*. B.G. Teubner-Verlag, 1988.

[34] F. Kluzniak, S. Szpakowiez, and J. Bien. *Prolog for Programmer*. Academic Press, 1985.

[35] I. Kononeko and Lavrac. *Prolog through Examples: A Practical Programming Guide*. Sigma Press, 1988.

[36] R. Kowalski. Closed world assumption. In H. Gallaire and J. Minker, editors, *Logic and Databases*. Plenum Press, 1978.

[37] R. Kowalski. Algorithm = logic + control. *CACM*, 22(7):424–436, 1979.

[38] R. Kowalski. *Logik for Problem Solving*. North-Holland, 1979.

[39] R. Kowalski and D. Kuehner. Linear resolution with selection function. *Artificial Intelligence*, 2:227–260, 1992.

[40] W. Kreutzer and B. Mckenzie. *Programming For Artificial Intelligence, Methods, Tools and Applications*. Addison Wesley, 1990.

[41] C. Lehner. *PROLOG und Linguistik*. Oldenbourg-Verlag, 1990.

[42] J.W. Lloyd. *Foundation of Logic Programming, 2nd edition*. Springer-Verlag, 1987.

[43] G.F. Luger and W.A. Stubblefield. *Artificial Intelligence, Structures and Strategies foe Complex Problem Solving*. 2nd. edition, 1993.

[44] D. Maier and D.S. Warren. *Computing with Logic*. The Benjamin/Cummings, 1988.

[45] J. Malpas. *PROLOG: A Relational language and its application*. Prentice Hall Publ., 1987.

[46] U. Niloson and J. Maluszynski. *Logic Programming and Prolog*. John Wiley Publ., 1990.

[47] J.A. Robinson. A machine-oriented logic based on the resolution principle. *ACM*, 23–14, 1965.

[48] P. Ross. *Advanced Prolog, Techniques and Examples*. Addison-Wesley Publ., 1989.

[49] P.H. Schmit. *Theorie der logischen Programmierung, eine elementare Einführung*. Springer-Verlag, 1992.

[50] U. Schöning. *Logik für Informatiker*. BI Wissenschaft, 1989.

[51] V. Sperschneider and G. Antoniou. *Logic: A Foundation for Computer Science*. Addison-Wesley Publ., 1991.

[52] L. Sterling and E. Shapiro. *Prolog*. Addison-Wesley Publ., 1988.

[53] L. Sterling and E. Shaprio. *The Art of Prolog*. MIT press, 1986.

[54] D.S. Touretzki. *LISP – A Gentle Introduction to Symbolic Computation*. Harper & Row, 1984.

[55] E.J. Yannakoudakis. *The architectural Logic of Database Systems*. Springer-Verlag, 1986.

Index

A

Abhängigkeitsgraphs 220
Abweichungs-Paar 179
Algorithmus 106
allgemeingültig 141
Allgemeinster Unifikator 178
Alphabet 106
Anfrage 27
Atom 33, 114, 137
Aussagenlogik
    Axiomsysteme in der 114
    Inferenzregeln in der 125
    Logische Axiome der 124
    Syntax der 114
    Semantik der 118
Axiomensystem 108
Axiomsystem
    Konsistenz eines 146
    Korrektheit eines 146
    Vollständigkeit eines 146
    entscheidbar 149
    halbentscheidbar 149
    unentscheidbar 149

B

Backtracking 29, 68
Baum
    UND-ODER 70
Begriffsschrift 10
Berechnungsregel 190
Beweis-Theorie 107
Brechnungsregel
    faire 218
    sichere 217
Breitensuche 229
Built-in-Prädikate, siehe Standard-Prädikate 82

C

call-konsistent 220
Clark's Equality Theory (CET) 214
Closed-World-Assumption 208
completed program 212
Cut-Operator 73

D

Default Inference 208
Disjunktive Normalform 115

E

Einführungsregel 145
erfüllbar 141
Ersetzungssatz 145
Extensionalitäts-Prinzip 113

F

Fail-Operator 71
Fakt 26
finite failure 216
finite failure tree 206
flounder 217
Formel 112
    Konsistenz einer Menge von 120
    Interpretation einer 139
    allgemeingültige 141
    erfüllbare 141
    äquivalente 122
    erfüllbare 120
    logische 106
    unerfüllbare 120
Funktor 32

G

Goal 27
    normales 216
Grundterm 34, 137

H

Herbrand
    Beweisverfahren 165
    Semantischer Baum 162
    -Basis 159
    -Beweisprozedur 155
    -Domäne 157
    -Interpretation 160
    -Modell 160
    -Theorem 162
    -Universum 10, 159
Hornklausel 114
Hornklauseln 13

I

Inkonsistenz 148
Instanziieren 29
Interpretation 139

J

Junktoren 112

K

Kalkül 106
Klausel 114, 138
   leere 130
   Horn- 114
   definite 203
Klauselform 13
Komplementäres Paar 179
Konjunktive Normalform 115
Konsistenz 148
Korrektheit 14, 126

L

Liste
   Anfügen von 50
   Klammernotation 46
   Funktor-Notation 47
   Hinzufügen eines Elements 51
   Invertierung einer 53
   Löschen eines Elements 51
   Mitgliedschaft 49
   Punktnotation 47
   Sortieren durch Einfügen 58
   Subliste 52
Literal 114, 138
Logik
   Aussagen- 111
   Grundlage- 105
   Prädikaten- 12
   -Programmierungssystem 9
   Prädikaten- 135
   formale 12
   mathematische 12
Logik-Programmierungssystem 9
logische Äquivalenz 143
logische Konsequenz 141

M

Matching 27
matching 34
Matrizenverfahren 116
Modell 119, 140
Modell-Theorie 107
Modus Barbara 125
Modus Ponens 10, 125, 144
Modus Tollens 125, 129, 145

N

Negation 203
Negation by Failure 211
Negation-by-Failure-Regel 204, 212
normales Goal 212
normales Programm 212
not-Prozedur 205

O

Occur-Check 181

P

Pakt 43
Prädikatenlogik
   Axiomsystem in der 137
   Alphabet der 137
   Semantik der 139
   Syntax zu der 137
Programm
   definites 203
   nicht-definites 203
   normales 219
   striktes 221
   vervollständigtes 212
   zulässiges 221
Prolog 23

Q

Quantor 138

R

Regel
   CWA- 208
   Negation-by-Failure- 212
   rekursive 38
Resolution 14, 125, 130
   Einheits- 189
   Grund- 130
   Hyper- 188
   Input- 188
   Konsistenzprüfung mittels 183
   P_1- 188
   SLD- 190
   Subsumtions- 189
   -smethode 171
   -sstrategien 187
   linearen 189
   set-of-support- 187

S

Semantik 106
Semantische Methode 127
Skolemisierung 151
SLD
   SLD-Unerfüllbarkeit 193
   SLDNF-Inferenzsystem 216
   -Ableitung 190
   -Baum 196
   -Resolution 190
   -Widerlegung 192

Sort
   Slow 62
   Bubble 54
   Merge 60
   Naives 62
   Quick 56
Standard-Prädikate
   / 91
   * 91
   + ... 90
   < 93
   = ... 93, 102
   =< 93
   == 102
   > 93
   >= 93
   Write(Term) 83
   \= 93, 102
   \== 102
   - 91
   abolish 95
   asserta 94
   assertz 95
   atom(X) 100
   atomic(X) 100
   compare 102
   display(Term) 83
   get(Char) 83
   integer(X) 100
   is 90
   listing 95
   mod 92
   nl 83
   nonvar(X) 100
   put(Zahl) 84
   read(Term) 83
   retract 95
   see(Datei) 86
   seeing(X) 87
   seen 87
   struct(X) 101
   tell(Datei) 86
   telling(X) 86
   var(X) 100
Stelligkeit 32, 137
Struktur 34
Substitution 122, 174
   BR-berechnete Antwort- 193
   BR-berechnete 193
   idempotente 174
Subsumtion 189
Suchen 227
Suchregel 197
Suchstrategie 197, 229
Syntaktische Methode 127
Syntax 105

T

Tautologie 121
Term 34, 137
Theorem 108, 148
Theorie 121, 147
   Modell der 121
   Theorem der 121
   Entscheidbarkeit einer 148
   Inkonsistenz einer 148
   Vollständigkeit einer 148
   inkonsistente 121
   konsistente 121
Tiefensuche 229

U

Unifikation 177
Unifikator 177

V

Variable
   anonyme 29, 33
Varianten 178
Vollständigkeit 14, 126, 148

W

Widerspruchsbeweis 128

Außerdem von Prentice Hall erhältlich:

Induktive Statistik für Betriebs- und Volkswirte
Eine Einführung mit SPSS für Windows
H. Toutenburg, A. Fieger, C. Kastner
Das Buch präsentiert eine anwendungsorientierte Darstellung der Verfahren der induktiven Statistik und Datenanalyse. Grundlage ist die Lehrveranstaltung 'Statistik II für Betriebs- und Volkswirte' von Professor Dr. Helge Toutenburg an der Ludwig-Maximilians-Universität München.
Der Text gliedert sich in drei Komplexe:
I Wahrscheinlichkeitstheorie
    Kombinatorik
    Zufallsgrößen
    Verteilungen
    Grenzwertsätze
II Induktive Statistik
    Punkt- und Intervallschätzung
    Parametrische Tests
    Nichtparametrische Verfahren
III Modellierung von Ursache-Wirkungsbeziehungen
    Multiple Regression
    Kontingenztafeln und loglineare Modelle
    Varianzanalyse
    Lebensdaueranalyse

Zu den Komplexen II und III werden zahlreiche Beispiele auf der Basis realer Datensätze exemplarisch ausgewertet, wobei der Einsatz von SPSS für Windows demonstriert wird. Aufgaben und Kontrollfragen unterstützen das Studium des Textes. Das Buch zeichnet sich durch Verknüpfung von Theorie und Anwendung aus. Es ist sowohl als begleitendes Lehrmaterial für Universitäten als auch für Betriebs- und Volkswirte in der Praxis zu empfehlen.

ISBN 3-930436-33-7, ca. 200 Seiten, DM 35,–/öS 259,–/sFr 33,70

SPSS Trends für Windows –
Arbeitsbuch für Praktiker
A. Fieger/H. Toutenburg
1995, ca. 200 Seiten, 1 Disk 3,5"
ISBN 3-930436-16-7
DM 35,–/öS 259,–/sFr 33,70

SPSS Tables für Windows –
Arbeitsbuch für Praktiker
A. Fieger/H. Toutenburg
1994, 120 Seiten, 1 Disk 3,5"
ISBN 3-930436-15-9
DM 29,80/öS 232, –/sFr 28,80

SPSS (Windows) Advanced Statistics
Arbeitsbuch für Praktiker
A. Fieger/H. Toutenburg
1995, ca. 160 Seiten, 1 Disk 3,5"
ISBN 3-930436-18-3
DM 35,–/öS 259, –/sFr 33,70

SPSS (Windows) Professional Statistics
Arbeitsbuch für Praktiker
A. Fieger/H. Toutenburg
1995, ca. 160 Seiten, 1 Disk 3,5"
ISBN 3-930436-17-5
DM 35,–/öS 259,–/sFr 33,70